河南省"十四五"普通高等教育规划教材

现代教育技术与应用

主　编　宋光辉　张鸿军
副主编　乔贵春　苗玉辉　郭红霞
参　编　（以姓氏笔画为序）
　　　　李　珍　余建宝　赵文霞
　　　　郭利强

南京大学出版社

图书在版编目(CIP)数据

现代教育技术与应用/宋光辉,张鸿军主编. ——南京：南京大学出版社,2020.12(2022.1重印)
 ISBN 978-7-305-23522-1

Ⅰ.①现… Ⅱ.①宋… ②张… Ⅲ.①教育技术学—高等学校—教材 Ⅳ.①G40-057

中国版本图书馆 CIP 数据核字(2020)第 112504 号

出版发行	南京大学出版社
社　　址	南京市汉口路 22 号　　邮　编　210093
出 版 人	金鑫荣

书　　名	现代教育技术与应用
主　　编	宋光辉　张鸿军
责任编辑	钱梦菊　　　　　　编辑热线　025-83592146

照　　排	南京南琳图文制作有限公司
印　　刷	常州市武进第三印刷有限公司
开　　本	787×1092　1/16　印张 16.75　字数 390 千
版　　次	2020 年 12 月第 1 版　2022 年 1 月第 3 次印刷
ISBN	978-7-305-23522-1
定　　价	45.00 元

网址：http://www.njupco.com
官方微博：http://weibo.com/njupco
官方微信号：njupress
销售咨询热线：(025) 83594756

* 版权所有,侵权必究
* 凡购买南大版图书,如有印装质量问题,请与所购图书销售部门联系调换

编 委 会

编委会主任	刘济良（郑州师范学院）	
总 主 编	陈冬花（郑州师范学院）	李跃进（郑州师范学院）
	刘会强（河南财政金融学院）	李社亮（河南师范大学）
副总主编	段宝霞（河南师范大学）	李文田（信阳师范学院）
	晋银峰（洛阳师范学院）	郭翠菊（安阳师范学院）
	井祥贵（商丘师范学院）	丁新胜（南阳师范学院）
	田学岭（周口师范学院）	侯宏业（郑州师范学院）
	聂慧丽（焦作师范高等专科学校）	
编 委	（以姓氏笔画为序）	

丁青山	马福全	王 立	王 娜	王铭礼
王德才	田建伟	冯建瑞	权玉萍	刘雨燕
闫 舟	苏 济	李文田	肖国刚	吴 宏
宋光辉	张杨阳	张厚萍	张浩正	张海芹
张鸿军	张慧玉	陈军宏	周硕林	房艳梅
孟宪乐	赵丹妮	赵国龙	荆怀福	茹国军
袁洪哲	徐艳伟	郭 玲	黄宝权	黄思记
董建春	薛微微			

前 言

本教材依据《中国教育现代化2035》和《加快推进教育现代化实施方案(2018—2022年)》以及《国家中长期教育改革和发展规划纲要(2010—2020年)》相关精神,结合《关于全面深化新时代教师队伍建设改革的意见》及《教育信息化2.0行动计划》中的要求,应省小学全科教师培养项目办的指示,为提高新时代小学全科教师信息化教学能力,加快从教育信息化向信息化教育迈进,全面推动教育现代化,开启智慧时代教育的新征程和在教师专业素养的现实要求下编写而成。

本教材在撰写过程中力求凸显以下特色:

(1) 思想性。本教材站在立德树人的角度,坚持课程育人、文化育人、活动育人、实践育人、管理育人、协同育人以及"三全"育人的标准,融入了"课程思政"这个新的元素。

(2) 前瞻性。我们在现代教育技术应用多年所积累的理论成果和实践经验基础上,总结类似教材的优点与缺失,积极合理地吸纳国外先进技术和相关学科的研究成果以及其前沿动态,充实和完善到该书的课程目标及内容体系。在宏观视野上,对理论知识与前沿知识部分加以系统介绍,从信息化的内涵与建设,到教育信息化对教师专业素质的要求及发展的途径,再到新型教学媒体的选择、使用和线上活动的开展、教育资源共享等,实现职前职后一体化教育,提高师范生专业素养。与此同时,恰当地把翻转课堂、MOOC、微课等新教学模式与信息技术进行融合,突出培养以学生动手能力为核心的应用意识与创新意识,强调多媒体技术和网络技术的运用。

(3) 专业性。在微观视角上,把实用技术部分的方法、步骤、技巧和注意事项等做以详尽介绍,重点是信息化教学资源的获取、多媒体素材的加工与处理、课件的设计与制作、微课视频的设计与制作等职前职后一体化教育,提高师范生专业素养。在内容和结构上做了新的大胆尝试,内容方面强调自主探究学习和技能经验的积累,结构方面注重师范生技能训练的实践性和操作性。在《中小学教师信息技术应用能力标准》的指引下,既有理论基础做指导,又有现代教育技术的具体应用,强化了信息技术与其他学科的深度融合。

(4) 导向性。为了方便学习者学习,我们在章节前设置了思维导图,有助于学习者对所学习的目标、内容,进行深刻的和富有创造性的思考,从而找到解决问题的关键,提高思

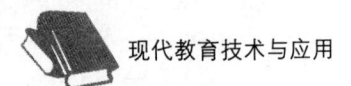

维能力和提出、发现问题的能力,使章节逻辑清晰、层次分明,知识脉络一览无余。

本教材坚持以人为本、个性发展,融教育性、科学性、技术性、艺术性于一体,既可作为各院校小学教育专业现代教育技术应用课程教材,也可以作为高校其他师范教育专业通识类课程教科书,还可以作为广大中小学教师继续教育的教材和教学参考书。

本教材的编写在河南省小学全科教师实验项目办的组织与指导下,由宋光辉教授、张鸿军教授二位主编负责,组成编委会。全教材共九章,其中洛阳师范学院郭利强负责编写本书第一章内容,南阳师范学院张鸿军负责编写第二章内容及部分数字资源,周口师范学院余建宝负责编写第三章内容,南阳理工学院李珍负责编写第四章内容,周口师范学院宋光辉负责编写第五章第1节和第2节内容,南阳师范学院乔贵春负责编写第五章第3节内容和第七章内容,南阳师范学院苗玉辉负责编写第六章内容,郑州师范学院赵文霞负责编写第八章内容和部分数字资源(案例来源于郑州市中原区伊河路小学英语教研组张超老师),周口师范学院郭红霞负责编写第九章内容。全书由宋光辉和张鸿军总体策划与统稿、定稿。在郑州师范学院陈冬花教授、李跃进教授等老师的大力支持与协助下得以出版发行,在此表示衷心感谢。

虽然各编委呕心沥血、殚精竭虑地付出了大量劳动,但由于水平受限,疏漏在所难免,旨在抛砖引玉。愿各位教师和同学以及本教材的其他读者,在使用和阅读此教材时,有何意见和建议,敬请批评指正,以便我们及时修订和补充。

本教材参考、引用了大量的国内外文献资料及网上资源,在此向这些文献资料的作者深表感谢。主要参考文献已经在教材中列出,如有遗漏,敬请与我们取得联系。

编委会

2020 年 3 月 13 日

目 录

第一章 现代教育技术概述 ········· 1
  第一节 现代教育技术的基本概念 ········· 2
  第二节 现代教育技术的发展历史 ········· 11
  第三节 教育信息化的内涵与建设 ········· 16
  第四节 教育信息化对教师专业素质的要求 ········· 20
  第五节 信息时代教师专业能力发展的基本途径 ········· 22

第二章 教学媒体与信息化教学环境 ········· 25
  第一节 教学媒体概述 ········· 26
  第二节 新型教学媒体 ········· 28
  第三节 信息化教学环境 ········· 36
  第四节 在线学习资源 ········· 43

第三章 信息化教学工具 ········· 52
  第一节 认知思维工具 ········· 53
  第二节 协作学习工具 ········· 61
  第三节 学科教学工具 ········· 67
  第四节 信息存储工具 ········· 82

第四章 信息化教学资源的获取 ········· 86
  第一节 搜索引擎 ········· 87
  第二节 主题网站 ········· 94
  第三节 专门性工具 ········· 98

第五章 多媒体素材的加工与处理 ········· 106
  第一节 音频素材处理 ········· 107
  第二节 图像素材处理 ········· 116
  第三节 视频素材处理 ········· 125

第六章　多媒体课件的设计与制作 ··· 133
第一节　认识多媒体课件 ··· 134
第二节　多媒体课件的设计流程 ··· 139
第三节　利用 PowerPoint 制作课件 ·· 142
第四节　利用 Focusky 制作课件 ··· 168

第七章　微视频设计与微课应用 ··· 176
第一节　微视频与微课 ··· 177
第二节　微视频的设计思路与制作流程 ·· 182
第三节　微课视频制作方式的分类 ··· 186
第四节　录屏软件 Camtasia Studio 的使用 ·· 193
第五节　微视频常见问题处理 ··· 201
第六节　微课的应用 ·· 206

第八章　信息技术与教育教学深度融合 ··· 210
第一节　认识信息技术与课程深度融合 ··· 211
第二节　移动学习 ·· 215
第三节　混合式学习 ·· 219
第四节　MOOC 平台 ·· 228
第五节　翻转课堂 ·· 236

第九章　教育信息化发展趋势与展望 ·· 241
第一节　大数据技术及其教学应用 ··· 242
第二节　学习分析技术及其教学应用 ·· 246
第三节　人工智能技术及其教学应用 ·· 251

参考文献 ··· 259

微信扫一扫

✓ 课件申请
✓ 教学资源
教师服务入口

✓ 常用教育信息资源网站
✓ 任务式教学案例
✓ 翻转课堂教学模式案例
学生服务入口

第一章
现代教育技术概述

 学习目标

1. 理解和掌握现代教育技术的基本概念。
2. 了解现代教育技术的起源与发展。
3. 了解教育信息化的内涵与建设。
4. 懂得如何正确应用现代教育技术。

 **知识点思维导图**

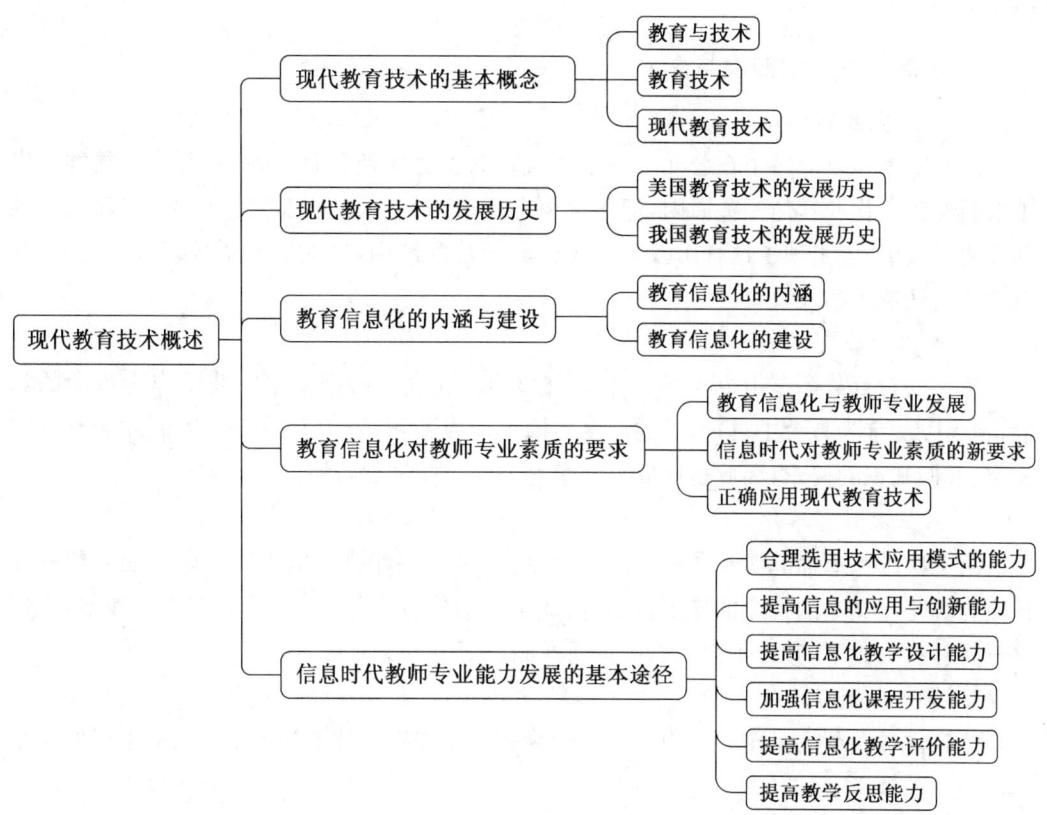

随着现代科学技术成果在教育领域的广泛应用,一门新兴的教育分支学科——教育技术学开始形成并快速发展。在实践过程中,教育技术学积极吸纳教育学、心理学、系统科学、信息科学、传播学等有关知识,发展成为以系统方法为核心的技术学层次的应用学科。①

现代教育技术的蓬勃发展,使得教育技术在教学过程中的作用越来越明显。在我国由应试教育向素质教育转变的过程中,教师的教育技术素质已经成为影响教育技术发展的重要因素,同时它也直接影响着我国教育的整体改革和教育现代化的发展进程。因此,培养和提高广大教师的教育技术应用能力在现代教学环境下已经变得非常紧迫和重要。

第一节　现代教育技术的基本概念

现代教育技术的基本概念,是人们长期积累起来的对现代教育技术的比较稳定和客观的看法,主要涉及教育与技术、教育技术以及现代教育技术等概念。了解现代教育技术的基本概念,是我们学习和应用现代教育技术的基础。

一、教育与技术

任何时代、任何形式的"教育"都有其"教育技术",只是"技术"的含量和水平的高低不同而已。

(一) 教育史上的四次革命

1. 第一次教育革命

第一次教育革命发生在公元2世纪犹太人的麦克比斯(Maccabees)时期。犹太人出于抵制希腊文化和其他一些原因,把儿童集中起来,派专人进行教育。后来,在其他地区和其他宗教中,也出现了这种由教会专人负责的教育机构,这就形成了学校。于是,家庭教育开始让位于学校教育。

2. 第二次教育革命

第二次教育革命是由文字的出现而引起的。这次革命把文字的使用作为革命的目的,因为以文字为教育工具,人类的信息传播才可以不再限于口耳相传,人们才会有学习文字、掌握知识的要求,因此也形成与文字有关的一些知识阶层。

3. 第三次教育革命

第三次教育革命起源于印刷术的产生,特别是活字印刷术的发明。印刷使人类的知识成为真正意义上的社会的知识。廉价、优质的书代替了昂贵、容易出错的手抄本,人们终于能够有书读了,知识不再为少数人所垄断。

4. 第四次教育革命

第四次教育革命是由现代教育技术的普遍应用和教育技术学理论框架的形成所带来

---

① 何克抗,李文光. 教育技术学[M]. 北京:北京师范大学出版社,2009:1.

的"教育上的第四次革命",无论从时间、空间、结果上看,都称得上是一次名副其实的革命。而且,这次教育领域的革命,其普及速度之快、反响之强烈、影响之深远,是前三次革命所无法比拟的。

教育与技术从来都是密切相关的。如果我们把教育看作一个学习者、教师和他们所处环境之间相互联系的生态系统,那么这些联系很大程度上取决于教学所用的技术。教与学活动越来越受到信息提供量的影响,教学上的新理念、新方法和新工具的更新将不断改造教学,使人们可以利用各种手段和媒体接受教育的影响。

(二)教育与技术的关系

1. 对教育和技术关系的认识

关于"教育"以及教育中所用的"技术",历来都是教育技术工作者的实践对象,也是教育领域关注的核心。

对于什么是"教育",大家的认识趋向是一致的:教育是由教育者根据社会的要求和人的身心发展规律,对受教育者所施加的一种系统影响活动。教育的目的是促进受教育者的身心发展,是教育者对受教育者有目的、有意识的培养,其实质是一种培养人的活动。

对于什么是"技术",人们对它的理解则表现出多样性。目前对"技术"主要有两种不同的理解:一种是狭义的理解,是指根据生产实践经验和自然科学原理发展形成的各种工艺操作方法与技能。这种理解广泛应用在工业领域,它把技术局限于有形的物质方面;另一种是信息社会中人们对技术的理解,认为"技术"基本上包含两个方面的核心内容,即有形的物质工具手段和无形的非物质的智能方法。美国著名教育技术历史分析家赛特勒认为,在现代意义上,技术是以实验或科学理论为基础的任何系统化的实际知识的应用,这种知识可以提高社会制作品和服务的能力,并体现为生产的技巧、组织和机器。这种对技术的理解除了提到的技能、技巧、方式或方法等技术要素之外,同时指出了"技术是知识的应用,而且技术知识的形成是以实验或科学理论作为依据"。

2. 教育与技术

在教育实践中,技术与教育孰轻孰重的定位常常出现偏差,人们往往很难把两者很好地统一在一起。

技术的发展与普及的一个重要的规律就是技术必须适应它所运用的领域和对象之特殊性。因此,作为一种技术运用于教育中,必须遵循教育的发展规律,技术的应用是为了教育的进步,为了受教育者的成长。作为教师的教学工具和学生的认知工具,技术在教育活动中并不直接改变学生的思想和身体状态,而是通过信息(语言、文字、生动的画面等)的传递来影响学生的思想和情感,改变学生的内在知识结构,进而通过这些心理结构促进和影响学生身心和社会实践活动的发展。这个过程离开教育是无法实现的。

卡耐基教育委员会指出:技术应该为教学服务,而不是相反。在教学中采用各种技术手段时,绝不能为技术而技术。不能因为别的学校采用了某种新的教学技术,自己害怕落后而趋之若鹜,这样是难以取得良好效果的。实际上,在教学中使用了某种复杂的教学技术,不一定能改善教学、提高教学效果。关键的问题在于教育者是否真正理解了教学技术与教学过程之间的复杂关系以及教学技术的运用是否符合学科的特点和受教育者的需要。

随着科学技术的发展进步以及基础教育课程改革的深入开展,教育与技术的关系越来越紧密。每当一种新的技术手段融入我们的教育当中,我们的教学方式、教学手段,以及我们的教学方法、教学理念都会发生一系列相应的变化。

首先,技术的使用能够有力地改变教育者的教育观念,提高他们的教育能力。教育观念是教育者的教育价值观、教育理想和教育目的的总和,教育能力则是教育者实现这种理想和目的的本领和技能。教育观念和教育能力在很大程度上反映了一定时期科学发展的水平。尤其是在近代科学产生之后,它们直接采用了科学的形态,形成了教育科学这一庞大的科学领域。具体地说,科学发展水平会影响教育者对教育内容、教育方法的选择和对教育工具的使用,也会影响他们对教育规律和教育过程中的教育机制的认识。

其次,技术的使用能够影响教育对象。一方面,科学的发展日益揭示教育对象的身心发展规律,从而使教育活动更符合这种规律,并使学习者扩展自己的受教育能力。另一方面,技术的发展及其广泛应用,能够使教育对象的视野和实践经验得以扩大。

再次,技术还会渗透到教育的所有环节之中,为教育的发展提供各种必需的思想要素和技术条件。技术迅速发展迫使教学内容不断更新,课程体系不断变化,学校类型与规模的扩展、教育设施的兴建、教育内容的记载与表达方式、教学用具与器材的制造等都离不开技术的作用。纵观教育发展的历史可以发现,技术发展与教育的发展在总体上是同步的。有什么样的技术发展水平,就会有什么样的教育发展水平。技术一旦有了某种进步,教育迟早会发生相应的变革。

总之,教育与技术是两种不同的事物,各有其内在的本质与发展变化规律。在教育与技术的关系上,之所以存在不同的观点,是因为各自所处的位置不同,看事物的角度不同。技术专家往往从技术本位出发,希望教师和教育迁就技术,要求教师改变习惯的认知与行为模式,以适应技术的发展变化,否则就认为教师固执、保守;一线教师和教育管理者从教育本位出发,希望技术服务于教育教学,要求降低技术壁垒,提高性价比,提供更完善的功能,不愿意让教育围着技术转。①

从历史的角度来看,两种观点各有偏颇。从某种意义上来说,教育与技术的发展史是教育与技术不断靠拢、互相影响的历史。一方面教师和学生不断学习和掌握新技术以提高教与学的效果,另一方面技术也通过不断人性化、智能化、廉价化来向公众靠拢,一旦这两方面的努力达到某个平衡点或结合点,就会激发出变革的巨大能量。此时技术就在教育教学领域迅速普及,并深刻影响教育教学的内容与形式。

教育和技术之间并不存在因果关系。技术能够为教学提供新的思路,改善教学效果,同时教学的要求和目标能够推动技术的更新和发展。我们需要的是在教育和技术之间找到一种平衡,而不能将技术强加到教育中去。教育需要的是最合适的技术,而不是更好的技术,更不是那些昂贵的技术。

二、教育技术

时至今日,我们仍称"教育技术学"是一门年轻的学科,教育技术的定义还是层出不

---

① 张念宏.教育百科辞典[M].北京:中国农业科技出版社,1998.

穷、纷繁复杂的。学习和研究教育技术学,其定义是一个不可回避并且必须首要面对的课题。①

无论是在教师的教学中,还是在学生的学习中,教育技术都发挥着巨大的作用。值得关注的问题是,在教学中运用了计算机或网络技术是否就标志着已经掌握了教育技术呢? 正如前英特尔公司 CEO 克瑞格·贝瑞特博士所说:"如果教师不了解如何更加有效地运用技术,所有与教育有关的技术都将没有任何实际意义。计算机并不是什么神奇的魔法,而教师才是真正的魔术师。"

因此,正确理解教育技术的定义、研究内容和本质特征,恰当地运用教育技术就显得非常重要。

(一) 国外教育技术的定义

国外关于教育技术的定义,最著名的、对教育技术领域影响最大的当推美国教育传播与技术协会(Association for Educational Communication and Technology,简称 AECT)分别在 1994 年、2004 年和 2017 年为教育技术下的定义。

1. AECT 1994 定义

"Instructional Technology is the theory and practice of design, development utilization, management and evaluation of processes and resources for learning."

"教育技术是为了促进学习,对有关的过程和资源进行设计、开发、利用、管理和评价的理论与实践"。该定义包含以下内涵:

一个目标:促进学习。强调学习的结果,阐明学习是目的,而教是促进学的一种手段。

两大对象:过程和资源。过程是未达到特定结果的一系列操作或活动,资源是指支持学习的资源。

五个范畴:设计、开发、利用、管理和评价。每个领域都有其独特的功能和范围。这五大范畴基本上可以涵盖教育技术(电化教育)的主要实践领域。从另一方面说,这五大范畴也可以被我们视为教育技术学工作者的主要方法。

两种性质:理论与实践相结合的领域。作为实践领域的教育技术就是我们通常所说的"电教",是我们所从事的事业;作为理论领域的教育技术就是我们的"教育技术学",是教育技术学的理论体系。②

2. AECT 2005 定义

"Educational technology is the study and ethical practice of facilitating learning and improving performance by creating, using and managing appropriate technological processes and resources."

"教育技术是通过创设、使用、管理合适的技术性的过程和资源,以促进学习和改善绩效的研究与符合道德规范的实践。"新的定义表明:

界定的概念名称是"教育技术"(Educational Technology),而不是"教学技术"

---

① 马启龙.利用谢弗勒教育定义的类型分析教育技术的定义[J].中国医学教育技术,2014,28(4).

② 李京杰.论教育技术定义的演变[J].大学教育,2012,1(9).

(Instructional Technology)。

教育技术有两大领域:"研究"(study)和"符合道德规范的实践"(ethical practice)。

教育技术有双重目的:"促进学习"(facilitating learning)和"改善绩效"(improving performance)。由此看出,随着教育的发展和进步,教育技术的目的已从"为了学习"(for learning)扩展到进一步"促进学习"而不是"控制或强迫学习"(facilitating rather than controlling or causing learning),扩展到学习之外的"绩效"的改善方面,扩展到对学校教育与企事业人员培训的双重考虑,扩展到教学效果、企业效益与教育投入(成本)等多因素的整体评价。

教育技术有三大范畴:"创设"(creating)、"使用"(using)、"管理"(managing)。

教育技术有两大对象:"过程"和"资源"。新界定中的"过程"和"资源"之前有一个限定词:"appropriate technological",是指"适当的技术性的""过程"与"资源",这与1994定义中的"学习过程"与"学习资源"有一定区别。

教育技术的主要特征在于其技术性。表现为教育技术研究的重点是适当的技术性过程与技术性资源;表现为技术实践的"符合道德规范"性、技术工具与方法运用的先进性、技术使用效果的高绩效性。①

3. AECT 2017 新定义

美国教育传播与技术协会在2017年12月发布了教育技术新定义,新定义是在Web 2.0时代相关教育理论及技术大发展背景下应运而生的。

在由美国AECT定义与术语委员会起草的教育技术定义中,AECT新定义的英文表述为"Educational technology is the study and ethical application of theory, research, and best practices to advance knowledge as well as mediate and improve learning and performance through the strategic design management and implementation of learning and instructional processes and resources."

在分析研究AECT 1994、AECT 2005定义基础上,将其翻译为:"教育技术是对理论研究与最佳实践的探索及符合伦理道德的应用,主要是通过对学与教的过程和资源的策略性设计、管理和实施,以促进知识的理解,调整和改善学习绩效。"

(二)国内的教育技术定义

教育技术在中国,起初是20世纪30年代以"电化教育"这一名称出现的,到了90年代,随着AECT教育技术定义,特别是AECT 1994定义的引入,我国电教界引发了一场"易名论",20世纪末更名为"教育技术"。中国对教育技术定义的讨论相当丰富,《中国电化教育》和《电化教育研究》杂志发表了几乎国内全部重要学者对教育技术定义理解的论文。

国内的教育技术定义,主要如表1-1所示:

---

① 李京杰.论教育技术定义的演变[J].大学教育,2012,1(9).

表1-1 国内的教育技术定义

提出者	时间	定义
萧树滋	1983年	电化教育,简单地说,就是指利用现代化的声、光、电设备进行教育、教学活动。
萧树滋	1988年	电化教育是根据教育理论,运用现代教育媒体,有目的地传递教育信息,充分发挥多种感官的功能,以实现最优化的教育活动。①
《教育大辞典》	1992年	教育技术是人类在教育活动中所采用的一切技术手段和方法的总和。包括物化形态的技术和智能形态的技术两大类。
南国农、李运林	1998年	电化教育,就是在现代教育思想、理论的指导下,主要运用现代教育技术进行教育活动,以实现教育过程的最优化。
彭绍东	2000年	教育技术是为教育的实施和提高教育的效果而采用的方法、工具与所要求的教育参与者的技能之和。
祝智庭	2001年	教育技术的概念可以理解为:应用现代信息技术,对学习资源和学习过程进行设计、开发、利用、管理和评价的理论与实践,包括教育技术学的理论基础、媒体与教学、教学资源的开发与应用、教学过程的理论与实践、教学设计与开发、远程教学技术、教学评价技术等内容。②
南国农	2004年	信息化教育就是在现代教育思想、理论的指导下,主要运用现代信息技术,开发教育资源,优化教育过程,以培养和提高学生信息素养为重要目标的一种新的教育方式。
汪基德	2007年	电化教育简单地定义为"借助于现代教育技术的教育"或"借助于现代教育媒体的教育"。

(三) 教育技术的研究内容

教育技术是通过对教与学过程及相关资源的设计、开发、利用、管理和评价,实现教育教学优化的理论与实践。教育技术的研究内容主要如下:③

1. 学科基础理论

如学科的性质、任务、概念、研究方法、与相关学科的关系等。

2. 视听教育的理论与技术

包括各种常规视听媒体的教育功能和组合应用技术研究,各种常规视听教材的设计、制作、评价、使用技术研究,以及运用视听教育各种模式优化教学过程、提高教学质量和教学效果的理论与实践研究。

3. 计算机辅助教育的理论与技术

包括计算机辅助教学和计算机管理教学,多媒体计算机教学软件的开发和教学系统的设计,计算机教育网络的建立和应用等。

4. 教学设计与教学评价的理论与技术

包括对各种学习理论、传播理论、系统方法论的应用研究,对采用现代媒体技术和信

---

① 萧树滋等.电化教育概论[M].北京:北京师范大学出版社,1988.
② 祝智庭.因特网教育资源利用[M].北京:高等教育出版社,2001.
③ 祝智庭.因特网教育资源利用[M].北京:高等教育出版社,2001.

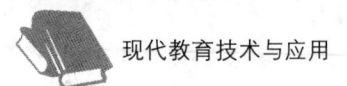

息技术进行教学的方法、原则、规律、心理现象的研究,各种现代科学测量评价技术的应用研究等。

5. 远程教学的理论与技术

包括其网络建设、教学目标、形式、特点、组织管理等。

6. 教育技术管理的理论与技术

包括硬件设备和软件资料的管理方法,以及学科有关的方针、政策、组织机构、专业设置等的研究。

(四) 教育技术的本质特征

从广义上说,技术是指人类在改造自然、改造社会、改造自身的全部活动中,所应有的一切规则、方法和工具的总和,简言之,一切有效用的操作性体系都属于技术范畴。

按操作对象之别,技术系统可分为硬技术和软技术:硬技术系统的操作对象为自然物和人工物(作为系统输入),产生的结果是物化的技术制品或称"硬制品"(作为系统输出);软技术系统的操作对象为社会人文要素,产生的结果是非物质化的概念制品或行为制品,可统称为"软制品"。硬技术系统与软技术系统具有交互作用:软技术需要一定的硬技术支撑,硬技术过程和制品中大多隐含软技术的内容。教育技术是以软技术为主,硬技术为辅的系统。

从教育技术作为一种操作性系统的角度,其本质特征可以表述为:经由一定的技术过程,以设计作为核心活动,产生目标导向的制品的过程;另一个重要活动是利用现有的制品资源,在相对意义上是服务于设计的。

教育技术是具有很强实践意义的应用学科。按行为主体之不同,可以分为面向专业工作者的教育技术、面向职业工作者的教育技术以及面向学习者的教育技术。

面向专业工作者的教育技术代表教育技术专家的实践领域,其行为特征是"他用设计",其目标是为他人(工作者、学习者)创建技术资源。面向职业工作者的教育技术在通常意义上转变为绩效技术,兼有"他用设计"和"与用设计"的特点,后一特点一方面表示工作者通常利用已有的技术资源进行再设计,另一方面表示经常与专家或同事进行合作设计。

三、现代教育技术

(一) 现代教育技术的定义

所谓现代教育技术就是以现代教育思想、理论和方法为基础,以系统论的观点为指导,以现代信息技术(主要指计算机技术、数字音像技术、电子通信技术、网络技术、卫星广播技术、远程通信技术、人工智能技术、虚拟现实仿真技术及多媒体技术和信息高速公路)为手段的教育技术。它是现代教学设计、现代教学媒体和现代媒体教学法的综合体现,是以实现教学过程、教学资源、教学效果、教学效益最优化为目的。①

---

① 张乐,郭绍青,陈莹."现代教育技术"教师教育课程内容体系改革研究[J].电化教育研究,2014,35(9).

（二）现代教育技术与教育技术的关系

现代教育技术与教育技术的名称不同在于"现代教育技术"加上了"现代"二字,要弄清它的概念,我们必须先弄清"现代"的含义。中文关于"现代"的解释是,现在这个时代。英文解释有两种:一是"Modern",译为:① 近代的,现代的;② 现代风格的,新式的,现行的,时髦的。二是"Contemporary",译为:① 发生,存在;生存或产生于同一时期;② 同一瞬间发生的;③ 自始至终同时存在的;源出同一时代的;④ 当代的或仿佛当代的,现时的。

可见,由于对"现代"这个词的理解不同,对现代教育技术的理解也不同,归纳起来主要有两种:一种指新出现的教育技术,与之对应的是传统教育技术,这种理解强调对传统的革新;另一种指正在使用的教育技术,它包括传统教育技术和新出现的教育技术。由于第二种提法的范围比第一种广泛,本书把第一种称为狭义理解,把第二种称为广义理解。

现代教育技术一方面更加强调现代的信息技术,比如计算机、多媒体、网络技术、人工智能、虚拟现实等的新的媒体技术的应用,另一方面现代教育技术并不忽视或抵制传统媒体技术的应用。[1]

（三）现代教育技术的发展趋势

1. 教育技术网络化

教育技术网络化的最明显标志是互联网（Internet）应用的普及。据中国互联网络信息中心（CNNIC）2014 年第 45 次《中国互联网络发展状况统计报告》显示,截至 2020 年 3 月,我国网民规模达 9.04 亿。互联网普及率达 64.5%。网络的普及对教育的影响不仅表现在教学手段、教学方法的改变上,而且会引起教学模式和教育体制的根本变革。基于互联网环境下的教育体制与教学模式不受时间、空间和地域的限制,通过计算机网络可扩展至全社会的每一个角落,甚至是全世界,这是真正意义上的开放式大学;在这种教育体制下,每个人既是学生又是教师,每个人可以在任何时间、任意地点通过网络自由地学习、工作或娱乐。每一个人,不管贫富贵贱都可以得到每个学科一流老师的指导,都可以向世界上最权威的专家"当面"请教,都可以借阅世界上最著名图书馆的藏书甚至拷贝下来,都可以从世界上的任何角落获取到最新的信息和资料。由于是基于信息高速公路的多媒体教育网络,所有这些都可以在瞬息之间完成,你所需要的老师、专家、资料和信息,都是远在天边,但又近在眼前。世界上的每一个公民,不管其家庭出身、地位、财富如何,都可以享受到这种最高质的教育,这是真正意义上的全民教育。在上述教育网络环境下,既可以进行个别化教学,又可以进行协作学习;还可以将"个别化"与"协作型"二者结合起来,所以这是一种全新的网络教学模式。这种教学模式是完全按照个人的需要进行的;不论是教学内容、教学时间、教学方式、还是指导教师都可以按照学习者自己的意愿或偏好进行选择。在二十一世纪,这种不用出门、不受时空限制的、真正的开放大学将会变得愈来愈普及。[2]

---

[1] 朱家宜,周晓丽. 现代教育技术与中小学信息技术教育[J]. 教育理论与实践,2004,6(12).
[2] 王治文,俞平芳. 论信息技术教育的网络化[J]. 中国电化教育,2004(8).

2. 教育技术多媒体化

近年来,多媒体教育应用正在迅速成为教育技术中的主流技术,换句话说,目前国际上的教育技术正在迅速走向多媒化。

(1) 多媒体教学系统

与应用其他媒体的教学系统相比,多媒体教学系统具有以下优点:多感观刺激;传输信息量大、速度快;信息传输质量高、应用范围广;使用方便、易于操作;交互性强。可以说,正是多媒体教学系统具有的诸多优势,目前现代教育技术正在迅速走向多媒体化。

(2) 多媒体电子出版物

多媒体技术除了可直接应用于教学过程之外,在教育领域还有另一方面的应用,这就是以 CD-ROM 光盘做存储介质的电子出版物。例如,电子百科全书、电子词典、电子刊物等。在电子百科全书中,它的每个条目不仅有文字说明,还有声音、图形,甚至活动画面的配合。此外,还具有辅助教学功能,可以对学生进行辅导、答疑、布置作业。

3. 教育技术理论化

没有理论的实践是盲目的实践,没有理论指导的应用只能停留在一个较低的水平上,不会有突破性的进展,因此近年来,国际教育技术界在大力推广应用教育技术的同时都日益重视并加强对教育技术理论基础的研究。这表现在以下两个方面:一方面是重视教育技术自身理论基础的研究。最明显的例子就是美国 AECT 协会专门撰写的专著《教育技术的定义和研究范围》,该书不仅是美国电教界的重要理论研究成果,也是当今国际电教界的重要理论研究成果。它对整个 20 世纪 90 年代乃至 21 世纪初教育技术学的发展起有力的推进作用,对我国电教事业的发展也产生了深刻的影响。我们应对此给予足够的重视。另一方面是加强将认知学习理论应用于教育技术实际的研究。对于认知心理学来说,这类研究本属应用范畴;但是对于教育技术学来说,由于认知心理学是其理论基础之一,所以,上述研究属于教育技术学本身的理论方法研究。认知学习理论开始占主导地位。

4. 教育技术研究智能化

智能辅助教学系统由于具有"教学决策"模块、"学生模型"模块和"自然语言接口",因而具有能与人类优秀教师相媲美的下述功能:了解每个学生的学习能力、认知特点和当前知识水平;能根据学生的不同特点选择最适当的教学内容和教学方法,并可对学生进行有针对性的个别指导;允许学生用自然语言与"计算机导师"进行人机对话。

5. 教育技术应用多样化

即使是像美国这类发达国家,对教育技术的应用也不是同一模式、同一要求,而是根据社会需求和具体条件的不同划分为不同的应用层次,采用不同的应用模式。目前在发达国家,教育技术的应用大体上有以下四种模式:基于传统教学媒体(以视听设备为主)的"常规模式";基于多媒体计算机的"多媒体模式";基于 Internet 的"网络模式";基于计算机仿真技术的"虚拟现实模式"。其中"常规模式"不论是在我国还是在发达国家,在目前或今后一段时间内,仍然是主要的教育技术的应用模式,尤其是在广大中小学更是如此。在重视"常规模式"的同时,应加速发展"多媒体模式"和"网络模式",这是现代教育技术发展的方向和未来。至于"虚拟现实模式",这是一种最新的教育技术应用模式。虚拟现实是由计算机生成的交互式人工环境。在这个人工环境中,可以创造一种身临其境的完全真实的感觉。要进入虚拟现实的环境,一般要戴上一个特殊的头盔和一副数据手套,多媒体计算机和仿真技术加上特殊头盔和数据手套可以产生一种强烈的幻觉,使得置身其中的人全身心地投入到当前的虚拟现实世界中,并对其真实性丝毫不产生怀疑。①

6. 绩效技术的应用

随着理论与技术的迅速发展,绩效的提高将越来越受到重视,"新的对绩效而不是学习的强调,也可能影响教育技术领域的功能和角色定位"。一般谈到绩效,主要是面向企业,企业绩效技术是教育的一个新的研究领域和实践领域,它使教育技术走出学校,面向社会,充分发挥教育技术的巨大潜力。

绩效是指有目的的、有预定结果的行为倾向,是企业组织所期望的、符合企业总目标的业绩。价值观是绩效概念的基本属性之一。绩效技术是教学系统设计学科发展的产物,其中重要的理论与做法源于教学设计。绩效技术与教育技术有着千丝万缕的联系,如:两者都是用系统论方法分析、解决问题的;有着相同或相近的运行模式;目标也都是提高质量,提高效率。

美国教育技术工作者在企业绩效技术方面做了大量的研究和实践工作,教育技术的科研课题多与企业需求紧密结合,充分运用教育技术研究成果,提出了许多完整的培训运作机制与过程模式,达到了用绩效技术提高企业的整体效益的目的。高校与企业结合,教育技术与绩效技术在美国发展得比较成熟,收益颇丰。在我国,教育技术主动进入企业,寻求绩效技术的实际研究课题,为企业解决具体问题,已成为重要的发展方向之一。

第二节　现代教育技术的发展历史

任何一门技术,都要经历一个从发轫到发展再到成熟的发展过程,教育技术也不例外。教育技术是现代教育科学发展的重要成果,教育技术参与教育过程,改变了整个教育过程的模式及组织序列,同时对分析和处理教育、教学问题的思路产生了巨大影响。教育技术的发展已进入了新的阶段,为了理清目前教育技术研究的现状,从整体上把握其发展趋势,有必要对教育技术的研究进行回顾和展望。

一、美国教育技术的产生与发展历程

美国教育技术产生最早,发展脉络清晰完整,在世界上影响也最大,其他国家如日本、英国、加拿大等国均以美国的教育技术理论模式做借鉴,因此美国可作为研究国外教育技术发展历史的典型代表。

美国教育技术的形成与发展可从三个主要方面追溯:一是视听教学运动推动了各类学习资源在教学中的运用;二是个别化教学促进了以学习者为中心的个性化教学的形成;三是教学系统方法的发展促进了教育技术理论核心——教学设计学科的诞生。这三个方

---

① 宋虎珍. 合理运用现代教育技术,提高课堂教学效率[J]. 教育探索,2010(10).

面发展的起源不同,但基本都沿着"视觉教学—视听教学—视听传播教学—教育技术"这一发展轨迹。在此期间,媒体化的视听传播教学、个别化教学、教学系统设计逐步融合,在20世纪70年代,在系统方法的融合下,三个分支形成了教育技术,使之成为一个完整的领域和学科。①

1. 视觉教育

最早使用"视觉教育"术语的是美国宾夕法尼亚州的一家出版公司,1906年,它出版了一本介绍如何拍摄照片、如何制作和利用幻灯片的书,书名就是《视觉教育》。1923年,美国教育协会建立了视觉教育分会。

2. 视听教育

20世纪30年代后期,无线电广播、有声电影、录音机先后在教育中获得运用,人们感到"视觉教育"名称已经概括不了已有的实践,并开始在文章中使用"视听教育"的术语。1947年,美国教育协会的视觉教育分会改名为视听教学分会。在诸多关于视听教育的研究中,堪称代表的是戴尔(E. Dale)于1946年所著的《教学中的视听方法》。该书提出的"经验之塔"理论成了当时以及后来的视听教育的主要理论根据。

3. 视听传播

1960年,美国的视听教育协会组成特别委员会,研讨什么是视听教育。1963年2月,该委员会提出报告,建议将视听教育的名称改为视听传播,并对此做了详细的说明。另外,许多研讨视听教育的文章和著作,也都趋向于采用传播学作为视听教育的理论基础。

4. 教育技术

由于媒体技术的发展和理论观念的拓新,国际教育界深感原有视听教育的名称不能代表该领域的实践和研究范畴,1970年6月25日,美国视听教育协会改名为教育传播与技术协会(Association for Educational Communication and Technology,简称AECT)。1972年,该协会将其实践和研究的领域正式定名为教育技术。②

教育技术的名称确定以后,人们便开始探讨它的定义。1970年,美国政府的一个专业咨询机构教育技术委员会在给总编和议会的一份报告中指出:"教育技术是按照具体的目标,根据对人类学习和传播的研究,以及利用人力和非人力资源的结合,从而促使教学更有效的一种系统的设计、实施、评价学与教的整个过程的方法。"

二、我国教育技术(电化教育)的产生和发展历程

我国教育技术的发展历程,可以划分为5个阶段。

(一) 20世纪20年代—40年代:萌芽阶段

20世纪20年代,受美国视听教育运动的影响,我国教育界也尝试利用电影、幻灯等媒体作为教学工具。

早在1919年,国内已有人开始使用幻灯来开展教学试验。1920年,上海商务印书馆(当时我国最大的图书出版企业)成立国光影片公司,拍过一些无声影片,其中就有教育

---

① 何金杭. 当代教育技术的发展趋势[J]. 现代教育技术,2007(3).
② 黄荣怀,曾兰芳,余冠仕. 我国教育技术的发展简析[J]. 中国电化教育,2002(9).

片,如《盲童教育》《养真幼儿园》《女子体育》《陆军练》《养蚕》等,这些是我国拍摄的最早的教育影片。金陵大学是我国推行电化教育最早的高等学校,1922年就已开始用幻灯、电影宣传棉花种植。1923年中国教育家陶行知在长沙、烟台、嘉兴举办大规模的"千字课"教学试验。在嘉兴试验时,用了幻灯。随后,广播和电影教学在我国更为广泛地开展起来。1925年6月,教育部定购下发一千多台收音机,并聘请专家通过广播电台播放教育节目。1937年7月,建立了播音教育委员会并在全国建立了11个播音教育指导区。1932年,在南京成立了"中国教育电影协会",这是我国最早的群众性电教学术团体。1935年,江苏镇江民众教育馆将该馆的大会堂改名为"电化教学讲映场",这是我国最早使用"电化教学"这个名词。1935年,上海大厦大学社会教育系开设"教育电影"课,这是我国最早在大学开设的电化教育课。1936年,南京教育部成立了电影教育委员会,这是我国最早的政府电影机构。1936年,无锡市江苏省立教育学院开办电影广播专修科,这是我国最早的电教专业。同年,教育界人士讨论为当时推行的电影、播音教育的定名问题时,提出并确认了"电化教育"这个名词,此后,这个名词被普遍采用。同年,上海教育界人士办了"中国电影教育用品公司",并出版《电化教育》周刊,共出了6期,这是我国最早的电教刊物。1937年,上海商务印书馆出版了陈友松著述的《有声教育电影》,这是我国出版的第一部电教专著。1942年,在重庆成立了"中华教育电影制片厂",这是我国最早的教育电影制片厂。1945年,苏州国立社会教育学院建立电化教育系,这是我国最早的电化教育系。①

(二) 20世纪50—60年代:初期发展阶段

这时国家成立了一些专门的机构。如在一些大学里,像北京师范大学、南京的国立中央大学,还开设了电化教育的课程。1949年,我国成立了电化教育处,电化教育的概念逐渐被人们接受。

1949年11月在文化部科技普及局成立了电化教育处,负责领导全国教育技术工作。1949年,北京人民广播电台和上海人民广播电台举办俄语讲座,后又改为俄语广播学校。每年参加学习的学员达5 000人,到1960年,累计招生19万多人。1955年,北京市、天津市分别创办了自己的广播函授学校。1958年前后,中国掀起了教育改革运动,推动了高等学校和中小学电化教育活动的开展,北京市、沈阳市等地相继成立了电化教育馆,由教师、技术人员、工人构成的电教专业队伍也大量出现。1960年起,上海、北京、沈阳、哈尔滨、广州等地相继开办电视大学。在这段时期里,幻灯、录音、电影开始进入城市中小学校和高等院校,特别是外语和医科院校,电教教材和电教资料开始制作、生产;外语教学唱片、教学幻灯片已成批生产;外语录音带已在校际复制、交流;外语院校开始安装同声翻译室、简易型语言实验室等较先进的电教设备。1964年高等教育部批准在上海外国语学院建造了国内第一幢电化教学楼。

50年代至60年代中期,是我国现代教育技术发展的活跃期,由于政府关怀、学校重视,因此取得了不菲的业绩并形成了规模效应,特别是在此阶段,我国培养了一支由教师、

---

① 黄荣怀,曾兰芳,余冠仕.我国教育技术的发展简析[J].中国电化教育,2002(9).

技术人员组成的专业性教育技术队伍。同时此阶段,政府合理布点添置了大量的教育技术设备,为我国现代教育技术以后的发展打下了良好的基础,积累了丰富、宝贵的历史经验。①

(三) 20世纪60—70年代:停滞阶段

20世纪70年代,受"文化大革命"的影响,我国的电化教育几乎没有什么发展。1966年,我国爆发了"文化大革命",整个教育事业受到严重摧残,电化教育也不例外,电教机构被撤销,人员被解散,设备、资料被破坏,使我国电教进入停滞期。

(四) 20世纪80—90年代:迅速发展阶段

十一届三中全会以后,我国的教育技术获得了长足发展,国家在政策以及资金方面给予教育技术大力支持。70年代后期至80年代,我国的电化教育重新起步,迅速发展,取得了明显的成绩,主要表现在如下方面:

一是1978年教育部决定设立电化教育局和中央电教馆,成为指导全国电教工作的中心。

二是从1979年开始建立了各级电教机构,扩大了电教工作队伍。到1985年底,全国已有2 253个县(区)建立了电教机构,占全国县区的95%左右,全国800多所高等院校以及许多中小学都先后建立了电教中心与电教室。全国的电教从业人员达数十万人,形成了一支热心电教、积极探索的电教大军。

三是在软硬件建设方面,在整个80年代,普通电教室、语言实验室、计算机室、闭路电视系统、卫星接收站等硬件设施的建设发展相当快。软件建设也极为迅速,各级学校制作了包括幻灯、投影、录音、电视、计算机课件等数以万计的各类电教教材。

四是在学科建设方面,从1978年开始,几所高等院校着手开设教育技术(电化教育)专业,从1983年起,北京师范大学现代教育技术研究所、华南师范大学电化教育中心、华东师范大学现代教育技术研究所三个单位创办了四年制本科教育技术(电化教育)专业。随后几年之内,电教专业如雨后春笋一般涌起,形成了包括专科、本科、研究生在内三个层次的人员培养体系。

五是广播电视教育和卫星电视教育发展迅速,1979年建立全国广播电视大学,各省、市、自治区都举办了广播电视大学。1986年,中国教育电视台(CETV)创建,我国开始实施卫星电视教育,已建卫星地面站1万多个,教育电视台1 200多座,放像点6.6万多个,形成了世界上最大的教育电视传输网络。

六是计算机教育蓬勃兴起,数以百计的高等院校设置计算机专业和开设计算机课程,编制了一批课件和用于教学管理的软件。1981年,我国第一次拥有自己的计算机辅助教学系统和辅助教学管理系统。80年代,为了抵制大量进口国外教育微机,国家于1986年组织一些高等院校和工厂研制生产"中华学习机"。1987年,作为国家"七五"重点攻关项目,我国有计划有组织地开发了一批中华学习机教育软件。

七是已初步构建了一个以七论(本质论、功能论、发展论、媒体论、过程论、方法论、管

---

① 黄荣怀,曾兰芳,余冠仕. 我国教育技术的发展简析[J]. 中国电化教育,2002(9).

理论)为内容的理论体系的框架,初步实现了由小电教到大电教的观念转变,初步形成了以课堂播放教学法、远距离播放教学法、程序教学法、微型教学法、现代成绩考查法等为内容的电化教学方法体系。

总的来说,这一阶段我国电化教育发展是迅速的,无论是从组织机构、人员队伍,还是从学科建设、软硬件建设的发展速度和质量上看,都是我国历史上前所未有的,这一段时期为我国现在的电化教育事业奠定了坚实的基础。但是,限于当时的历史环境,这一段时期也有其不足之处:一是太偏重于硬件投资和建设,忽视了软件和人才的建设。二是在理论的研究上,对于教育技术三大技术,基本上停留在硬件技术的研究上,对于传媒技术和教学系统设计技术涉足不够。这些偏差都直接导致了我国目前学校教育中出现以"教"为中心和重"硬"轻"软"的不健康的状况或局面。

(五) 20 世纪 90 年代至今:系统网络化发展阶段

1995 年,中国教育科研网开通,标志着中国的网络教育应用的开端。1998 年 5 月,教育部部长陈至立指出"教育技术是教育改革的制高点和突破口";2000 年开始,教育部制定了在中小学普及信息技术教育和实施"校校通"工程的战略目标。2007 年底,中央和地方将累计投入 111 亿元,完善农村中小学远程教育设施,这些相关的硬件软件都促进了我国教育技术的发展。

当历史的车轮驶进 20 世纪 90 年代,我国的电化教育也进入了深入发展的阶段。90 年代是信息技术得到巨大发展的时代,人们已经感受到了教育信息技术的冲击。大量的基于计算机的技术叩响了我们的门扉,多媒体技术和网络技术以锐不可当之势进入了社会、学校、家庭,教育技术的内容和形式也发生了深刻的变化。在媒体技术方面,卫星广播技术、计算机网络技术应用于远距离教育,多媒体、人工智能技术应用于个别化交互学习,交互网络技术应用于协作学习,虚拟现实技术应用于仿真教学等。

从组织机构上看,相对于 80 年代,中国电化教育的组织日趋完善,队伍日趋庞大。中国教育技术的组织机构可以从行政、业务管理和学术社团两方面来说明。首先,从中国教育技术的行政管理和业务开展方面来看,中国的教育技术系统是由广播电视教育系统、卫星电视教育系统、学校教育技术系统和商品化的教育资源开发系统四大主要系统组成,主体由中国广播电视大学、中国教育电视台、各学校教育技术中心和为教育技术发展服务的企业组成。其次,从中国教育技术的学术社团组织机构来看,中国教育技术的主要学术社团组织就是中国电化教育协会(CAET),它是促进全国电教单位、专家协作,推动电教科研进步的群众性学术团体。中国电化教育协会设有秘书处和学术委员会,包括教育技术学研究会、外语、综合大学和师范院校、广播电视教育、中小学、教育电视台(站)、金融、教材等多个专业委员会,已经初步形成了完整的中国教育技术社团组织框架体系,是中国教育技术组织机构的重要组成部分。1995 年 10 月在北京召开的"中国电化教育协会会员代表大会暨学术研讨会"对转变电教队伍的传统思想观念具有里程碑意义,是中国电化教育协会迅速发展的一个标志,对世纪之交的中国教育技术面临的新形势和新任务进行了研讨,为今后的发展奠定了基础。2001 年 4 月,中国电化教育协会重组为"教育部高等学校教育技术学专业教学指导委员会"。

从学科建设上看,到 2005 年,教育技术学科专业建设相对于 80 年代更具规模,已有

150多所高等院校设置了教育技术专业,这个数目还在急速增长,近40所高等院校具有教育技术学硕士学位授予权,已有北京师范大学、华东师范大学、华南师范大学和西北师范大学等6所大学具有教育技术学专业的博士学位授予权,从而形成了一个包括专科、本科、硕士学位研究生和博士学位研究生在内的完整的教育技术专业人才培养体系。

从教育技术的研究方面来说,中国的教育技术研究立足于中国的实际,成绩斐然,对中国的教育技术实践起到了指导作用。主要如下:创办了一批教育技术方面的刊物,如《电化教育研究》《中国电化教育》《教育传播与技术》《外语电化教学》《中小学电教》《网络科技时代》等,发表了大量的高水平文章,对于促进中国教育技术的发展起了不可估量的作用。同时出版了或再版了一批教育技术学方面的专著,如《电化教育概论》(萧树滋主编)、《电化教育学》(南国农主编)、《电化教育导论》(李运林、李克东编著)、《教育传播科学研究方法》(李克东编著)、《现代教育技术学》(万嘉若主编)、《教育技术学导论》(尹俊华主编)、《多媒体组合教学设计》(李克东、谢幼如编著)、《教学设计——基本原理和方法》(张祖忻等编著)、《教学设计》(乌美娜主编)、《计算机辅助教育》(何克抗主编)、《现代教育技术》(何克抗主编)等,更为重要的是《教育技术学》《教学系统设计》等八套面向21世纪教育技术学专业主干课程的教材由何克抗教授等重新编写,在2002年后相继面世,对我国教育技术学学科和课程建设具有重要的推动作用。另外还翻译了许多国外的教育技术名著,如《教学技术:领域的定义和范畴》、加涅的《学习的条件和教学论》和《教学设计原理》等等,这些都为实际工作的开展提供了理论指导。①

第三节　教育信息化的内涵与建设

信息化是当今世界和社会发展的大趋势,教育作为提高国民综合素质、促进经济发展、提高国家综合竞争力的事业,必须加快改革的步伐,适应现代社会信息化的发展趋势,进行教育信息化建设,最终实现教育现代化,促进全民素质的提高。

一、教育信息化的定义及其内涵

(一) 教育信息化的定义

教育信息化是指在教育领域(教育管理、教育教学和教育科研)全面深入地运用现代信息技术来促进教育改革与发展的过程。其技术特点是数字化、网络化、智能化和多媒体化,基本特征是开放、共享、交互、协作。以教育信息化促进教育现代化,用信息技术改变传统模式。教育信息化的发展,带来了教育形式和学习方式的重大变革,促进教育改革,对传统的教育思想、观念、模式、内容和方法产生了巨大冲击。教育信息化是国家信息化的重要组成部分,对于转变教育思想和观念,深化教育改革,提高教育质量和效益,培养创新人才具有深远意义,是实现教育跨越式发展的必然选择。②

---

① 黄荣怀,曾兰芳,余冠仕.我国教育技术的发展简析[J].中国电化教育,2002(9).
② 黄堂红.教育信息化的内涵、意义及发展对策探讨[J].电化教育研究,2009(3).

(二) 教育信息化的内涵

教育信息化的内涵有四个:

一是实现教育现代化离不开信息化,信息化要服务于教育现代化;

二是国家及教育部门要统一规划、统一组织教育信息化建设;

三是教育系统的各个领域要广泛深入地应用现代信息技术;

四是教育信息化是一个循序渐进、不断发展的过程。

这个内涵有如下特点:① 强调了教育信息化建设要统一规划、统一组织,以克服教育信息化建设中的盲目性,规划和组织的主体应是国家及教育主管部门;② 明确了教育信息化的最终目的——实现教育现代化;③ 界定了教育信息化的范围——教育系统的各个领域;④ 强调了教育信息化的过程性,是实现教育现代化的阶段化过程而并非最终目的。

需要指出的是,由于教育信息化建设的规划和组织离不开现代教育思想和现代教育理论的指导,而现代信息技术在教育系统各个领域的应用必然以"教育资源"的建设作为基础,其"应用"过程本身并不是现代信息技术与教育二者的简单"相加",而是"现代信息技术与教育的整合"。因此,在本文提出的教育信息化定义中均"隐藏"了这些"必然"的内容,以使该定义的表述更加简练,也更具概括性。

二、教育信息化的建设

(一) 教育信息化的发展现状

根据信息技术与教育的融合程度,教育信息化的发展可分为"起步""应用""融合"和"创新"四个阶段。①

1. 起步阶段

在教育信息化的起步阶段,各国关注的重点一般在基础设施条件建设和教师信息技术应用能力。美国出台的第一份《国家教育技术规划》(NETP 1996)中提出:"美国的每个教室必须拥有能连接因特网的计算机、优质的学习软件和接受过良好培训的教师。"新加坡在1997年至2002年的教育信息化一期发展规划(MP1)中对生机比、师机比、网络传输技术和速率、教师信息技术与课程整合能力等提出了要求。韩国教育部在1997年实施"教育信息化全面规划",旨在推动学校的硬件终端建设和架设计算机网络。

然而,各国在教育信息化硬软件基础设施建设、教师信息技术应用能力培训方面虽有一定成效,但也存在明显问题。由于设备匹配性和软件系统兼容性等问题,有些学校不能正常访问互联网或运行学习软件;不同地区、学校的信息化系统部署水平有差异,学校间的互联互通存在障碍;教师信息化教学能力有限,不能很好地发挥设备和资源的使用效益等。针对以上问题,基础设施建设类规范、教师教育技术能力规范、教育信息化水平评估规范等对推进该阶段的教育信息化发展起到了关键作用。

2. 应用阶段

在信息技术全面应用于教育的阶段,优质的数字教育资源和完善的教学管理系统必

---

① 汪存友. 论信息技术与高校课堂教学的深度融合[J]. 山西师大学报,2016(9).

不可少。美国发布的 NETP 2000 和 NETP 2004 中明确了普及数字资源、利用评估促进教学以及提升数据系统互操作能力的重要性。新加坡在 MP1 中要求促进与教学内容相关的网络资源的应用。韩国发布的第二份教育信息化规划中强调重点推进数字教育资源建设和数字化学习。在我国,2000 年教育部下发了《关于在中小学实施"校校通"工程的通知》,目标是让 90% 以上的中小学校采用多种手段和形式,用较低的成本获得丰富的教学资源。2012 年 3 月,教育部发布的《教育信息化十年发展规划(2011—2020 年)》明确提出建设国家教育云基础平台,要求充分整合和利用各级各类教育机构的信息基础设施,建设覆盖全国、分布合理、开放开源的基础云环境。

然而,各国对数字教材的开发、教学支持系统的建设虽然开展得如火如荼,但无规范的"开发热"导致资源重复建设、信息孤岛问题严重、资源无法互换、系统无法互操作等情况普遍存在。因此,对如何实现学习资源复用、减少低水平重复开发、实现资源和数据在不同系统之间的有效共享,以及不同业务系统之间的互操作,成为这个阶段的迫切需求。学习资源内容封装规范、问题测试互操作规范、平台媒体引用规范等一系列旨在促进资源封装规范化、系统接口一致化的标准,正是应对这一阶段需求的产物。

3. 融合阶段

利用信息技术促进教师专业能力发展和基于信息化环境的教学方法创新是技术与教育融合阶段最鲜明的特征。新加坡在 MP3 中要求教师能为学生提供信息化环境下的学习经验,构建多种合适的平台和网络以促进学生之间的协作。美国 NETP 2016 要求推进信息技术支撑下教育系统的结构性变革。在技术与教学环境融合方面,新加坡、韩国在中小学校园大规模推广使用电子书包,通过云服务实现所有终端教育资源同步推送。在教育教学服务方面,自从我国国家教育资源公共服务体系建设启动以来,各级各类学校大力建设教育云学习和管理服务平台,为区域和学校提供优质资源和服务。

教育信息化的融合阶段,技术深度融入教育教学内容和过程,成为教与学不可或缺的一部分,并在一定程度上直接改变了既有的教学流程和结构。电子书包作为数字化教学资源包和网络通信的未来型教育电子产品,可以充分发挥学生学习的自主性和积极性,应从电子书包的内容、系统、服务、硬件等方面研制。标准规范是解决电子书包发展瓶颈的重要环节。同样,全国各地区都在建设教育云平台,企业也都纷纷推出教育云服务解决方案,然而不同教育云平台之间难以互联互通,数据和服务共享困难,如何避免重蹈覆辙再次形成"孤云",制定支撑系统互操作的接口标准就显得尤为重要。因此,电子书包系列标准、教育云系列标准等开始受到重视。

4. 创新阶段

与时俱进,充分融合新兴技术助力教育生态重构是创新阶段的显著特征,在这一阶段,技术已成为变革传统教育的重要引擎。2010 年到 2016 年的地平线报告多次预测学习分析技术、增强现实(虚拟现实)技术将对教育产生重要影响,并对学习分析技术、虚拟实验,以及人工智能在教学、学习、研究和知识生成等方面所具有的作用进行了分析,勾勒了其广泛的应用前景。2012 年 3 月,美国正式启动"Big Data Research and Development Initiative"计划,正式将"大数据"提高到国家战略层面。为了更好地促进美国国内"大数据"在教育领域的应用,美国教育部在 2012 年 10 月发布了《通过教育数据挖掘和学习分析促进教与学》报告,揭示了我们已经进入"数据驱动学校,分析变革教育"的大数据时代,大数据必将改变传统教育的面貌,成为促进教育教学差异化、教育管理精细化的核心动力。此外,人工智能、区块链等新兴技术的快速发展,与教学模式创新、教育生态重构的历史潮流形成交汇,对标准化提出了全新要求。

创新阶段重在利用信息化促进教育变革,无论是教育理念、教育模式,还是教学方法、教学环境,信息技术已完全融入教育的方方面面,最终形成信息化。

(二)教育信息化的发展趋势

互联网、云计算、物联网等技术的快速发展,给高校教育的信息化建设带来了深刻的影响,学校信息化进入一个"跨越式"发展的阶段。在高校的正规教育里,信息化使以教师为中心、面对面、以"黑板+粉笔"为主导的传统教学模式受到很大的冲击。

首先,信息技术进入传统的课堂,多媒体、网络等新技术手段取代了"黑板+粉笔",使课堂教学更加生动、更加有效。除此之外,信息化还带来大量网络数字教学的新模式,这些新的教学模式与传统的模式相比,不仅形式新颖,还引进许多新的教学理念,如强调以学生为中心,更加注重发挥学生的主动性等个性化的教育方式。信息化从各个方面影响了高校的教育,无论从内容和形式上都起了巨大的变化,教育信息化建设已经开始逐渐紧密围绕"智慧"的理念,打造信息时代的"智慧校园"。通过基于智慧校园的教育信息化建设,可以提高学校的信息服务和应用的质量与水平,建立一个开放的、协作的和智能的信息服务平台。

教育行业的信息化不仅承载了教育行业自身的需求,还承载了整个社会进步对教育资源高效利用的深层次需求。因此,其整体的信息化需求一直保持在较高水平。当教育行业用户在进行数据中心建设时,用户对先进性的、性能突出并易于管理维护的基础设施解决方案有着较为明确的需求。众所周知,无论是云计算、物联网,抑或是教育信息化建设,其中网络基础设施应用始终都是重中之重,再好的架构如果没有可靠的基础设施作为支撑,不仅难以取得预期的效果,甚至有可能事倍功半。此外,教育信息化建设中不断扩大的系统应用、不断增加的IT负载,也带来了系统复杂性以及对基础设施可用性要求的提升。[①]

教育信息化的未来发展趋势主要体现在以下几个方面:

第一个方面,无论从硬件系统、软件系统,还是从教育资源方面来看,都要从重视教、重视管理转到重视学生学。以前建设的教育信息管理系统或教育资源库,软件建设都大量集中在支持教师管理,支持教师教学,逐步要转向支持学生学习,从教师教到学生学,这是教育界的普遍规律。

第二个方面,要从IT(信息技术)向教育回归。教育信息化的产业价值链还要逐步上移,而不应该只停留在倒金字塔的形式。

第三个方面,要以硬件建设为主向以应用建设为主方面发展。

第四个方面,教育信息系统、教育软件智能化程度要逐步提升。带有一些决策支持,带有一些推断、推理、知识重构的智能性辅助决策系统将会进一步提升。

---

① 何克抗.如何实现信息技术与教育的"深度融合"[J].课程·教材·教法,2014(2).

第四节 教育信息化对教师专业素质的要求

目前教育信息化已经成为教育改革的一种趋势,也是教师专业化的重要途径。传统教育已成为教育信息化的阻力,因此我们广大教师队伍一定要取长补短,在已有的教育条件基础上不断地充实和发展,更快地适应教育信息化的发展。

一、教育信息化与教师专业发展

教师的专业发展是指教师作为专业人员,在学科知识、教学技能、职业态度等方面不断完善的过程,即由一个新手逐渐发展成为一个专家型教师的过程。

信息技术的出现,不仅对教师职业与教师角色提出了新的挑战,也将教师职业带进信息化状态和信息化环境之中,带来教师职业状态的新变化,而且为教师专业发展提供了更有力的支持,为教师的交流和反思提供帮助,"为教师的专业发展增添了关于技术及其教育应用能力的新内容"[1]。

诚如技术与教育的关系一样,技术的引入是为了促进教师的专业发展,它同时也在改变着教师专业发展的内容、形式与方法。技术与教师专业发展之间的关系无非体现在两个方面:

第一,技术是教师专业发展的内容之一,它构成了通过发展意欲提升的教师技能中的一部分或一大类。技术作为教师专业发展内容,通常是指在教师专业发展中对教师的信息素养、教师教育技术能力以及教师运用技术变革教学和促进自身专业发展方面的知识、技能和态度。

第二,技术构成了教师专业发展的手段、途径、方式、方法和环境。技术作为教师专业发展的环境、手段、方式、方法,是指借助技术,促进教师的专业知识、技能与态度的发展。但是这里教师的知识、技能和态度并不局限于教师的信息素养、教师教育技术能力以及信息技术教育应用方面的知识、技能和态度。

技术作为教师专业发展的内容与技术作为教师专业发展的方式,是两个密切相关的命题,二者相互影响。华南师范大学焦建利等将技术支持的教师专业发展界定为:技术支持的教师专业发展是指以技术,尤其是信息技术为环境、手段、途径、方式和方法,促使作为专业人员的教师,在专业知识、教学技能、职业态度等方面不断完善的一个系统的、动态的、复杂的过程。其目标在于帮助教师适应信息化教学,促进教师发展,进而提升教育教学质量。

二、信息时代对教师专业素质的新要求

随着现代信息技术的飞速发展和计算机的普及,信息呈几何级数增长,信息时代已经呈现出开放性和跨时空的突出特点。信息时代的教育对所有地区、所有学校和每一个人

---

[1] 陈新健.信息技术教师在教育信息化中的作用[J].中小学信息技术教育,2013(11).

来说都是全新的挑战,因而教师不可能再是传统知识的主要来源和学术上的权威,学生完全有能力通过网络获得老师所不知的信息。这些必然促使教师要不断接受新知识、新技能,同时要转变教育思想和观念,即走专业化发展之路。

教师只有不断努力学习,充实自己,才能站在时代发展的前沿,把握时代脉搏,迎接新时代的挑战,真正成为实现教育跨越式发展的生力军。

自20世纪90年代以来,国际教育界出现了一种以教育信息化促进教育深化改革的趋势。教育信息化的推进带来教师职业状态的新变化,无论是教学的环境设施、信息资源的形态与数量,还是教师的专业素养、教学工具、工作方式、教师的角色等方面都发生了变化。英国课程学家劳顿认为影响教师专业发展的因素有技术变化、教学思想变化和教学内容变化三方面。信息时代的技术、教学思想和教学内容都与以往不同,教师职业状态的变化引发信息时代教师的专业发展。

信息时代对教师的"信息化教学能力"要求凸显,在信息化条件上教师专业发展的直接目标包括:一是应用信息技术开展有效的教学;二是利用信息技术支持学术及教学研究;三是利用信息技术进行交流协作;四是利用信息技术进行学习。

要达成这些目标,需要教师不仅要学习新技术的基本知识和技能,而且要形成新的结合了技术的教学方法及教学理念,对自己的教学实践产生新的认识,探究对课程内容和资源的更新,实现更深入的理解。

三、正确应用现代教育技术

(一) 现代教育技术的应用标准

回顾我国中小学教师现代教育技术的应用标准,为提高中小学教师教育技术能力水平,促进教师专业能力发展,2004年12月25日,教育部颁布了我国历史上第一个正式的中小学教师专业能力标准——《中小学教师教育技术能力标准(试行)》。该标准具体规定了相关人员的教育技术能力结构要求和达到各等级的培训所需的基本内容。教学人员教育技术能力标准的体系结构与基本内容:意识与态度、知识与技能、应用与创新和社会责任。

2014年,教育部颁布了《中小学教师信息技术应用能力标准(试行)》。相较2004版标准,2014版标准更加强调教师在工作情境中的应用能力,并考虑到不同学校技术实际条件的不同以及师生应用情境的差异,对教师信息技术应用能力提出了差异化的要求,即基础要求(应用信息技术优化课堂教学)和发展性要求(应用信息技术转变学习方式)。发展性要求的提出,契合了当今国际主流趋势。既然"师范生能力标准"是以发展性要求为逻辑起点的,其具体内容可以从国际标准研究中得到切实的支撑。

(二) 现代教育技术应用的建议

国务院在《关于深化教育改革,全面推进素质教育的决定》中指出:"要培养学生的科学精神和创新意识,重视培养学生收集处理信息的能力。"可见,我们国家已经把信息能力作为素质教育的重要组成部分,如果教师能够在发展学生的信息能力的基础上,充分利用现有的信息技术环境和资源去培养学生的其他能力,将会取到事半功倍的效果。对于即

将要步入教师岗位的同学们,要做到:

1. 在教学思想上应有现代的教育思想

教师应有新的教学观念,"如何培养和保持学生的学习兴趣"应贯穿在教学的整个过程。教师要帮助学生树立学习信心、克服学习困难,并引导他们循序渐进,逐步走向成功,并让这种成功的体验一直激励他们去不断进取。通过信息技术的运用,实现趣味性、知识性、实践性相结合,让学生在兴趣中学知识、在实践中练能力。教师要充分发挥主导作用,根据学生特点、教材特点,精心设计教学过程,精心安排教学环节,充分调动学生学习的积极性、主动性,让学生充分体验成功的喜悦。在培养学生的观念上,应以现代教育理论为依据,遵循认知规律和学生身心发展规律,从社会发展需要的角度来培养学生的信息素养。

2. 在教学方法上应有全新的方法与手段

要充分利用现代化的教学设备,充分利用各种多媒体手段辅助教学,以可视的静态或动态的画面、悦耳的声音和丰富多彩的图像映入学生眼帘,传入学生耳中,以新颖和独特的方式吸引学生的注意,调动学生的学习积极性,强化他们对所学知识的理解与记忆。

3. 在教学活动中要重视非智力因素的作用

教学中应激发学习兴趣、加强情感沟通,创设一个宽松、和谐、开放的学习氛围,使学生对学习感到愉快,求知欲得到满足。在教学中注意根据教材、教师、学生、设备等的特点,将学与玩结合起来,教与兴趣培养结合起来,知识与应用结合起来,动手与动脑结合起来,智力因素与非智力因素结合起来,努力提高教学效果。在注意非智力因素的同时,要注意兴趣的持久性,引导学生从开始学习时的神秘感、好奇感平稳过渡到认真、投入、主动地学习。

4. 在思想意识上要有较强的时代意识和超前意识

主动适应社会发展和教学的需要,通过自修、参加各级教育行政部门举办的培训班等,及时掌握最新科技信息,不断提高自己的业务水平,不断充实、完善自己,提高自身的信息素养。随着宽带网进入千家万户,瞬息万变的网络知识也是教学中的一个重要内容,教师自然要先行一步,要跟上时代的发展,要有超前发展的意识。

第五节 信息时代教师专业能力发展的基本途径

随着信息化时代到来,教育理念、教育资源、教育方法等日益信息化,要求教师实施信息化教育。在积极推进教育信息化过程中,教育必将面临一系列根本性的变革,这场变革的顺利进行及成功,关键在于教师。因此,熟练掌握现代教育技术,也可以说现代教育技术能力,已成为教师专业能力的重要组成部分。只有不断培养和提高教师的现代教育技术能力,才能使教育与时俱进,才能培养出现代型人才。①

---

① 刘万年,冯小晴. 教育信息化与信息化教育[J]. 电化教育研究,2003,6(10).

一、合理选用技术应用模式的能力

教育媒体是在教育过程中携带和传递教育信息的物质载体和工具。虽然现代的各种媒体给教学带来了便利,但是教师在教学过程中要合理地去运用各种媒体。并不是所有的课堂都需要多媒体的辅助或者是简单的媒体叠加,而是要根据教学内容去选择媒体,选择不同的技术应用模式来组织教学。

二、提高信息的应用与创新能力

信息应用能力,即针对某一问题时对信息的获取、分析、利用、综合、评价等能力的总和。在信息时代,面对铺天盖地的各种信息,如何快速获取信息,如何在繁杂的信息中有效地筛选出所需信息,如何对信息进行合理的分析利用,并加以整合及评价,对教育工作者的教学有着举足轻重的作用。创新能力表现为科学的思维、提出问题及解决问题的能力,也表现为教育教学中的新颖性、求异性和高效性。

信息时代的教师在处理信息过程中要做到:第一,能够实现信息由单一显示到多样表征,通过多种不同表征形式,比如文字、图片、音频、视频等形式来实现学习者对同一知识的不同角度的全面的理解和认识;第二,能够把信息由静态表述的方式,通过动态的方式呈现,最大限度地激发学生的学习兴趣和积极性;第三,对信息的处理要能实现从表象到内涵,帮助学生实现对知识的表象学习到内涵认知;第四,能够让学生更好地实现从现象观察到本质理解;第五,注意信息之间的关联性,有助于学生对信息的关联应用;第六,能够有助于实现对学生的培养目标由一维到三维的转变。在处理信息时,要注意提升对信息的创新性,特别关注学生的差异性,重点突出学生对知识的体验,强调沟通性,实现信息的关联。

三、提高信息化教学设计能力

好的教学方法在信息化教学中可以起到事半功倍的效果,并且能够提升学生学习的热情,积极主动将自己置身于教师所设置的场景中。比如,案例教学法是通过引用典型的案例架起理论和实践之间的桥梁,其目的不仅仅在于培养学生对信息化知识的掌握,更重要的是通过案例加强学生对信息化内容的分析能力,进而形成自己的知识体系。再如,情境教学法主要指教师将学生置于特殊的情境中,以学生的实际感受为基础,加强学生综合探究能力的训练,从而强化学生信息化知识体系的形成。在此过程中,教师可以介入其中,做好相关的指导工作,有效解决学生出现的一些问题,便于学生综合能力的提升。①

四、加强信息化课程开发能力

信息化教学就是为了促进学习,在信息化环境中,师生合理有效地运用现代教育媒体、信息资源而进行的教与学的双边活动。它需要有丰富的资源支持、良好的媒体环境、合理的教与学过程,并且要求教师能够有效应用信息技术。信息时代,信息化是课程的未

---

① 王尚义. 我国高等师范教育存在问题及发展思路[J]. 中国高教研究,2002,10(22).

来和挑战。近几年,在信息技术环境下,为了更好地满足学习者的不同需求,实现个性化的学习,出现了大批新型信息化课程,如精品视频公开课、MOOC、SPOC(Small Private Online Course)、精品资源共享课等新形式。为了更好地适应时代的发展,真正地实现信息化教学,教师必须加强自身信息化课程的开发能力。

五、提高信息化教学评价能力

随着信息化教学的实施,教学评价正在发生着深刻的变革,以学生为中心的教学评价活动要符合素质教育的要求,要侧重于评价学生的表现和过程,关注学生应用知识的能力等。信息时代的教师应努力提高信息化教学评价能力,实现由传统的终结性评价走向发展性评价,重视对学生学习过程的评价,而且评价要贯穿于学生的整个学习过程中,并要给予学生及时的反馈。

六、提高教学反思能力

随着时代的进步,教师专业能力发展愈来愈受到人们的关注,教师自我完善和自主发展的重要而有效的途径就是进行教学反思。教师在教学活动中或者教学活动之后借助信息技术、多媒体技术、网络技术等工具进行教学反思,以寻求更好的解决问题方案。只有认识到教学反思的重要性,新手教师才能更快地向经验型教师转换;经验型教师才能进行更深刻的教育理念探讨。因此,教师应该增强自己的教学反思能力,不断完善自我、提升自我。

信息浪潮的冲击,网络技术、多媒体技术的发展使得教育理念和教学环境都发生了很大的变化,传统教学模式下旧的教育观念、教学方法显然已不能适应信息时代的教育要求。信息时代对教师专业能力提出了新的挑战,但同时信息技术也为其发展提供了很好的服务和支持。因此,信息时代教师专业能力被赋予了新的内涵,在深入理解教师专业能力内涵的基础上,教师还应掌握其专业能力发展途径,积极更新教育理念,提升信息媒介素养,掌握信息时代的教学模式、方式方法,学习、掌握、应用技术,利用信息技术来更好地促进教与学。①

  [思考与练习]

1. 教育与技术的关系是什么?
2. 什么是教育技术?
3. 什么是现代教育技术?
4. 信息时代对教师专业素质提出了哪些新要求?
5. 如何理解信息时代教师专业能力发展的基本途径。

---

① 唐亚纯.信息时代教师新能力要求探讨[J].湖南科技学院学报,2008,29(12).

第二章
教学媒体与信息化教学环境

 学习目标

1. 正确认识和选择教学媒体。
2. 掌握新型教学媒体的功能。
3. 掌握多媒体的类型及操作。
4. 掌握智慧教室功能。
5. 了解、掌握网上学习资源。

 知识点思维导图

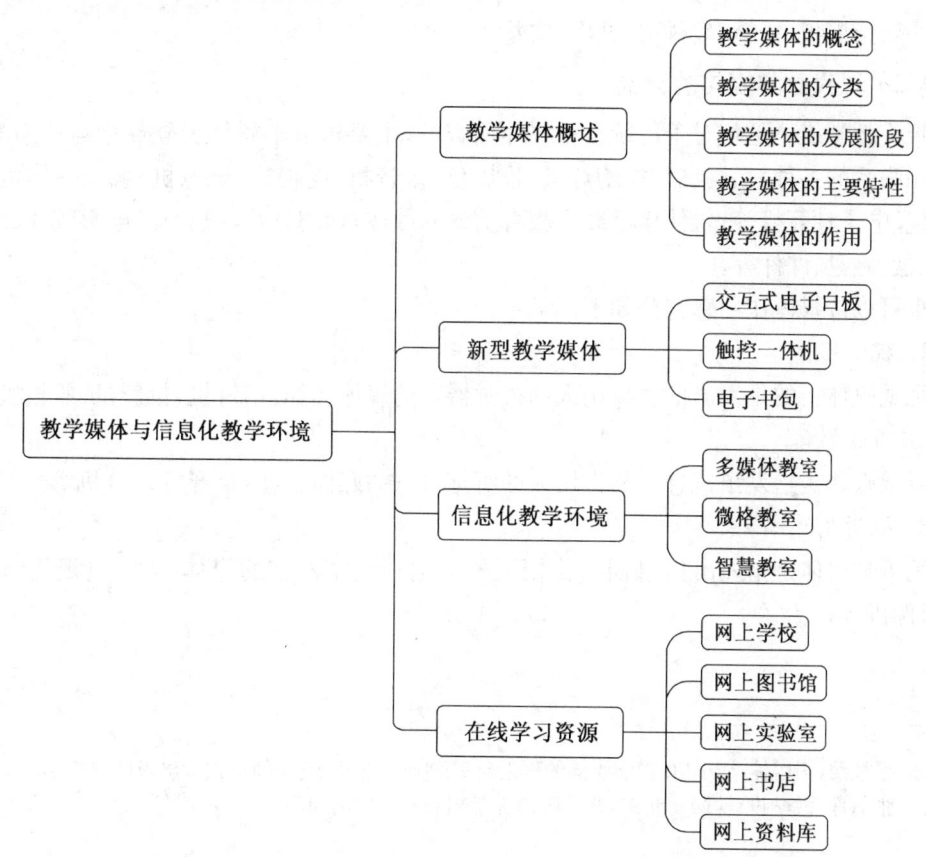

第一节　教学媒体概述

教学媒体是教学的重要手段,只有了解并掌握教学媒体,方能选择和使用媒体,才能发挥其最大作用,提高课堂教学效率。

一、教学媒体的概念

媒体是指承载、加工和传递信息的介质或工具。当某一媒体被用于教学目的时,作为承载教育信息的工具,则被称为教学媒体。[①] 教学媒体是教学内容的载体,是教学内容的表现形式,是师生之间传递信息的工具,如实物、口头语言、图表、图像以及动画等。教学媒体往往要通过一定的物质手段而实现,如书本、板书、投影仪、录像以及计算机等。[②]

现代教学媒体是指利用现代技术承载和传递教学信息的工具。它由两个相互联系的要素构成:一是硬件或现代教学设备,即用以储存和传递教学信息的多种教学机器;二是软件,又叫电子教材,即录制或承载了教学信息的各种片、带、软盘、磁盘等。

二、教学媒体的分类

(一) 传统教学媒体的分类

一般指黑板、粉笔、教科书、挂图、实物等。

(二) 现代教学媒体的分类

现代教学媒体是相对于传统教学媒体而言的,主要指电子媒体。硬件指与传递教育信息相联系的各种教学机器,如幻灯机、投影仪、录音机、电视机、录像机、触控一体机、电子书包、电子计算机等;软件指承载了教育信息的载体,如幻灯片、投影片、电影胶片、录音带、光盘、磁盘、课件等。

也可以按媒体作用感官分如下四类:

1. 视觉媒体

视觉媒体指的是发出信息作用人的视觉器官的媒体。如:幻灯机、投影机、照相机等。

2. 听觉媒体

听觉媒体是指发出信息主要作用人的听觉器官的媒体。如:录音机、CD机等。

3. 视听觉媒体

视听觉媒体是指发出信息同时作用人的听觉和视觉器官的媒体。如:电视机、录像机、摄像机等。

[①] 徐福荫,李运林,胡小勇.教学媒体的理论与实践[M].北京:北京师范大学出版社,2010:56.
[②] 张海珠.教学设计[M].北京:北京师范大学出版社,2013:145.

4. 交互媒体

交互媒体是指媒体与人之间构建信息传递的双向通道,双方相互作用、相互影响的媒体。如:触控一体机、电子书包、交互式电子白板等。

三、教学媒体的发展阶段

教学媒体的发展共经历了四次教育革命,每次革命所带来的社会变革都改变着我们的教育理念、教育方式及教育效果。

(一)语言媒体阶段

语言的产生标志着人类在交流方面,特别是在记忆和传递知识以及表达较复杂的概念的能力有了巨大的提高。传递知识以及表达较复杂的概念的能力有了巨大的提高,这时随着部落的发展,出现了专职教师的教育方式,这是教育史上的第一次革命。

(二)文字媒体阶段

文字和纸的发明开创了人类信息传播的新篇章。文字媒体可以将信息长久保存并广泛流传,从而引发了教育史上的第二次革命。

(三)印刷媒体阶段

公元 1041—1048 年间,我国宋代的毕昇发明了活字印刷术。印刷媒体得以出现,印刷媒体引进教育领域后,教科书成为学校教育的重要媒体,引起教学方式以及教学规模的又一次重大变革,产生了教育史上的第三次革命。

(四)电子传播媒体阶段

19 世纪以来,以电子技术新成果为主发展起来的新传播媒体,人们称之为电子传播媒体。电子传播媒体的产生大大增进了人类的信息传播能力和效率,扩大了教学规模,产生了教育史上的第四次革命。

所以,我们要正确认识教学媒体,没有一种"万能的媒体"。新兴教学媒体不能完全取代已有的教学媒体,一定要结合师生及教材内容而选择。新兴教学媒体功能的发挥是需要依赖一定条件的。我们坚信,人工智能的发展,将极大地改变和推动下次教育革命的来临,使终身学习、个性发展等得以实现。

四、教学媒体的主要特性

(一)共同特性

媒体的共同特性有以下几点:固定性、扩散性(传播性)、重复性(再现性)、组合性等。①

1. 固定性

媒体可以记录和储存信息,以供需要时再现。如印刷媒体直接将文字符号固定在书本上;电子媒体将语言、文字、图像转换成声、光、磁信号,固定在胶片、磁带、磁盘或光盘

---

① 教学媒体的共同特性. https://zhidao.baidu.com/question/2201713403841015788.html.

上。媒体的这一特性使前辈们能够把丰富的实践经验逐渐积累,把宝贵的知识、技能传授给后代。

2. 扩散性

媒体可以将各种符号形态的信息传送到一定的距离,使信息在扩大的范围内再现。古代的"秀才不出门,全知天下事"依靠的就是媒体的这一特性。而在电子信息技术长足进步的 20 世纪后半叶,麦克卢汉提出"地球村"的概念,也就不足为怪了。

3. 重复性

媒体可以重复使用。如果保存得好,这些媒体可以根据需要,一次次地被使用,而其呈示信息的质和量稳定不变。另外,它还可以生成许多复制品,在不同的地点同时使用。

4. 组合性

若干种媒体能够组合使用。这种组合可以是在某一活动中,几种媒体适当编排、轮流使用或同时呈示各自的信息;也可以把各种媒体的功能结合起来,组成多媒体系统,如声画同步幻灯、交互视频系统等。组合性还指一种媒体包含的信息可以借助另一种媒体来传递,如图片、模型等可以通过电影、录像等媒体呈示在屏幕上。多媒体计算机更是集中地反映了这一特点。

除此之外,教学媒体还具有工具性、受控性、参与性。

(二) 个别特性

国内媒体常常从表现力、重现力、传播力、交互力、受控力等几个方面论述教学媒体的个别特性。

(三) 教学媒体新特性

自主性、个性化、交互性、共享性、实时性、虚拟性。

五、教学媒体的作用

第一,有利于优化教学。

第二,有利于提高教学质量和教学效率。

第三,有利于扩大教学规模、普及教育。

第四,有利于适应学生个别差异,进行因材施教。

第五,有利于促进教师角色的转变。

第六,有利于探索和实现不同的教学模式,推动教育改革。

第七,有利于开展特殊教育。

第二节 新型教学媒体

新型教学媒体是相对于传统教学媒体而言的。传统教学媒体是指保留下来的、应用于教学的传统手段。新型教学媒体主要指的是电子媒体,由硬件和软件构成。它的主要分类有交互式电子白板、触控一体机、电子书包。

一、交互式电子白板

(一) 简介

交互式电子白板可以与电脑进行信息通信,将电子白板连接到计算机,并利用投影机将计算机上的内容投影到电子白板屏幕上,在专门的应用程序的支持下,可以构造一个大屏幕、交互式的协作会议或教学环境(图2-1)。利用特定的定位笔代替鼠标在白板上进行操作,可以运行任何应用程序,可以对文件进行编辑、注释、保存等在计算机上利用键盘及鼠标可以实现的任何操作。

它是发展史上关键的一步,真正实现了白板与计算机、演示者与听众之间的双向互动。国外由加拿大 SMART 公司率先进行研发,国内由深圳巨龙科教公司于 2001 年率先对交互电子白板硬件与软件进行研发,并于同年推出国内第一块交互式电子白板,2004年之前,国内市场电子白板需求量小,市场主要由 SMART、Promethean、巨龙科教等品牌占据。2005 年开始,随着教育多媒体条件逐步成熟,国内电子白板开始崭露头角,逐步扩大了销售规模。2008 年开始,伴随着投影机市场超短焦、短焦投影机的大规模出现,交互式电子白板使用中的投影光线遮挡问题得到了有效的控制,全球范围内的电子白板需求迅猛扩张,国内交互式电子白板的应用迅速成熟,整个行业加速成熟。

它由硬件电子感应白板(White Board)和软件白板操作系统集成。它的核心组件由电子感应白板、感应笔、计算机和投影仪组成(图2-2)。电子感应白板是一块具有正常黑板尺寸、在计算机软硬件支持下工作的大感应屏幕,其作用相当于计算机显示器并代替传统的黑板。电子感应笔承担电子白板书写笔和计算机鼠标的双重功用,其作用代替传统的粉笔。教师或学生直接用感应笔在白板上操作(相当于传统教学中师生用粉笔在黑板上操作):写字或调用各种软件,然后通过电磁感应反馈到计算机中并迅速通过投影仪投射到电子白板上。白板集传统的黑板、计算机、投影仪等多种功能于一身,使教师使用非常方便。交互式电子白板可以通过网络与其他办公室、会议室进行交流,实现网络会议及远程教学。

图 2-1　交互式电子白板

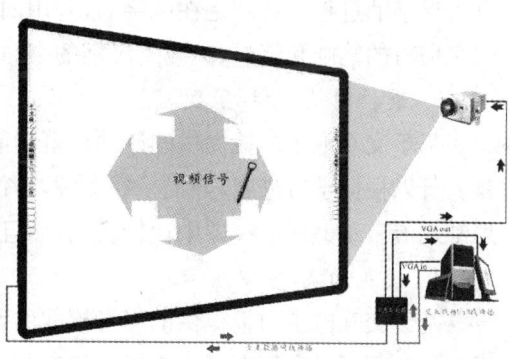

图 2-2　交互式电子白板原理图

(二) 功能

交互电子白板具有如下功能(图 2-3):

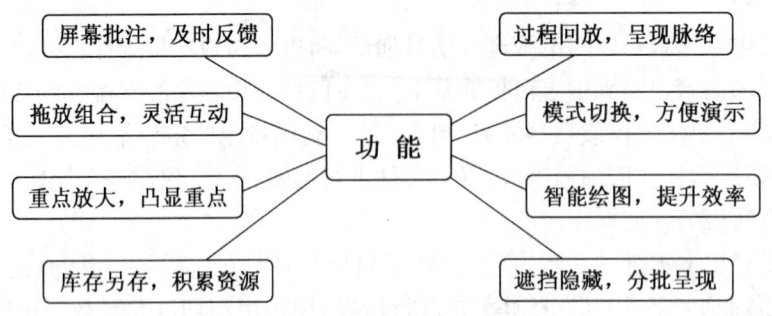

图 2-3 交互式电子白板功能

1. 屏幕批注,及时反馈

基于交互电子白板提供方便的书写和绘画功能,运用于语文学科,可以实现学生边思考、边想象、边批画的学习方式,呈现学生阅读和思考的学习过程和最终的思维成果;运用于数学学科可以呈现学生练习和思维的成果,便于教师及时发现问题,及时评价。

比如学生在课堂上,教师利用电子白板先呈现电子版的课文,在讲解的过程中,利用电子白板的屏幕批注功能,实时加上一些重点词语的批注(加下划线、着重号、画圈等),运用电子白板营造生生互动和师生互动的学习环境。在互动中交流批注成果,在教师反馈中明确方法内涵。整个过程,学生是学习的主体,在独立批注和互动讨论中提高了学生思维的独立性和深刻性。

2. 过程回放,呈现脉络

基于交互电子白板提供的回放功能,运用于各学科学生学习中,可以重新展现学习过程,重温思维的脉络,有利于在学习中总结学法,提炼方法,从根本上发现问题和抓住关键解决问题。

在低年级的识字教学课中,教师将汉字书写的过程录制下来,在教学时可以随时回放书写汉字的过程。特别是在范字后,利用回放功能让学生边看、边练,使学生进一步明确汉字书写的笔画和笔顺,突破了汉字的书写难点。

3. 遮挡隐藏,分批呈现

基于交互电子白板提供的遮挡拉幕功能,可以导入图片作为主题背景,有利于创设情景。可以根据学习进度,分批呈现资源,不仅有利于学生集中注意力,更能有效引导学生思维发展。不但在新授课中比较实用,而且在平时的练习和复习课中也非常受用。

4. 模式切换,方便演示

基于交互电子白板提供的三种模式的切换功能,可整合教育资源,便于课堂的演示和批画。教师可以利用电子白板操作切换到普通操作模式,进行普通的电脑操作,如播放视频、播放 PPT、打开文件等,而无须动用鼠标键盘等。

5. 拖放组合,灵活互动

基于交互电子白板提供的拖放、放大和组合功能,使学生在拖放中经历学习过程,在拖放组合中展示思维创造。在学习过程中,强化了学生的学习实践,使学生在实践中增长能力。在小学数学"平移与旋转"一课中,学生分不清楚小房子平移后应该包括哪几部分。教师可以采用"拖动"的功能,将小房子图形一格一格拖动到指定地点,一边拖一边数,在教师直观的示范拖动下,学生清楚地看到了整个移动的过程,并学会了数格子的方法。

6. 智能绘图,提升效率

电子白板中提供了诸如圆规、画角、智能笔、量角器、画圆等多种智能工具,教师不需要借助其他工具,稍加练习,即可用一支笔在电子白板中非常方便地画出非常专业、准确的各种几何图形。这些工具对于理科教学不但提供了一个集成的工具箱,而且在使用的时候同真正的工具是一样的,是一种逼真的模拟操作。在实践使用中,这些工具非常受理科老师们的欢迎,学生也非常喜欢。

7. 重点放大,凸显重点

基于交互电子白板提供的照相和放大缩小功能,可以针对教学重点,重点呈现,细致观察,有利于发现问题。例如:在中学物理教学中,教师利用电子白板的放大镜工具,可以帮助学生仔细检查电路图中存在的细小的问题。在语文教学中,运用放大镜工具,将图片中的细节放大后给学生观察,培养学生洞察事物细节的能力。

8. 库存另存,积累资源

库存是基于交互电子白板提供的资源库功能和存储功能,可以在学习中随时调用资源和积累现场资源,可以以多种方式存储现场学习资源,便于复习和重温。另存是将教师上课使用的课件、教学资源和学生智慧的创造,导出为网页、图片等资源,便于学生再学习或复习等。

当然,电子白板除了以上八大功能外,还有其他很多非常实用的功能。支持 office 系列软件:PPT、WORD、EXCEL 等标注功能。多种笔型选择:硬笔、软笔、荧光笔、对象笔、智能笔、激光笔。多种书写页面选择:白板、黑板、篮板背景板面、桌面板面。对象编辑功能:支持对象复制、删除、移动、旋转。探照灯:高亮度突出重点。多媒体导入功能:支持 FLASH、PPT 影音文件导入。多媒体记录功能:可将教师声音及书写过程同时录制并保存。抓屏、照相功能:随意抓取屏幕上任意区域、任意大小。函数及几何图形功能:可随手画各类函数曲线及几何图形。这些都可以在实际教学中根据需要灵活选用。我们在使用电子白板的过程中也发现一些不足,比如教师在使用白板自带的软件进行教学资源导入设计时,必须将电子白板正常连接到电脑中才能进行,这就限制了教师必须在教室中才能进行。

(三) 使用方法

1. 创设情境,建构知识

在教学过程中,教师通过教学资源的精心设计,利用可视化的交互白板,创设能激发学生兴趣和探索欲望的活动情景,使学生处于一种良好、积极的心理状态。这样,在形象直观的强烈刺激下,唤起学生对长时记忆中有关知识的经验和表象,学生借助已有的知识结构对新知识进行同化和顺应,通过教师之间的协作和会话,实现知识的意义建构。

2. 创新设计,合理调配

整合课堂教学资源是交互白板具有的强大教学功能,利用其功能可以巧妙构思,创新设计教学活动。虽然交互白板内置了大量的学科素材,但不是现成的、固定的课件,教师必须根据自己特定的教学设计和教学目标,将资源库中的素材形成自己的教案或积件。

3. 电子备课,共享资源

提高课堂教学的生成性,交互白板的教学不是常见的课件展示、讲解的教学过程。在课堂教学中大多数教学设计都是由教师根据教学目标进行备课预设的,而实际的教学过程却是教师和学生在不断磨合、探索、共赢、修改内容的过程,从而产生了比常规教学更多的生成性资源。

4. 教学相长,反馈评价

促进反馈与评价是教学过程中的一个重要环节,及时的反馈有助于教师在教学过程中动态地调整教学方法与教学策略,优化教学效果。利用交互白板教学可以很好地实现这一目的。交互白板在构建一种新型的更有利于课堂上学生进行相互协作、集体知识充分共享的学习环境方面有着得天独厚的优势。

(四) 作用

1. 促进学生主动学习

传统的课堂教学基本是以教师的讲授为主,学生则相对比较被动。虽然我们意识到学生主动学习的重要性,但是长期以来缺少有效的实施策略,而交互式白板却正是一种促进主动学习的工具。在基于交互式电子白板的教学环境中,教师可以将学习的主动权"下放"给学生,让学生主动表达自己的思想,即使是不成熟的想法也可以大胆地表达出来,供给所有的同学讨论。教师应尽量避免将已经成型的原理或方法直接灌输给学生,而应该以学生为主体,将白板的使用权交给他们。教师由"点击"者转化为"点拨"者,从电脑操作中解放出来,直接面向学生,和学生进行面对面交流。

2. 创设情境,激发兴趣

利用交互式白板创设情境,可以向学习者提供真实的任务,使其在解决真实性问题的过程中主动地建构知识。这种情境对于学生掌握知识、处理实际问题是很有帮助的。交互式白板集呈现和交互的功能为一体,使创设的情境更加生动。对于低年级的学生而言,丰富的视觉刺激可能会使他们保持较高的兴奋度。交互式白板本身带有进行标注、书写和各种人机交互操作以及一些特殊功能(如拉幕、探照灯、遮屏显示),教师可以利用这些工具引起学生的视觉期望,并使注意力能保持在一个较高的水平。当然,我们也可以设计一些交互性的动画或小游戏,促进学生的课堂互动。

3. 整合应用各种功能

教师要有意识地选择和发掘电子白板的各种功能,不仅要会利用白板简单地播放图片、视频或课件,还要充分利用它特有的功能。如随意连接、拖动、旋转和摆放各种实验器件;即时让视频或动画停止播放;在静止的画面上进行批注;对实验现象不太明显的部分,可以用放大镜功能进行局部放大,便于观察;对需要引起重视的部分,可以用聚光灯照亮,避免教学画面中的其他干扰信息,使学生注意力更集中等。

二、触控一体机

(一) 简介

触控一体机是将触摸屏、液晶屏、主机以及一体机外壳进行完美的组合,最终通过一根电源线就可以实现触控操作的机器(图2-4)。配备了全球最先进的多点红外触摸屏(60~70英寸)(图2-5),触摸无延迟,回应灵敏,所有控制在荧幕表面完成,任意物体触摸,包括手指和笔点击触摸屏,控制所有应用程序,轻松实现手写文字、绘图、加注等功能,使用流畅,稳定可靠。

图2-4 触控一体机(PC)

图2-5 触控一体机(60~70英寸)

1. 触控一体机的特点

高集成度,集成PC,投影系统,幕布,显示系统,音响,多点触控于一体;高清显示屏,图像清晰,无前投光线刺眼的问题;不受外界光源影响,安装简单,内置电脑;具备HDMI的高清晰多媒体等接口(图2-6)。

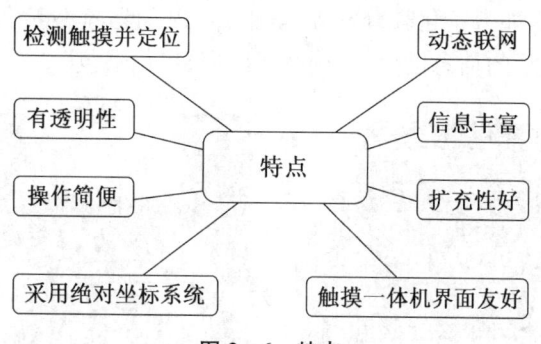
图2-6 特点

2. 适用的范围比较广泛

学校、培训、企业、政府、会议、家用;公安监控、消防监控、交通调度室、安防监控、航空指挥、军事指挥;邮政、机场、车站、物流、港口、停车场、汽车城、公交车等公共、娱乐场所。未来教学科技的发展方向,大中小学校已普及。

(二) 功能

电视功能:ALL-FHD系统全高清解决方案,支持1 920*1 080,32位真彩色全高清显示。

计算机功能：可在5、10、20、30米之外上网，也可以用无线键盘鼠标，无线上网。

会议功能：可做会议演讲、策划方案讲解、远程视频会议，电子文档即插即用，无须投影仪、投影幕布、计算机、幻灯片展示台、DVD播放器等设备。

环保白板功能：随便写，随便画，无须笔擦，而且环保。用笔用手都可以书写，可以随便删除，也可以储存、录制。

导购机功能：具有导购、导示功能，给予顾客指引，方便顾客查找自己所需的产品，并带有广告宣传等附加功能

电子查询功能：通过运营商对各种电子档、信息的输入和编辑，顾客可以自助查询到所需要的信息，减低问询的人员成本。

视频监控功能：可以对监视区域的安全监控，任意调出各个区域的实况视频，进行数据分析。

画中画功能：可以浏览两个甚至多个画面。

三、电子书包

（一）简介

"电子书包"是指计算机、上网本、专用阅读器等电子设备（图2-7），就是将学生书包里的教材、作业本、课内外读物、字典等全部数字化后，整合在一个轻便的移动终端中。国内外均有对该类设备的教育功能进行研究。中国国内大部分地区尚处于试验阶段，在一些大城市中已经率先在部分中小学使用，但教育成效尚存在争议（图2-8）。①

电子书包是一款致力于提高中国教育信息化、提高家庭和学校配合效率的产品，该产品将主要针对小学教育。除了传统家校通包含的家校沟通功能，电子书包还提供更加丰富的教育信息化功能，如数字化教育资源、学生成长史、课堂同步教学与笔记等，让其真正成为孩子们学习和生活的信息助手，一个真正的"数字化书包"。

图2-7 电子书包

图2-8 电子书包（课堂）

它的特点：轻便、环保；可以存放电子课本、作业，具有网络、交互、多媒体等特性；改变传统的教学模式，利用翻转课堂、微课等进行混合式教学。

---

① 傅钢善.现代教育技术[M].西安：陕西师范大学出版社，2009：121.

(二) 应用模型

使用对象：学生（子女），教师、家长和社会教育工作者（图2-9）。

应用领域：学校教育（课堂教学应用、校园活动应用、教学管理与评价应用）；家庭教育（学生在家学习、家长辅导）；社会教育及"家—校—社"协同教育（家—校协同教育、家—社协同教育、校—社协同教育）。

网络环境：布置电子书包，需要较强的网络作为支撑才能运行电子书包各个环节的系统。

学习终端：移动终端采用联想乐PAD平板电脑，其续航能力强、反应快等。

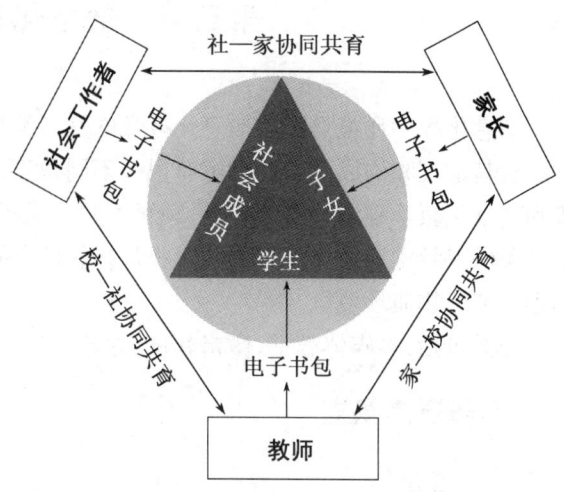

图2-9 电子书包应用模型

软件平台：互动软件平台是电子书包的重要组成部分，满足各学科的教学需求和师生互动。

教学资源平台：电子书包很重要的一部分就是教学资源库，里面拥有各种学校教学用的电子教材、课件、微课制作等功能的软件资源库，丰富了电子书包各方面的内容。

(三) 展望

教育的数字化是全球的一个命题，"电子书包"也是教育发展的一大趋势。目前电子书包依然面临着价格偏高、数字化学习资源不够丰富、电子书格式问题和教育观念等难题，这些难题都成了电子书包推广应用的瓶颈。电子书包的发展不是一蹴而就的事情，是一个系统工程，随着技术的发展，电子书包的应用将会逐步成熟并迅速推广，成为学生、教师、家长共同认可的主要学习工具。信息技术日新月异的高速发展将引起教育的深刻变革，多媒体技术和网络技术已经使教育思想、观念、模式、方法、手段等发生了巨大变化，电子书包与传统教学中以教师及几本教材、参考书为简单的信息源相比，学生获得了自主选择和创新学习的更大空间。而这对教师而言同样是机遇与挑战并存，教师的权威将不再建立在学生的被动和浅知、不知的基础上，课堂教学可能失去它独一无二的传播站地位。教育行政部门对电子书包的应用也越来越重视，电子书包是促进教学改革和提高教学质量的手段与途径，也是推进教育信息化建设走向深入的重要渠道。

一是对学生的影响。班级差异化互动学习、数字化探究实验学习、小组合作项目学习、个性化按需兴趣学习等新兴学习成为可能。

二是对教师提出的挑战。

三是对教学的革新。支持虚拟化的教学环境。对学生进行次序精准的评估。电子书包进校园成为不可逆转的趋势，为学生打造合适的学习环境，促进教育健康公平发展。

第三节 信息化教学环境

信息化教学环境是随着信息化教学的发展和现代教学媒体的应用而出现的一个新概念。对其定义和构成要素的理解有很多不同角度的观点,其中主要的原因就是对媒体环境和信息化教学领域的媒体环境,理解不同。这里所指的信息化教学环境是指在信息化教学条件下教学媒体作用其中并对教学媒体的作用产生影响的一切外部条件的总和,而不是单纯的物质环境。

分类包括:多媒体教室、微格教室、智慧教室。

一、多媒体教室

(一) 简介

多媒体教室,是指多种教学媒体汇集在一个教室内,以利于开展多媒体组合的教与学活动。多种媒体应包括传统教学媒体(如黑板、白板、书本、挂图、模型、标本等),还包括各种现代教学媒体(核心:多媒体计算机和网络;主要设备:计算机、网络设备、投影机、中央控制系统、展示台等)。多种教学媒体按照媒体优化组合和教学设计的原则组织教学活动,多媒体教室是当前许多学校开展多媒体组合教学的主要场所。

多媒体教室的特点:首先,教室内的多种教学媒体主要是供教师使用,媒体起辅助教师教学的作用,充当教师上课的教具;其次,多种教学媒体集中于讲台或讲台附近的立柜内,以方便教师操作与控制。

(二) 多媒体教室的类型

多媒体教室根据其教学媒体数量的多少、质量的高低、教学功能的差异,可分为以下几个类型。

1. 简易型

它是在普通课室中装配如下常用的现代教学媒体:幻灯片、投影器、录音机、扩音机、电视机、录像机和多媒体计算机等。这些教学媒体可单独放置在讲台附近或组合在讲台内,便于教师操作使用与控制,如图 2-10 所示。

简易型综合电教室基本能满足开展多媒体组合教学的条件。但由于采用平板电视机作为显示设备,多媒体计算机输出的 VGA 信号需经转换才能在电视屏幕上呈现,因此,影响图像清晰度。另外,普通电视机屏幕小,尽管用上 29 英寸或 33 英寸,对于计算机整屏显示的文字与图像,在清晰度上仍难满足教学要求。不过,随着数模转换技术和电视技术的发展,这个问题将有望得到解决。

图 2-10 简易型多媒体教室

2. 标准型

标准型多媒体综合教室克服了简易型的缺陷,因为它增加或改用了一批较高档次的设备与技术。它的主要设备包括图像、声音和控制等三个系统,如图 2-11 所示。图像系统共用一个大屏幕投影机,多媒体计算机的文字与图像信号可直接输入投影机;录像机、影碟机、实物视频展示台等输出的视频信号通过视频切换器后也可以分别输入投影机,投影机显示面积大和清晰度高的图像。声音系统是将所有音频信号通过调音台再输入到一个共用的功率放大器,输出保真度高的声音。各种教学媒体的使用均可通过控制系统加以控制。

图 2-11 标准型多媒体教室

3. 多功能型

它在标准型基础上增加了以下设备:

摄录像装置:在教室装配有 2~3 台带云台的摄像机,用于摄录师生的教学活动过程。摄像机信号传送到中心控制室供记录贮存,或同时传至其他教学场所供教学观摩或扩大教学规模,如图 2-12 所示。

学习反应信息测试分析系统:该系统能让全体学生在座位上通过应答器对教师提出的问题做选择性的回答。并通过计算机实时收集与分析学生的学习反应信息,使教师能及时全面了解学生的整体和个别情况,实现教学的个性化。

图2-12 多功能型多媒体教室

4. 学科专业型

该类型是在简易或标准型配置的基础上增加一些某种学科教学特殊需要的设备,如生物课教学需用的彩色显微摄像装置等,这样便成为某一学科专用的多媒体教室,如图2-13所示。

图2-13 学科型多媒体教室

(三)多媒体教室的教学功能

便于教师利用多种媒体辅助教学活动;便于多种媒体组合,优化教学过程,突出教学重难点,提高教学质量与效率;便于观摩示范教学,还能扩大教学规模;便于开展新型教学模式的教学试验与研究;便于开展多媒体学术报告、专题讲座等活动;通过学习反应信息测试分析系统,能用于课堂教学效果的研究和分析。

二、微格教室

(一)简介

微格教学,英文为Microteaching,意为微型化教学,又被称为"微型教学""微观教学"

"小型教学""录像反馈教学"等。① 它是在1963年由美国斯坦福大学D. W. Allen和他的同事A. Eve首先开发建立的。他们对传统的教学技能培训方式进行了改造，运用电教手段，系统训练教师的教学技能，逐步形成了微格教学这一培训模式。由于微格教学在对师范生和在职教师教学技能培训方面的高效率和高质量，这种教学训练方法很快推广到世界各地。美国微格教学创始人之一阿伦（Allen）对微格教学这一概念是这样定义的："微格教学是一个有控制的实习系统，它使师范生有可能集中解决某一特定的教学行为，或在有控制的条件下进行学习。"英国微格教学专家乔治·布朗（G. Brown）则认为："它是一个简化了的、细分的教学，从而使学生易于掌握。"具体而言，所谓微格教学是指在有限的时间和空间内，利用现代的录音、录像等设备，帮助被培训者训练某一技能技巧的教学方法，如图2-14所示。它是一个可控制的实践系统，利用这个系统可使师范生和新教师有可能集中解决某一特定的教学行为，或在有控制的条件下进行学习。它是建筑在教育理论、视听理论和技术的基础上，系统训练教师教学技能的一种教学方法。

图2-14 微格教室

（二）微格教室的结构

1. 模拟教室（微型教室）

模拟教室里装有话筒和摄像系统，用来拾取"模拟教师"的声音和教学活动形象。如有条件，还有另一台摄像机用来拾取"模拟学生"的学习反应情况，如图2-15所示。室内还设置有电视机，用来重放已记录的教学过程录像，供同学们进行评价分析。

2. 控制室

控制室装有电视特技机（信号混合处理器）、调音台（混音器）、录像机、视频分配器、监视器等设备。从每间模拟教室送来的"模拟教师""模拟学生"教学活动的两路视频信号经电视特技台控制，一路送到录像机进行录像，另一路则可经视频分配器把教学实况信号直接送到观摩室，供同步评述分析。

3. 示范观摩室

这是一个装有电视机的普通视听教室，把控制室中经视频切换器选择后的视频信号

---

① https://baike.baidu.com/item/%E5%BE%AE%E6%A0%BC%E6%95%99%E5%AE%A4/3897369?fr=aladdin.

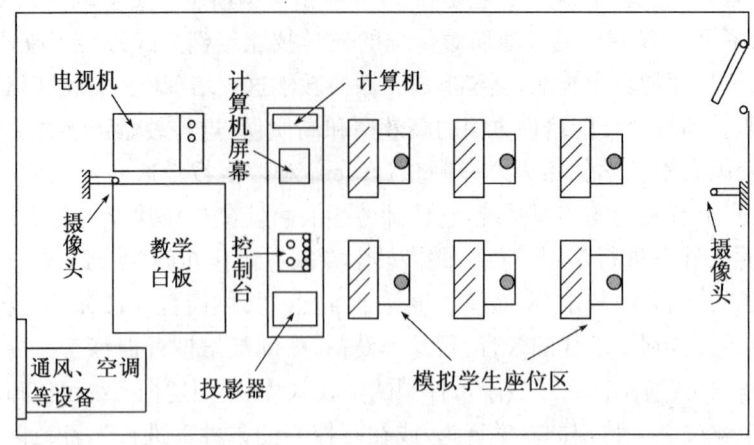

图 2‑15 微格教室平面图

送到电视机上,即可实时同步播放教学实习的实况,供指导教师现场评述,使较多的学生观摩分析。

(三) 功能

摄像、录像功能;系统多媒体监视功能;系统巡视扫描功能;评课功能;示范功能;互相观摩功能;受控播放功能等。它主要用于训练师范生或在职教师的教学语言、板书、讲解、演示和提问等教师课堂教学技能,也包括导入、强化、组织、试误和结束等调控教学过程的技能,还可以用于音乐、体育等有关的技能训练。

(四) 应用

微格教学是训练学生掌握技能的有效方法。利用微格教室,可以对优秀教师、外聘特级教师的示范课程进行转播或实况录像,供其他师生观摩、学习。学校重大活动,如外请专家、学者讲课,做报告,进行政治思想教育、爱国主义教育,和校园卫星电视网结合,把微格教室的活动和课程向全校实况转播,供全校师生观摩、学习。要保证微格教学训练确有成效,有赖于教师课前的精心策划和课中良好的组织工作。

三、智慧教室

(一) 简介

智慧教室是一种典型的智慧学习环境的物化,是多媒体和网络教室的高端形态,它是借助物联网技术、云计算技术和智能技术等构建起来的新型教室。该新型教室包括有形的物理空间和无形的数字空间,它是通过各类智能装备辅助教学内容呈现、便利学习资源获取、促进课堂交互开展,实现情境感知和环境管理功能的新型教室。智慧教室旨在为教学活动提供人性化、智能化的互动空间;通过物理空间与数字空间的结合、本地与远程的结合,改善人与学习环境的关系,在学习空间实现人与环境的自然交互,促进个性化学习、开放式学习和泛在学习,如图 2‑16 所示。[1]

---

[1] 张亚珍,张宝辉,韩云霞. 国内外智慧教室研究评论及展望[J]. 开放教育研究,2014,20(2):81‑90.

图 2-16 智慧教室

(二) 组成

智慧教室主要包括以下九个系统,如图 2-17 所示:

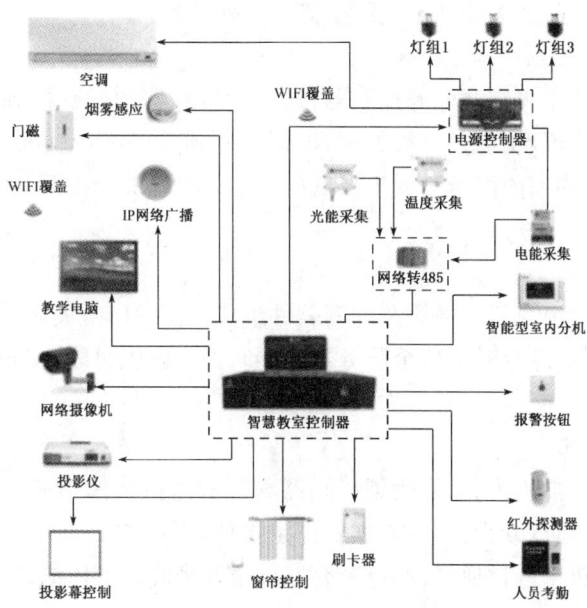

图 2-17 智慧教室网络组成

1. 教学系统

教学系统由内置电子白板功能的触控投影机一体机、功放、音箱、无线麦克风、拾音器、问答器和配套控制软件构成。使用内置电子白板功能的触控投影机代替传统的黑板教学,实现无尘教学,保障师生的健康;可在投影画面上操作电脑,在每个桌位上配置问答器,实现师生交互式课堂教学。

2. LED 显示系统

LED 显示系统由 LED 面板拼接而成,安装在教室黑板顶部,用于显示正在上课的课程名称、专业班级、任课教师、到课率和教室内各传感器采集的环境数据(室内温湿度、光照度、二氧化碳浓度等)。

3. 人员考勤系统

人员考勤系统由RFID考勤机、考勤卡和配套控制软件构成。在教室前后门各安装一个RFID考勤机,采用RFID标签(校园一卡通)对学生进行考勤统计,对进入教室的人员进行身份识别,对合法用户进行考勤统计,对非法用户进行告警。同时可通过WiFi无线覆盖,在远程对考勤情况进行监控、统计以及存档打印等。

4. 资产管理系统

资产管理系统由特高频RFID读卡器、纸质标签、抗金属标签和配套控制软件构成。在教室前后门各安装一个特高频读卡器,对教室内的实验仪器、设备等资产(贴有RFID标签,标签上存储有设备的详细信息)出入教室进行监控与管理,对未授权用户把教室内资产带出教室进行告警,方便设备管理人员对教室设备的统一管理。

5. 灯光控制系统

灯光控制系统由灯光控制器、光照传感器、人体传感器、窗帘控制系统和配套控制软件构成。首先通过人体传感器来判断教室内对应位置是否有人,此位置无人,则灯光控制系统及窗帘控制系统处于关闭状态;反之,处于工作状态。

6. 空调控制系统

空调控制系统由中央空调电源控制器、温湿度传感器和配套控制软件构成。通过温湿度传感器监测室内温度,通过分析数据,根据软件预设值,当室内温湿度高于最高门限值时自动开启空调,当室内温湿度低于最低门限值时自动关闭空调,实现室内温湿度的自动控制。

7. 门窗监视系统

门窗监视系统由窗户门磁模块及配套软件组成。窗户门磁模块用于检测门和窗户的开关状态,并将状态信息及时上传至服务器。同时设置敏感时段,实施对窗户的自动监视和报警。

8. 通风换气系统

通风换气系统由抽风机、二氧化碳传感器和配套监控软件构成。通过传感器监测室内的二氧化碳浓度,通过分析数据,根据软件预设值,当室内二氧化碳浓度高于软件门限值时自动开启抽风机来进行换气,通过补充室外空气来降低室内的二氧化碳浓度。

9. 视频监控系统

视频监控系统由WiFi无线摄像头和配套监控软件构成。视频监控可为安防系统、资产出入库、人员出入情况提供查询依据。在教室前后门口各安装一个WiFi无线摄像头监控人员出入和资产的出入库情况,在教室内安装一个WiFi无线摄像头监控教室内部实时情况,所采集的影像经由远端射频单元传送至终端管理电脑,提供实时的监控数据。①

(三)功能

智慧教室设备能够体现物联网的三个层次(应用层、网络层、感知层),运用传感器、射

---

① 张亚珍,张宝辉,韩云霞. 国内外智慧教室研究评论及展望[J]. 开放教育研究,2014,20(2):81-90.

频识别(RFID)等技术,使信息传感设备实时感知任何需要的信息,按照约定的协议,通过可能的网络(如基于WiFi的无线局域网、移动通信、电信网等)接入方式,把任何物品与互联网相连接,进行信息交换和通信,实现物与物、物与人的泛在链接,实现对物品的智慧化识别、跟踪、监控和管理。同时,智慧教室还能满足开设物联网导论、传感器原理及应用、无线传感器网络及应用、RFID技术及应用、物联网工程及应用、物联网标准与中间件技术、物联网应用系统设计等课程的实践实训教学需要,并为学生或教师的物联网技术应用项目开发提供平台。

通过智慧教室实验平台,学生能掌握物联网技术基础理论、物理信息系统标识与感知、计算机网络理论与技术以及数据分析与信息处理技术等知识,具备通信技术、网络技术、传感技术等信息领域宽广的专业知识,具备一定的工程应用系统的开发能力、实践能力和科学研究能力。

智慧教室建设可以用光载无线交换机构建WiFi无线局域网,覆盖智慧教室,加上教室的有线网络交换机、网络路由器,从而建立融合有线网络、无线局域网的物联网关键部分——网络层,各种传感器件通过标准模块WiFi设备服务器(串口通信RS232转WiFi无线网络)无线接入物联网工程信息平台,构成全面涵盖物联网三个层次的统一的物联网工程实验平台。同时,其他内置WiFi模块的各种手持设备(笔记本电脑、手机等)也能无线接入该实验平台,成为物联网实验设备的一部分;师生教学、科研实践开发的其他感知模块,通过与标准的WiFi设备服务器连接,也能轻易接入该实验平台,完成测试、验证。智慧教室基于物联网技术,可以搭建成一个物联网应用场景,既可以用于学生进行创新实验研究,也方便教师开展科学研究。通过智慧教室"人员考勤系统"来判断里面是否有人员,如果教室内无人,则教室内所有系统处于关闭状态;反之,则处于工作状态。

(四) 未来与展望

在国家政策推动下,智慧教室的普及化正在迎来高峰。《国家中长期教育改革和发展规划纲要(2010—2020年)》《中国教育现代化2035》《加快推进教育现代化实施方案(2018—2022年)》《教育部2019年工作要点》等政策均有提到,教育信息化现阶段的工作重心应该是加快教育信息基础设施建设。其中包括智能终端普及、宽带覆盖以及无线网络覆盖三个基础设施建设。另一个工作重心则是构建教学资源数据库的同时建设公共服务平台,从而实现教育资源的普及和共享。

第四节　在线学习资源

线上、线下学习都很重要,二者各有优势,可以深度融合。互联网大数据智能时代的来临,线上(在线)学习变得迫切、重要(图2-18)。在线学习是指学习者在Internet的环境下,利用网上提供教育教学服务系统获取学习资源,解决学习问题的一种学习方式。

Internet为学习者提供了丰富的在线学习资源、学习工具和学习空间,使得基于Internet的在线学习成为可能。在线学习的学习内容、学习进度、学习方式、学习伙伴等可以由学习者根据自己的情况进行选择,具有很强的自主性。学习者在Internet环境下获得

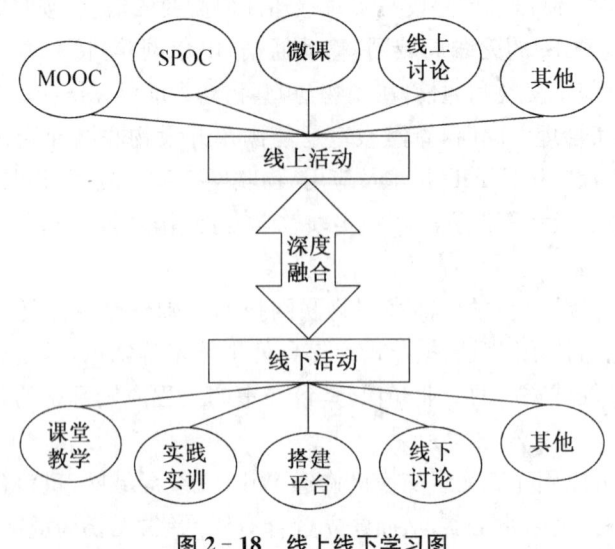

图 2-18 线上线下学习图

学习的机会和途径很多,其中主要包括如下几种:

一、网上学校

网上学校是指通过 Internet 进行各级学历和非学历教育或培训的远程教育网,包括教育部批准的几十所高等教育远程教育试点、面向基础教育的中小学远程教育网以及一些企事业单位提供的网上岗位培训、继续教育的站点等,如图 2-19 所示。

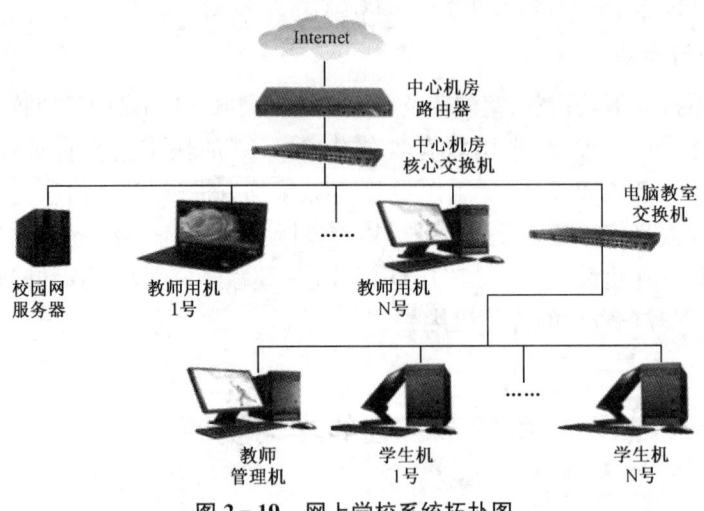

图 2-19 网上学校系统拓扑图

网上学校突破了传统校园围墙的限制,通过计算机网络的信息集成与管理功能,在线管理学校事务;通过网络的交互功能,提供在线学籍注册、同步或异步的在线课堂讲授、在线答疑、在线讨论、网上交作业及与学校教学同步的教学辅导和练习等教学服务;通过超媒体的知识组织结构将文字、图像和声音等学习内容有机地融为一体并通过 Web 页面加以呈现,将以往在传统课堂上所进行的、在黑板上所表达的及在试卷上所测试的内容,呈现在一台上网的微机上,如图 2-20 所示。这样学习者坐在家中就可以"聆听"老师的教导、进行测试、完成学业或与其他同学进行交流。①

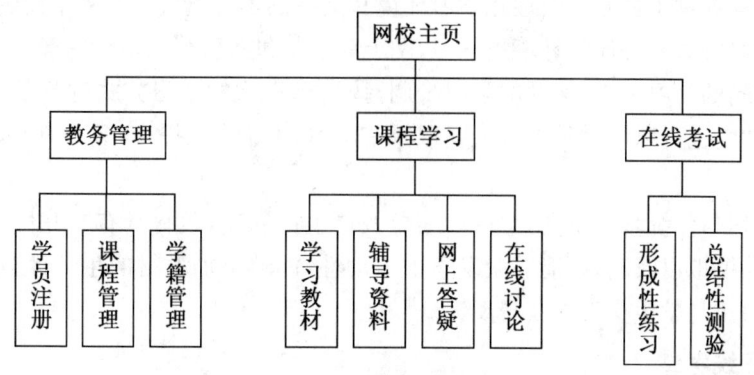

图 2-20 网上学校系统结构图

网上学校可以用于远程学历与非学历教育,可以用于课堂教学的辅助学习,也可以进行继续教育、岗位培训,它促进了学习向社会化、终身化、现代化的转变。一个完全意义上的网上学校应该不仅能够提供系统的网上课程、完善的网上考试系统,而且能够提供在线教学管理等服务。

(一) 教务管理

网上学校的教务管理包括学生学籍档案管理、学生在线选课、在线考试等,具有如下特点:

1. 教务管理的自动性和开放性

网上报名、网上选课、作业上缴、网上考试、缓考申请等工作均可在该网络系统自动完成,关于授课教师、所修课程、学生个人信息、学生选课、考试成绩等方面的各种信息也可在教务信息查询站点查询到。远程网络系统不仅使教务信息透明化,而且也方便了同学们随时随地查询。

2. 经济高效的办学方式

由于网上学校的自动化程度高,"容量"大,学校能节省教学设施费用、教学管理费用,可以减少教师数量,从而大大减少了办学成本。由于学生随时可以进入网上课程学习,学习者可在实际需要的情况下去选择学习相应的课程,学到的知识马上就能得到运用,使得学习的有效性大大提高。

(二) 网上课程

网上课程主要基于超文本标识语言(HTML),采用超媒体技术连接各种媒体信息,系统地表达一门或多门课程知识。完全的网上课程,其主要的教学资料、教学及辅导(或答疑)过程,学生的练习及作业的批改以及考试等均通过网络以同步或异步方式进行。有人将网上课程称为继印刷、音像教材之后的第三代课程,但网上课程和教材决不能是传统

---

① 宋海珍,张鸿军. 数字化学习资源使用及开发[M]. 开封:河南大学出版社,2008:309-315.

课程的"书本搬家",也决不能取代传统的书本,它更注重多媒体和交互特征,是将学习内容、学习过程、学习评价与管理有机整合的一个课程软件系统。

网上课程提供了良好的个性化学习环境和灵活的学习方式。行动不便的学生可以在自己家里相对舒适和方便的环境里学习,网上课程提供各种形式的学习教材,允许每个学生可以有不同的学习风格、不同的学习步调,按自己喜欢的学习方式进行学习、在线测试等。而且,学生也可以随时随地进入虚拟教室学习,不论白天黑夜,只要有兴趣和时间,你就可以上课。

网上课程与传统教材不同,它可以缩短教材生产周期,教材具有交互性,包括交互评估工具、实验模拟以及动画,能够激发学生主动性,能够增加教材的生动性、灵活性,扩展更新方便,易于与学生交流并获得反馈。

(三) 在线考试

在线考试系统是一个基于数据库和 WWW 的在线实时测试系统,包括试卷自动生成、自动发卷、计算机自动阅卷、考试成绩统计等功能,教师在考试过程可对学生进行灵活有效的控制。它使教师从传统人工出考卷、人工批改考卷等烦琐劳动中解放出来,使老师有更多精力放在教学上,加强学习结果的反馈,提高了教学效率。以国家信息化培训考试系统(http://www.citmc.org/index.html)为例,如图 2-21 所示,在线考试系统从功能逻辑上可分为以下四部分:

图 2-21 国家信息化培训在线考试系统

1. 考生考试系统

考生输入自己的用户名和口令后,进入考试系统。

2. 教师批阅系统

教师批阅试卷、查看分数、统计成绩、管理试卷和学生分班等功能。

3. 管理系统

系统管理员对系统中的用户、试卷进行管理、添加、删除、修改等操作。

4. 题库管理系统

主要用于试题库的维护，包括新建、修改、删除等功能，同时还可以定义考试中的试卷模板，以便管理系统根据此模板自动生成试卷。题库管理系统还可以自动进行安全性、完整性检查。

二、网上图书馆

随着计算机和通信网络技术的普及，人们希望以电子的方式共享图书馆巨大的信息资源，网上图书馆应运而生。网上图书馆主要包括公共图书馆（如中国国家图书馆 http://www.nlc.gov.cn）（如图 2-22 所示）和大学图书馆（如南阳师范学院图书馆 http://115.158.34.5/）（如图 2-23 所示）两大类。以中国国家图书馆为例，网上图书馆一般包括读者指南、数据库检索、书刊信息、特色服务等栏目，提供网上预约、免费图书信息查询等服务。网上图书馆利用因特网大大扩展了自己的服务范围，由于有专业人员对信息进行筛选和组织，信息质量比较高，具有很高参考价值，在满足网上信息需求方面，发挥着越来越重要的作用。

图 2-22　中国国家图书馆主页

图 2-23　南阳师范学院图书馆主页

（一）特点与优势

网上图书馆与传统图书馆相比有如下特点与优势：

1. 查询方便

网上图书馆以其大信息量、高流通速度、方便的查询手段著称于世。其中最引人注目的就是图书查询服务，它能利用各种查询方式方便地帮读者查询图书，如果不知道书名，还可用作者查询，或模糊查询，当然还有主题、关键字搜索书号等其他查询方式，查询结果会以尽可能详细的分条目形式展现给读者。如果这家图书馆没有所需资料，重新输入一个URL，即可到另一家图书馆查找，这些都极大地方便了读者，为他们节省了时间和精力。

2. 无时空的局限

网上图书馆是基于网络的系统，只要在网络上就可以使用，无论何人何时何地。也就是说所有网上图书馆均可为所有人服务，没有人数、开放时间的限制，只要接入网络，就可

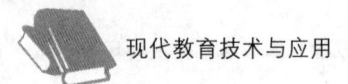

以使用这些资源。读者可以在远方进行续借、预约、查询个人借阅情况等操作,使网上图书馆具有无限的扩充能力,成为世界上最大的图书馆。

3. 数字化的管理方式

网上图书馆是计算机管理与网络管理的有机结合,每一个图书馆使用者都具有一个对应号码,每一本图书,每一份资料都具有一个对应号码,这样利用数字就可以管理所有的使用者以及所有的图书馆资源。这样,网络上每一个人,网络上的每一样东西都有一个对应的数字化接口,这些接口使网上的所有事物成为可管理的事物。利用数字化管理图书不仅能方便地管理图书馆各种各样的资源,还可以减少图书馆工作人员的工作量,使用计算机管理可以记录书籍的所有情况。

4. 信息的及时性

网上图书馆与实际图书馆最大的不同在于:网上图书馆可以让读者了解到最新的科技动态,学习最新的科技内容,而实体图书馆则因为图书出版、图书装订等问题往往使读者不能及时了解最新的发展动态。

(二) 未来的发展

目前,网上图书馆大多仅提供图书的在线查询、预约等功能,一般不提供在线浏览图书的服务,随着对"信息高速公路"建设的迫切需求,新一代网络资源组织模式——数字图书馆迅速发展起来。数字图书馆是现代高新技术所支持的数字信息资源系统,是下一代因特网网上信息资源的管理模式,将从根本上改变目前因特网上信息分散不便使用的现状。通俗地说,数字图书馆是没有时空限制的、便于使用的超大规模的知识中心。数字图书馆将成为捕捉和整理信息的专家,借助网络环境和高性能计算机等实现信息资源的有效利用和共享,读者可以在世界各地通过网络阅览数字图书馆中的丰富信息。数字图书馆将成为世界上最大的学习资源库,成为实现公民终身教育的大课堂。数字化图书馆是我们国家信息基础设施中的重要应用工程,已经引起有关部门的高度重视。

目前网上还有一类专门的读书站或网上阅览室,如中国知网(https://www.cnki.net/)、超星图书馆(http://www.ssreader.com.cn)等,这类站点的一些服务是收费的,有些大众化、娱乐性的图书在线浏览是免费服务。此外,还有一些网络期刊的站点,如索易(http://www.soim.com),通过E-mail等方式订阅感兴趣的主题期刊,如英语学习、时事论坛、电脑科技等,站点会定期按时寄给用户。

三、网上实验室

网上实验室也叫作网上合作实验室(collaborator),是一种虚拟实验室,如图2-24所示,它是利用虚拟现实仿真技术,构筑在Internet上的科研环境,展示了信息时代科研环境变革的趋势。网上实验室可以方便而经济地提供昂贵的实验设备、复杂的数据处理硬件、必要的文献资料、编排有方的教材、经验丰富的指导教师,不仅给缺乏实验条件的自学者提供了良好的实验环境,而且方便广大在校学生预习和复习。网上合作实验室是对真实实验环境和虚拟实验平台的集成,它实现了基于网络的问题求解过程,为合作的科学研究和教学提供了有效的工作平台。

图 2-24　在线物理实验室

　　网上实验室提供的支持科研活动的工具主要有：视频会议及远程访问工具，访问及提取信息工具、开发合作及数据共享工具、用于远程观察的可视化软件、网络下的设备控制软件等。有人形象地把网上实验室称为"无墙的研究中心"，如图 2-25 所示。应用网上实验室，不管科研人员的地理位置分布如何，都能共同从事研究——与同事们相互交流，共享实验仪器，共享数据和资源，在网上图书馆中可以存、取信息，共同撰写研究报告等。网上实验室实质上是一个分布计算机系统。在系统中，配置具有遥控遥测能力的网络化研究设备和数据采集平台，有支持协作活动的各种工具，建有可以支持大规模数据共享的数字式图书馆。网上实验室的所有技术支持都旨在增强科学家、仪器设备和数据等资源之间的交互交融，以提高科研效率，降低科研成本，为发展高新科学技术提供强有力的技术保障，最终促进人类社会的进步。

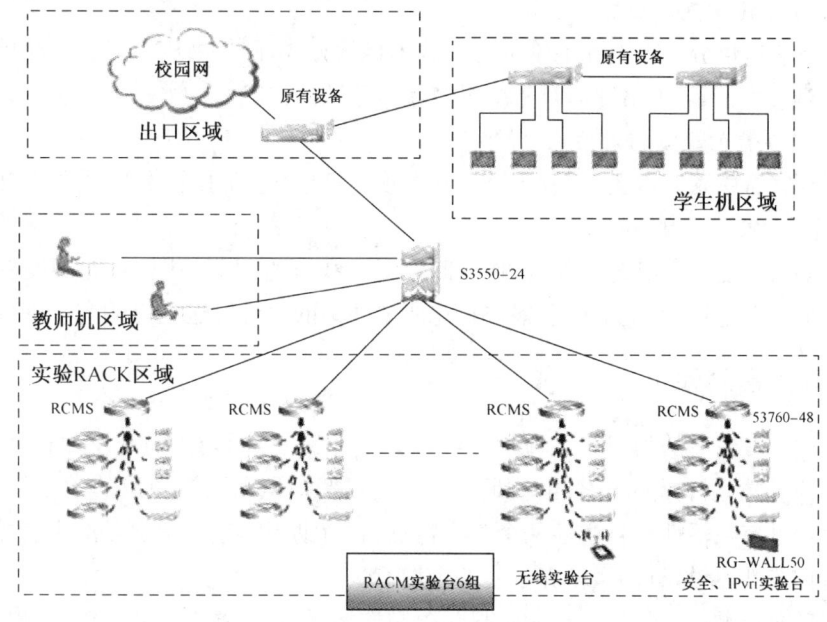

图 2-25　虚拟实验室拓扑图

四、网上书店

随着个人电脑的日益普及,因特网正一步步渗入我们生活的方方面面。网上书店的出现,已为购书者提供了新的买书途径,要想买书,只需在电脑上简单操作一番,不出家门,就能随时浏览国内,乃至世界各国网上书店所展示的最新图书和资料的目录,以及所要选择图书的封面和内容提要,并且可以方便地买到想要的图书。网上书店的诞生虽然只有短短几年时间,却已在图书流通过程中扮演着举足轻重的角色。

媒介的转变,必然会造成出版事业的转变。数字时代的来临,对于出版界的冲击,已经表现在电子书、网络书店的经营方式上。亚马逊网络书店——全球最大的网络书店,很快就代替邦诺书店,成为世界上最大的书店,甚至改变了读者购书、书籍贩售的经营模式,其影响不可谓不大。亚马逊(http://www.amazon.com)建立于1995年7月,它的名字与世界上流量最大的河同名。Amazon拥有310万册在销图书,1998年第四季度的销售额已达2.5亿美元,相当于150多家大型书店,其股票价格在两年半内直线攀升了近30倍。亚马逊书店的图书一般以低于图书价30%的价格出售,在全美范围内免费运送,两天之内送货上门。

亚马逊书店为顾客提供了和在图书馆查书相似的作者、主题、出版检索方式。方便购书是亚马逊最大特色。通过网络,顾客可以任意检索、预览、购买任何书籍,只要轻点鼠标,就可等书上门。亚马逊公司还利用软件收集顾客在购物爱好和购物历史方面的信息,随时为顾客提供购买图书的建议。还有一个诱人的特色服务就是客户书评栏目,迄今已存有80万份书评,有时还邀请作者上网聊天,并引导顾客进行生动活泼的辩论。现在的亚马逊已不是一个单纯的网上图书销售公司,它有录像和礼品店,顾客还可以在亚马逊买到游戏卡、芭比娃娃、随身听、贺卡乃至手表等各类商品等。

网上书店的特点如下:

1. 方便快捷的查询功能

网上书店提供分类查找和关键词等查找书籍的方式,网上书店一般都有简单的介绍,以方便顾客选购,不至于出现面对茫茫书海无所适从的情况。

2. 灵活多样的送货付款方式

只要顾客看中了一本图书,就可以在网上填写订单,进行预定,付款手段多样。

3. 周到的个性化服务

网上书店不受上下班时间限制,你随时可以查找订购需要的图书,如果没有找到,只要填一份缺书登记单,网上书店会很快将您所要图书的信息发送到您的电子邮件箱。

五、网上资料库

基于网上资料库的学习是一种学习者通过对众多的学习资源的开发和利用来完成课程目标和信息文化目标的学习,也就是一种自我更新知识和拓展知识的学习。基于资源的网上学习具有灵活性和自主性两个基本特点,它有助于增进学生学习的主动性,有助于培养学生创造性思维,有助于培养学生的个性。

网上教育资源库应包括丰富的学科学习与教学资料、学习工具软件等,应提供快捷的查询功能,是一个可以方便上传与下载的开放的网络数据库。例如,K12 资源库(http://www.k12.com.cn)是中国中小学教育教学网,针对小学、初中、高中建设开发了一系列教育软件和教育系列图书。中鸿网(http://www.zhnet.com.cn)的教学资源库是目前国内较大的专业网上教育资源库,包括全国众多名校试卷库、提供在线智能组卷功能的最新试题库、独特周到的各科教师备课资料库、丰富的课件素材和成品库、分类详细的教师教学及学校管理软件库、完备丰富的教育政策法规库、分类细致的教育网址库、提供千所高校信息的高校库,并同时开设了其他各种互动栏目,以形成学校、教师、学生、家长多方互动的沟通平台。

目前全国各地的教育机构已充分认识到了学科数据库的重要性,他们在不同层次上进行了联合开发,形成了一批有特色的学科数据库,如"K12 智囊教育资源库"等,应用在校园网乃至 Internet 上,为学校的教学工作提供了丰富的资源。为促进现代远程教育的开展,教育部正在组织实施"现代远程教育工程"。《中国教育现代化 2035》《加快推进教育现代化实施方案(2018—2022 年)》指出,实施现代远程教育工程的总方针是"统筹规划、需求推动、扩大开放、提高质量"。发展现代远程教育,网络建设是基础,资源建设是核心,教学应用是目的,管理服务是保证,其中的资源建设是现代远程教育工程的重要组成部分。请大家参酌常用教育信息资源网站(可扫描目录页二维码查阅)。

[思考与练习]

1. 什么是教学媒体?分哪几类?有何特性?
2. 现代教学媒体与传统教学媒体的区别与联系是什么?
3. 简述电子白板、触控一体机、电子书包的功能。
4. 请你谈谈电子书包的发展。
5. 多媒体教室的类型与组成有哪些?
6. 智慧教室分哪几个系统?功能如何?
7. 展望智慧教室的未来。
8. 你经常使用的搜索引擎有哪些?说出几个常用的引擎。
9. 教育类资源有哪些?在网上购过书吗?
10. 你上过"中国知网"吗?有何功能?

第三章
信息化教学工具

 学习目标

1. 理解信息化教学工具对教学的意义。
2. 熟练掌握两类认知思维工具的基本操作。
3. 熟练运用 ProcessOn 绘制教学流程图。
4. 掌握一种和专业相关的学科教学工具。
5. 熟练运用百度云盘存储和下载教学资源。

 知识点思维导图

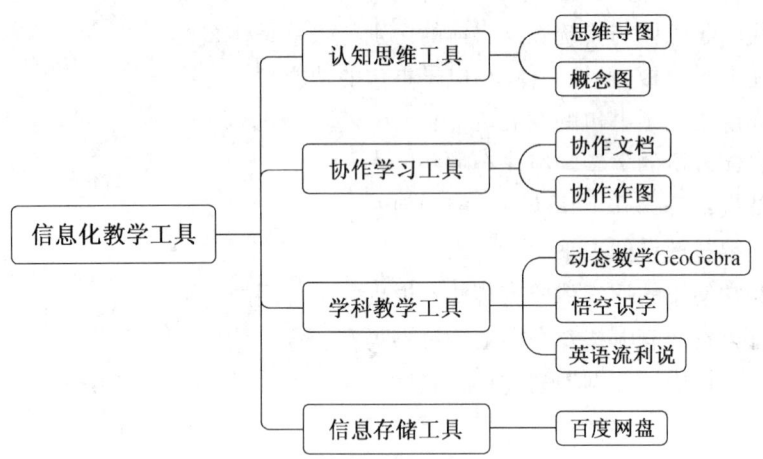

信息时代的教师不仅要有现代教育理念、良好的专业素养，还要具备较高的信息素养，要具备灵活运用信息工具解决教学实践问题的能力。学习和掌握丰富多样的信息化教学工具，在教学应用中可以有效地支持和促进学生自主探究、协作学习、意义建构和问题解决，可以增强课内外的互动、丰富教学和学习方式，激发学生的学习兴趣，从而提升教学效果。

信息化教学工具是为了教学活动有效进行，促进教学各方面要素进行有效互动，促进教师和学生积极参与到教学活动中来而采用的计算机软件。与一般的课件不同,信息化教学工具侧重于为教学活动提供功能性的支持,不直接表现完全的教学设计和教学策略,不完全表征所有的教学内容,而是对教学的某个方面或者某个环节提供特定的信息技术手段。

第一节 认知思维工具

认知思维工具主要依托计算机可视化技术,对知识内容进行可视化的组织和表征,从而促进知识的传播和创新。可以帮助教师更为有效地组织知识内容,图文并茂地表征知识;可以促进学习者梳理知识结构,分析知识概念之间的联系和区别,培养发散、创新思维能力。

一、思维导图

(一) 思维导图的概念

思维导图最早是由英国心理学家东尼·博赞(Tony Buzan)于20世纪60年代发明的一种简单便捷的笔记(Note making & taking)工具。东尼·博赞认为,随着社会的发展,人类要思考、处理的信息越来越多,人们应对外界事务的能力也越来越显不足。一个典型的情形是学生在学校中学习越来越用功,但学习成绩可能在下降,原因之一就是他们对知识和信息的加工能力不足以应对知识本身及其复杂度的增长。从深层次上说,就是因为知识本身是有结构的,或者说是非线性的,而我们从文字或语言中获得的知识是以线性方式来表示的。于是,我们就需要一个可视化工具,把自己大脑里这些复杂的想法外显出来,这种外显化不仅可以促进人们的自我反思,也可以促进人与人之间的沟通。无论是图书、教材、教学语言,无不是线性的;而学科知识体系则是树状的、网状的。所以教与学矛盾的核心是"知识是结构化的"和"用语言文字表述时只能是线性的"二者之间的冲突。

思维导图是在对大脑的研究的基础上提出来的,强调思考的方式要与大脑思维的方式一致。大脑是树状的结构,思维导图也是一种树状结构。思维导图(Mind map)是一种有效使用大脑的发散性思考方法,它模拟人脑神经网络放射结构,以视觉形象化图示展现认知结构、外化大脑思维图谱,亦称"心智图""心灵图"或"脑图"。① 思维导图一般是只有一个中心,而且从这个中心出发,使用线条、颜色、词汇、符号和图像等,不断添加分支结构,直至完成整个思维导图的构建。而且思维导图在绘制的过程中,会使用图形和文字相结合的形式,用不同的分支或者同一分支的不同级别,将知识系统地展示出来。

(二) 典型的思维导图工具

思维导图工具很多,比较有代表性的工具有 iMindMap、MindManager、Xmind、FreeMind 等,这类工具的使用操作方式基本上不存在太大差别,下面以 MindManager 为

---

① 东尼·博赞.思维导图[M].北京:中信出版社,2009.

例介绍思维导图工具的使用。

1. MindManager 界面及功能

MindManager 启动后会进入工作界面,在这个界面中可以新建一个空白图表,MindManager 提供了大量的模板,可以利用这些模板新建一个思维导图,如图 3-1 所示。

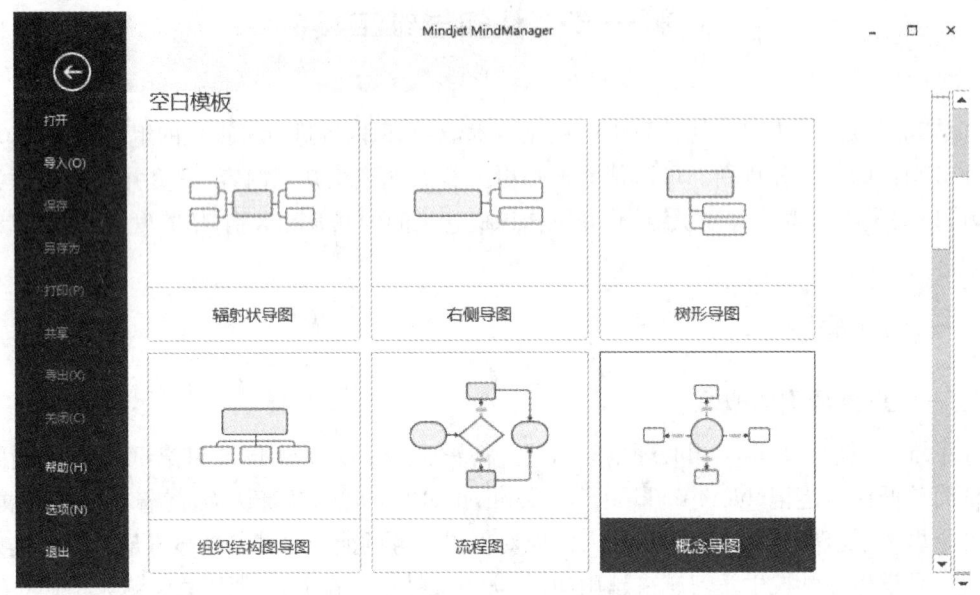

图 3-1 思维导图模板

MindManager 操作界面主要由标题栏、菜单栏、工具栏、绘制区及素材库等部分组成,如图 3-2 所示。

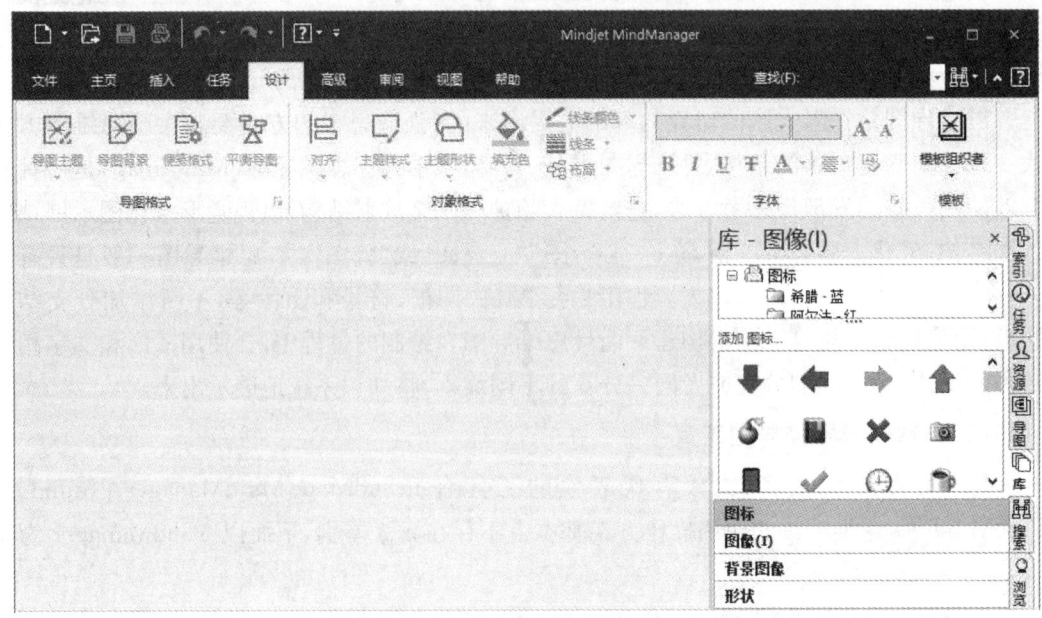

图 3-2 MindManager 主界面

2. 创建思维导图

MindManager 提供了丰富的模板视图,包括辐射状导图、树形图、组织结构图、流程图、概念导图、时间线图、维恩图等等。以下以《白杨礼赞》为例,来说明制作思维导图的基本方法。

(1) 前期准备

确定主题为"白杨礼赞",根据教学流程设置子节点为四个,即课程导入、作者简介、课文讲解、练习思考。根据教学设计的需求,要准备好相关的课程资料,包括图片、文本、声音、视频和相关的课件资源。

(2) 添加主题

选择"文件—新建"命令,选择合适的空白模板,此处选择辐射状导图模板,双击打开主界面,在绘图区中心位置"中心主题"处,输入"白杨礼赞",如图 3-3 所示。

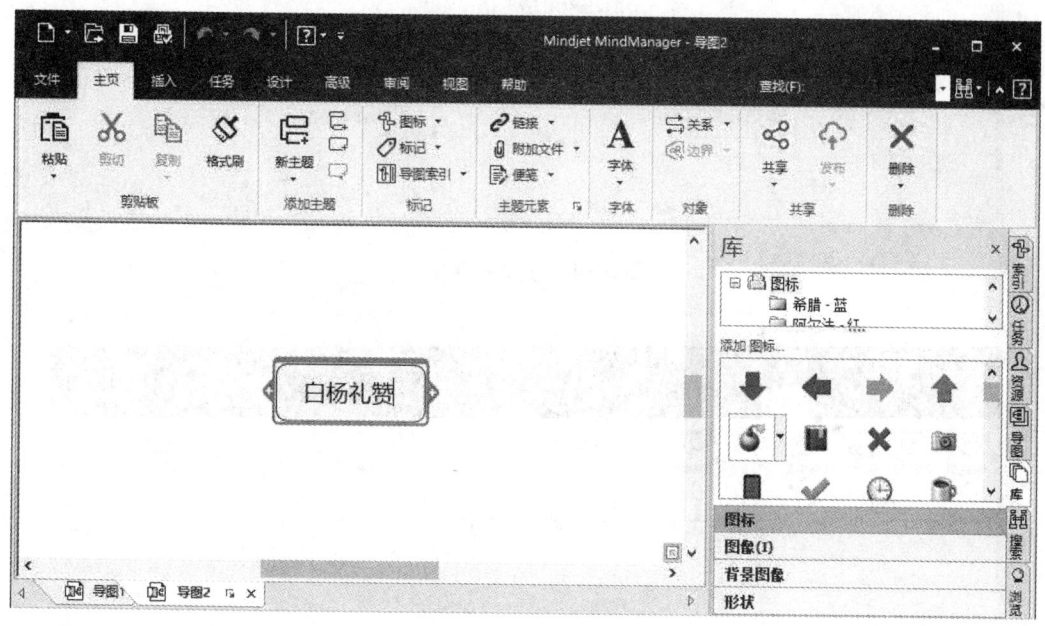

图 3-3 添加主题

(3) 添加一级节点

以"白杨礼赞"为中心添加分支,即一级节点。选中主题,按回车键添加一级节点,完成四个一级节点的添加后,调节一级节点和主题节点的位置,建立初步的思维导图结构,如图 3-4 所示。

(4) 添加二级节点

选中一级节点,如"课程导入",按"Insert"键,添加第一个二级节点,输入二级节点名称。依次类推,完成所有的二级节点添加,如图 3-5 所示。

(5) 美化思维导图

从资源库中为思维导图添加背景、形状、图标、图片等,使思维导图更加生动、形象,如图 3-6 所示。

图 3-4 添加一级节点

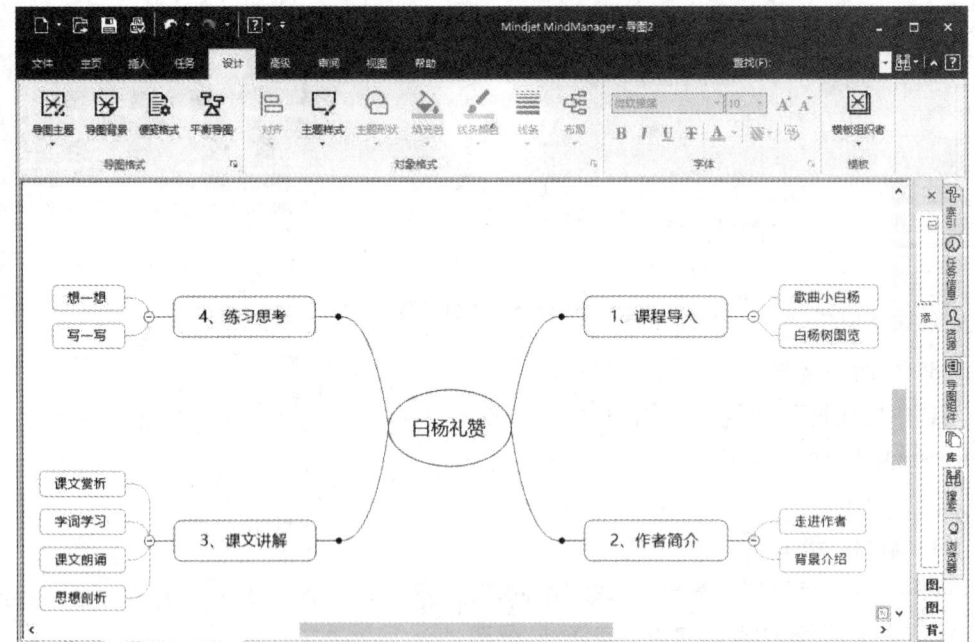

图 3-5 添加二级节点

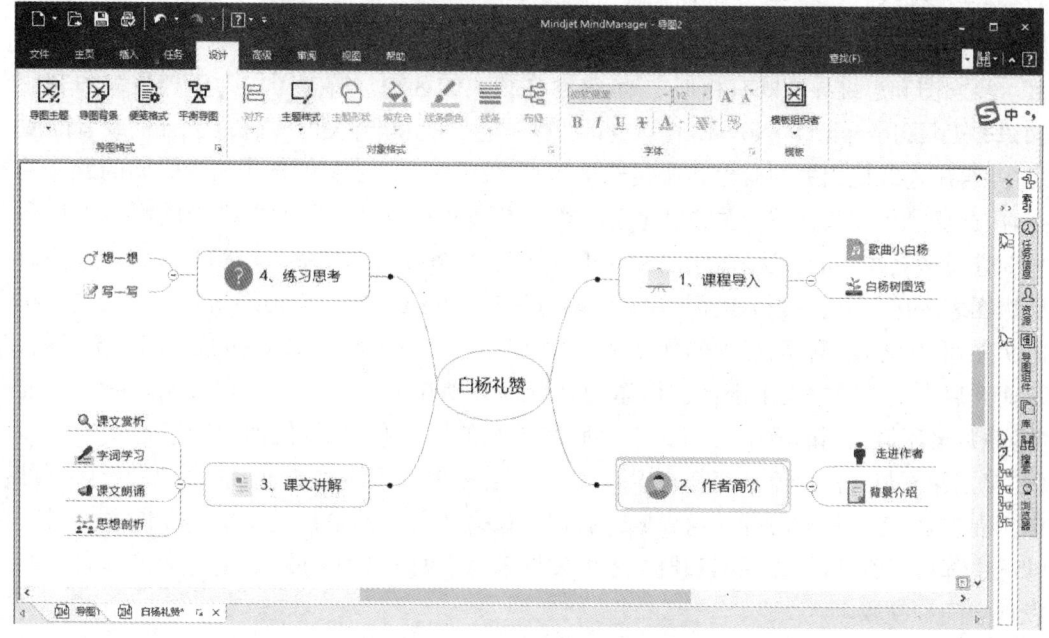

图 3-6 美化思维导图

右击任一节点,在菜单中选择"设置主题格式",可以改变思维导图中连线的颜色,调整图像与文本的位置,以及各级节点之间的距离等。

3. 导出思维导图

绘制好的思维导图可以用多种格式导出,如 PPT、JPG、DOC 等,可以直接用于课堂教学。选择"文件—另存为"命令,可以将导图保存为 JPG 等常见的图片格式。

二、概念图

(一) 概念图的基本内涵

教师在日常教学工作中,经常无意识地使用着概念图,比如语文老师给出的写作提纲、数学老师对某单元知识内容的阶段总结、历史老师勾勒的历史事件时间表、生物老师所绘制的细胞结构模式图等等。从广义上来说,人类所有表达自己思想观念的图示法都可以称为概念图。而目前真正意义上科学的概念图是由美国康奈尔大学的诺瓦克(Joseph D. Novak)在奥苏贝尔学习认知同化理论基础上提出的。

概念图又可称为概念构图(concept mapping)或者概念地图(concept maps)。从词性上看,前者是动名词,而后者是名词。[1] 从含义上看,前者注重绘制概念图的具体过程,而后者强调制作概念图的最后结果。目前一般把概念构图与概念地图统称为概念图而并不严加区别。概念图其实是一种以科学命题的形式显示概念之间的意义联系,把相关的基本概念有机地联系成空间网络结构图,并用具体实例加以说明的工具。概念图有四个基本图表特征,即节点、命题、连线、层级结构。节点即概念,即同类事物的共同属性;命题指

---

[1] 柯清超. 现代教育技术应用[M]. 北京:高等教育出版社,2016.

两个概念之间通过某个连接词而形成的意义关系;连线表示两个概念之间存在某种关系;层级结构表示同一知识领域中概念的层次关系。

概念图和思维导图既有相似之处,又存在很大的区别。概念图作为一种组织和表征知识的工具(Joseph D. Novak,1984),通常将与某一主题有关的概念置于方框或者圆圈之中,再用连线把相关的概念和命题连接起来,最后在连线上标明两个概念之间的意义关系,因此概念图在表达逻辑关系和推理方面发挥着很好的作用。而思维导图则是一种将放射性思考具体化的方法,运用图文并重的技巧,把各级主题的关系用相互隶属与相关的层级图表现出来,把主题关键词与图像、颜色等建立记忆链接。思维导图充分运用左右脑的机能,利用记忆、阅读、思维的规律,协助人们在科学与艺术、逻辑与想象之间平衡发展,从而开启人类大脑的无限潜能。概念图从开始到现在都是为了促进教学效果的一种策略,教师运用概念图的教学能够让学生脱离单纯的模仿和记忆,使他们能够通过动手实践、自主探索与合作交流来获得知识,这恰恰符合了新课程的教学理念。而思维导图则可以用在生活、工作和学习等任何领域。我们不论是从公司的培训还是从学校的教学研究情况中都可以看到,思维导图和概念图的发展隶属于两个不同的分支,它们都有着各自的发展空间和领域。

(二) 典型的概念图工具

常见的概念图工具有 Inspiration、CmapTool 等。Inspiration 是由 Inspiration 公司开发的专用概念图软件,按知识类别提供了丰富的素材图片,能够满足绝大多数学科教学的需要。下面以 Inspiration 为例介绍概念图工具的应用。

1. Inspiration 界面及功能特点

Inspiration 是适用于教师日常教学和中小学生学习的概念图软件,具有界面简单、操作直观、容易上手等特点,其工作界面如图 3-7 所示。Inspiration 有两个可以同步进行的操作视图:图标视图和大纲视图。图标视图用来记录使用者的思维,将概念用图表和文本的形式表现出来;大纲视图是用来将所列的概念进行重排,以修改和调整概念图的层次结构。

Inspiration 有一个自带的符号库,其中包括 1 300 多个高质量的图像、图形和动画,共分为 17 类,涉及语文、数学、物理、化学、生物、科学等各个学科,只需要单击符号库面板上的相应按钮就可以将这些符号加入自己的概念图中。模板是 Inspiration 软件的又一特色,使用者只要按照提示稍加修改就可以做出美观大方的概念图。

2. Inspiration 的具体操作

Inspiration 的开发主要源于概念图的理论,如前所述,概念图有四个基本图表特征,即节点(各级概念)、命题(连线词)、连线(概念间关系)、层级结构。因此,制作概念图一般有如下几个步骤①:第一步,列出主干概念;第二步,分层次列出分支概念;第三步,根据联系连线并写连线词;第四步,修改和完善层级结构。

下面以《三角形的分类》为例介绍利用 Inspiration 制作概念图的基本过程。

---

① 钱冬明.数字学习实用利器[M].北京:清华大学出版社,2019.

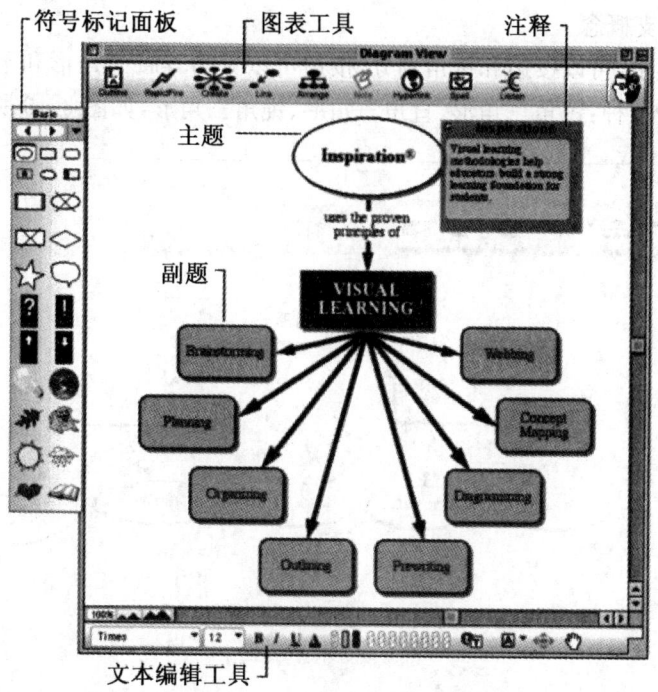

图 3-7 Inspiration 主界面

(1) 选取概念，确定中心概念（主干概念）

紧扣教学内容，确定能理解主题的关键概念，将它们一一列出。在三角形的分类中，中心概念为"三角形"。在工作区中央"Main Idea"字样的符号框图中，输入中心概念"三角形"，如图 3-8 所示。在工作区左下角格式工具条中，可以调整字体类型、大小、颜色等等。

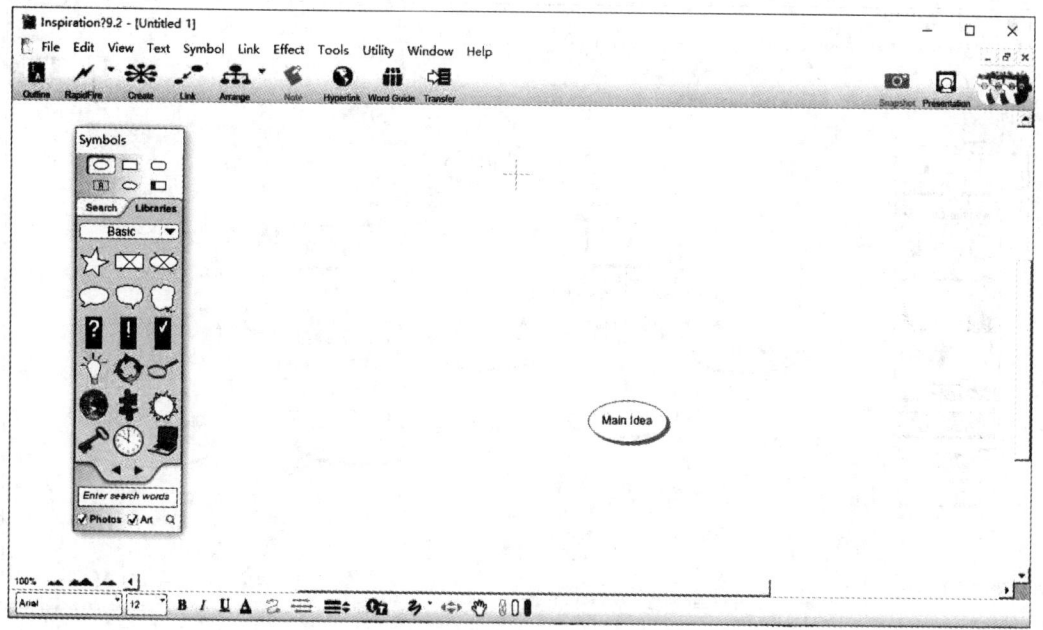

图 3-8 Inspiration 中心概念

(2) 设计分支概念

三角形分类中,可以按边和按角划分,按边可以分为等腰三角形和不等腰三角形;按角划分可以分为三种:锐角三角形、直角三角形、钝角三角形,如图 3-9 所示。

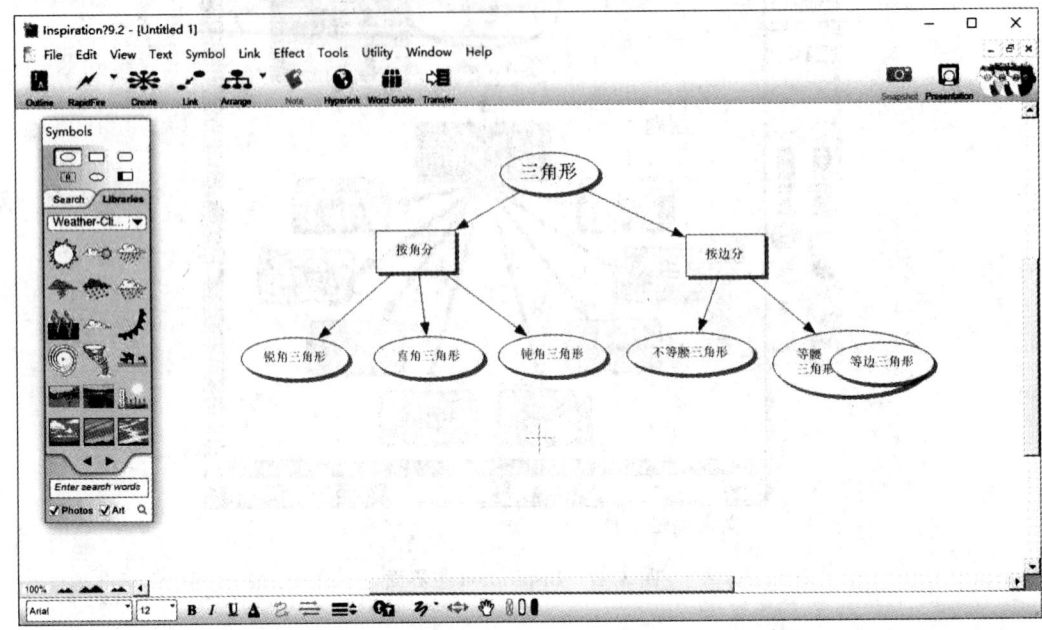

图 3-9　Inspiration 分支概念

(3) 根据联系连线并写连线词

根据概念之间的关系,建立各级概念之间的连接,并标注连接词,完成后如图 3-10 所示。

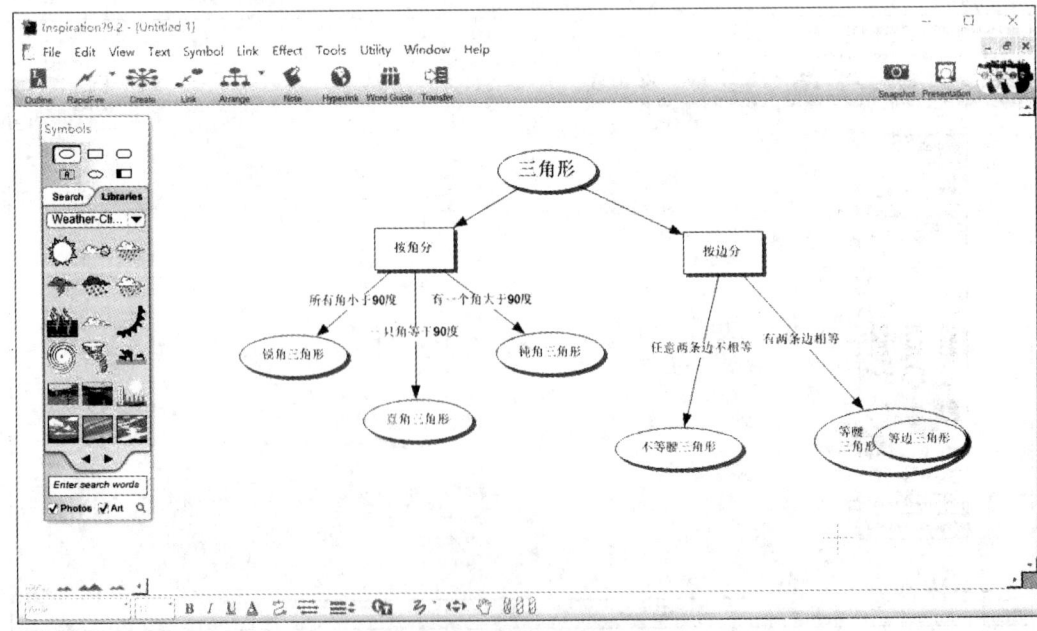

图 3-10　Inspiration 连线

(4) 为各活动步骤添加注释或添加文件链接

选择需要添加注释的概念框图,同时单击"图表工具条"中"Note"(注释工具)按钮,在弹出的文字输入框中输入注释文字。如需关闭注释框,单击该注释框左上角。

选中注释中的文字或活动步骤图标、主题,单击"图表工具条"中的"Hyperlink"按钮,在弹出的窗口中选择链接文件。

(5) 保存概念图

绘制好概念图后,选择"文件—保存"命令即可保存概念图,Inspiration 文件扩展名为.isf。选择"文件—导出"命令,在弹出的窗口中选择导出的图片格式后即可以将概念图保存为图片。

第二节　协作学习工具

随着学习环境的改变,小组协作学习成为一种比较重要的学习方式,协作学习可以培养合作精神、人际沟通交流能力、角色意识等。协作学习工具主要支持教师、学生、学习共同体之间的协作学习,可以利用网络提升协作效率,同时支持内容共享。

一、协作文档工具(石墨文档)

"石墨文档"是中国第一款支持云端实时协作的企业办公服务软件,可以实现多人同时在同一文档或表格上进行编辑和实时讨论,同步响应速度达到毫秒级,是团队协作的佳选。在赋予产品高协作性功能的基础上,"石墨文档"力求让自己的产品拥有中国式美感。"石墨文档"分为个人版和企业版,是一款主要功能为支持文档修改、保存与多人同时修改的在线协作软件。

(一) 工具下载与注册

第一步,打开浏览器,进入"石墨文档"的主页。

第二步,用户可以直接在网页上注册使用"石墨文档",也可以单击界面上方的"下载",扫码下载手机版的"石墨文档"(图3-11)。

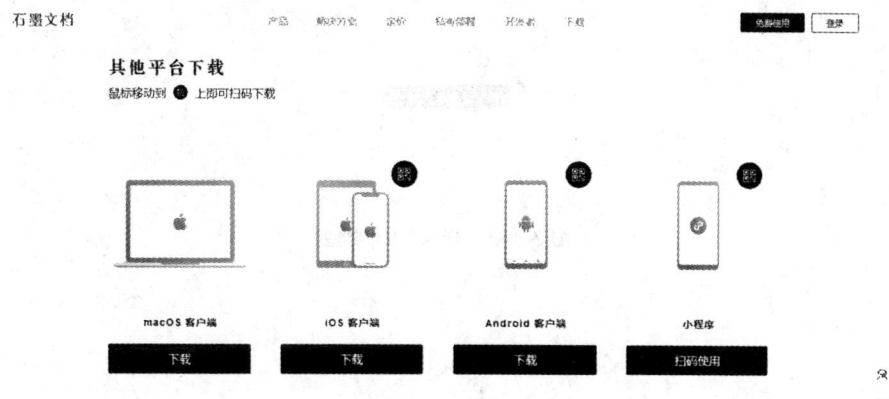

图3-11　手机版"石墨文档"下载

第三步，下载后，用户可以在手机上使用微信直接登录，并输入自己常用的工作邮箱。

(二) 基本操作

1. 新建文档

登录后进入如图 3-12 所示的界面，里面已经存储了几个介绍"石墨文档"使用方法的文档，新用户可以打开这几个文档学习软件的使用方法。单击界面上的"新建"按钮，可以新建文档、表格、文件夹以及导入保存在计算机中的文档(图 3-13)。新建一个文档，进入文档编辑界面后，可以看到文档分为标题和内容两个部分，上面的工具栏提供了编辑文字形式的按钮(图 3-14)。

图 3-12　"石墨文档"进入界面

图 3-13　新建文档类型

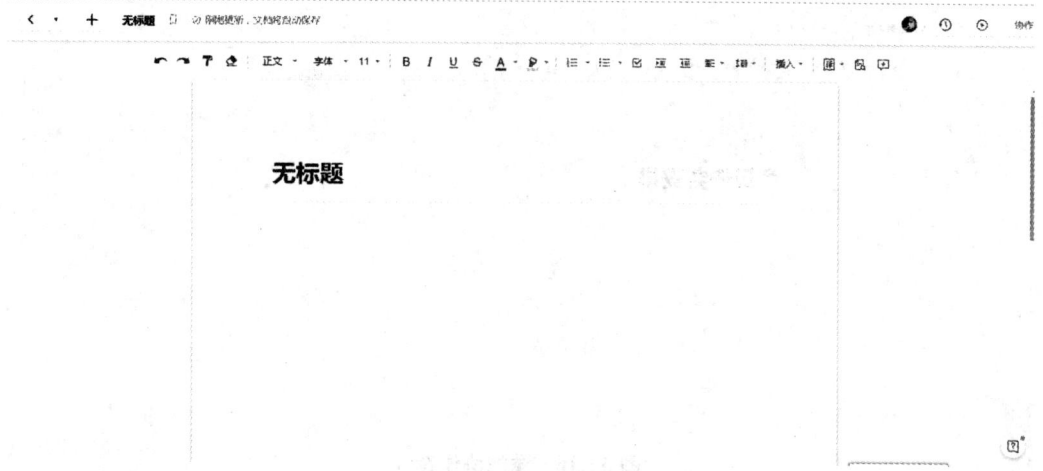

图 3-14　新建文档界面

2. 添加任务

在工具栏中，除了有传统的文字排版的按钮以外，由于"石墨文档"是一款支持在线协作的软件，所以还提供了添加"任务列表"的按钮，讨论的时候小组成员可以直接在任务列表中勾画，还可以在其中插入图片、表格、超链接等内容（图 3-15）。

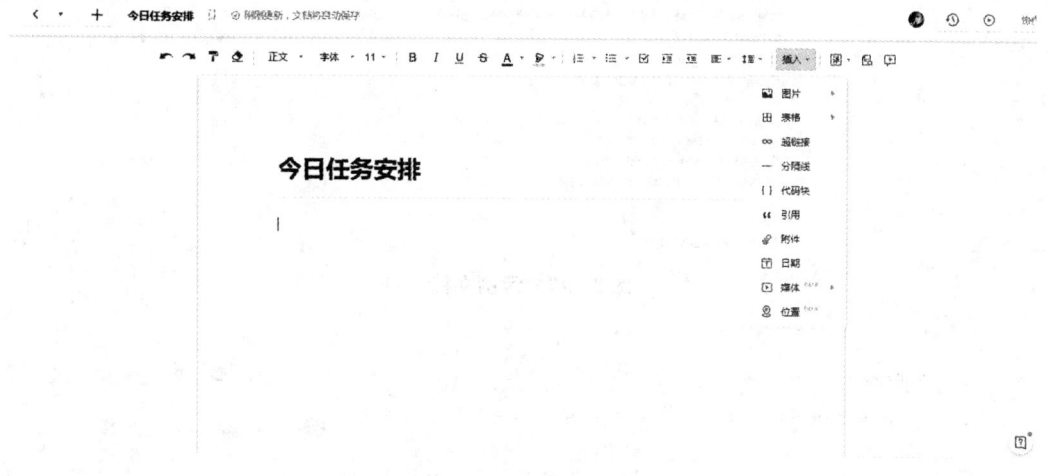

图 3-15　插入功能

3. 协作与文档共享

如果这是一篇自己的私密文档，用户编辑完成后直接保存即可。如果这篇文档需要和小组成员进行讨论，用户可以单击右上角的"协作"按钮，为文档添加协作者，共同讨论（图 3-16）。

在"石墨文档"的示范文档中，能看到多人协作示例（图 3-17），可以将讨论的结果直接导出成 PDF、Word 或图片格式。

文档还可以变为公开模式，用户直接将文档链接或者二维码发送给他人，别人就可以看到此文档。此外，还选择对方"可以编辑"或"只能阅读"（图 3-18）。

图 3-16 添加协作者

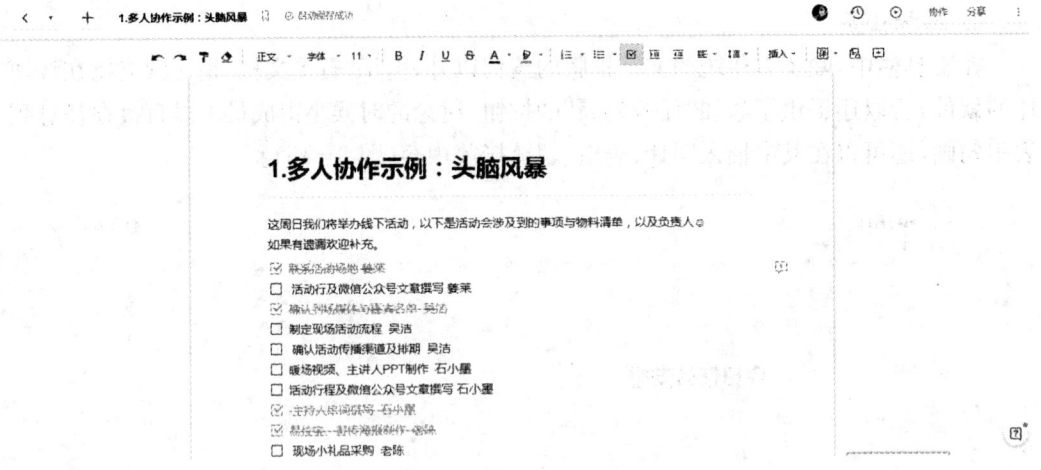

图 3-17 示例文档

图 3-18 文档分享

二、在线协作作图工具(ProcessOn)

ProcessOn 是一款类似 Visio 的在线作图工具,支持多人协作。它提供了一个完全免费、简洁高效的在线图形创作工具和协作环境,可以轻松绘制各类图形,包括流程图、UML 图、组织结构图、事件过程链图、企业价值链图、维恩图、思维导图等。ProcessOn 是基于 HTML5 Canvas 技术开发的,运行起来非常快速、稳定。它也是一个面向垂直专业领域的作图工具和社交网络,提供基于云服务的免费流程梳理、创作,用户可以与同事和客户协同设计,实时创建和编辑文件,并可以实现更改的及时合并与同步。

(一) 基本操作界面

首先单击"新建文件"创建一个新文件,在"请选择分类与模板"界面选择需要创建的图形和模板(图 3-19)。

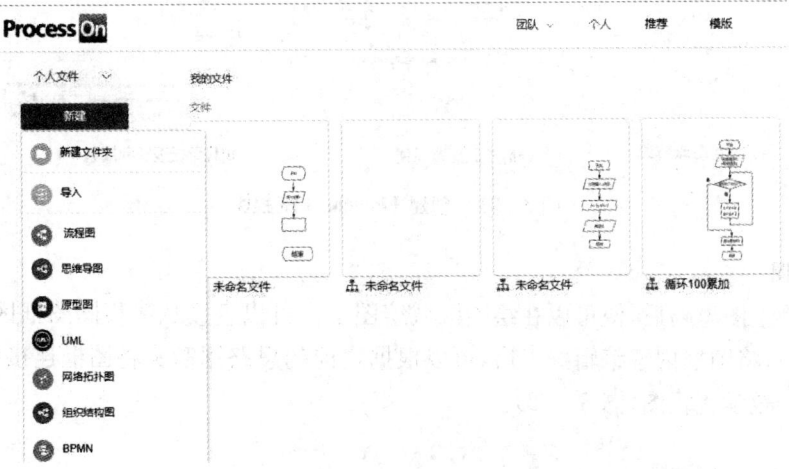

图 3-19 新建文件

若没有要创建的图形分类,可以单击"未分类",并在下方输入文件名称,单击"创建"按钮即可(图 3-20)。

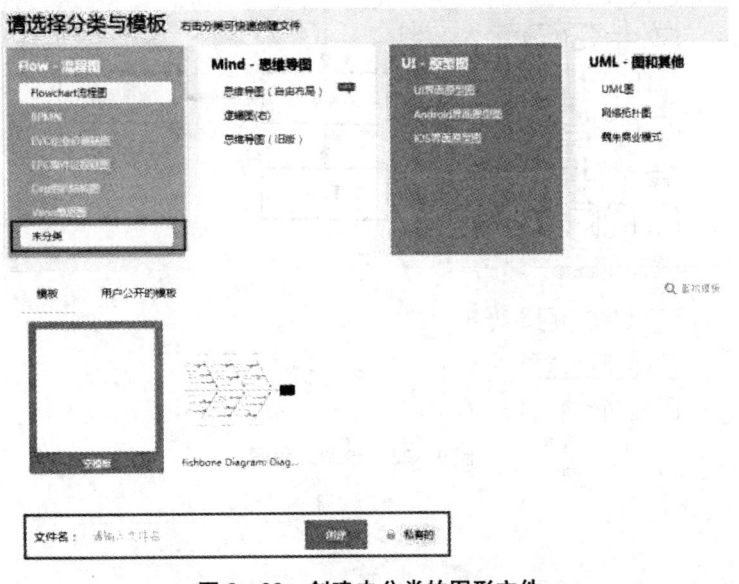

图 3-20 创建未分类的图形文件

(二) 基本操作流程

下面以小学语文《泉水》流程图作为案例来进行详细讲解。

1. 创建流程图

单击"Flowchart 流程图",输入文件名,单击"创建"按钮(图 3-21)。

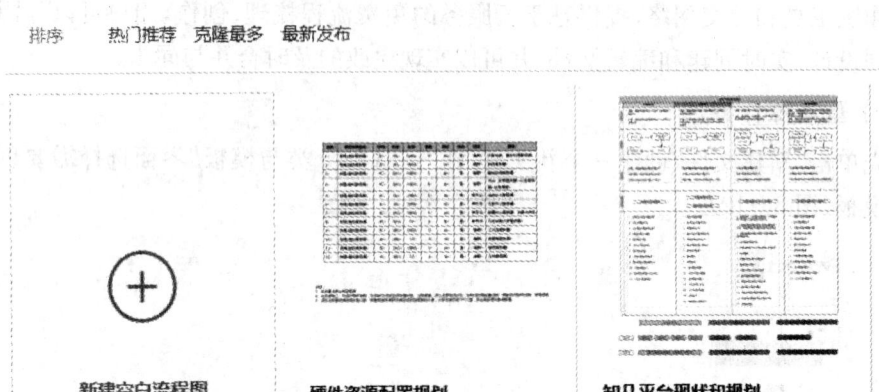

图 3-21 创建 Flowchart 流程图

2. 绘图

在明确绘图思路后,便可以在绘图区域绘图了。可以直接从流程图图框区拖曳图框到绘图区中,将图框内容编辑好以后,可以根据之前的思路用箭头将图框连接成流程图,绘制《泉水》教学流程图(图 3-22)。

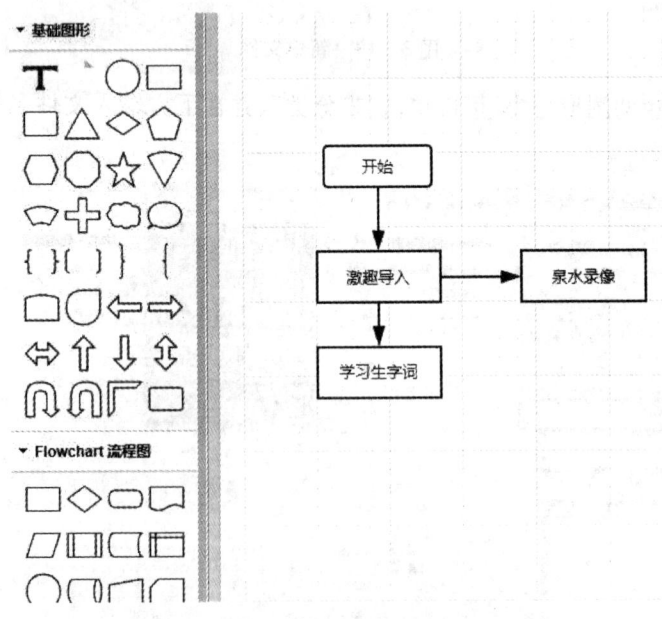

图 3-22 绘制流程图

3. 保存并导出文件

至此,一个流程图便绘制完成了,然后对其进行下载保存(图3-23)。

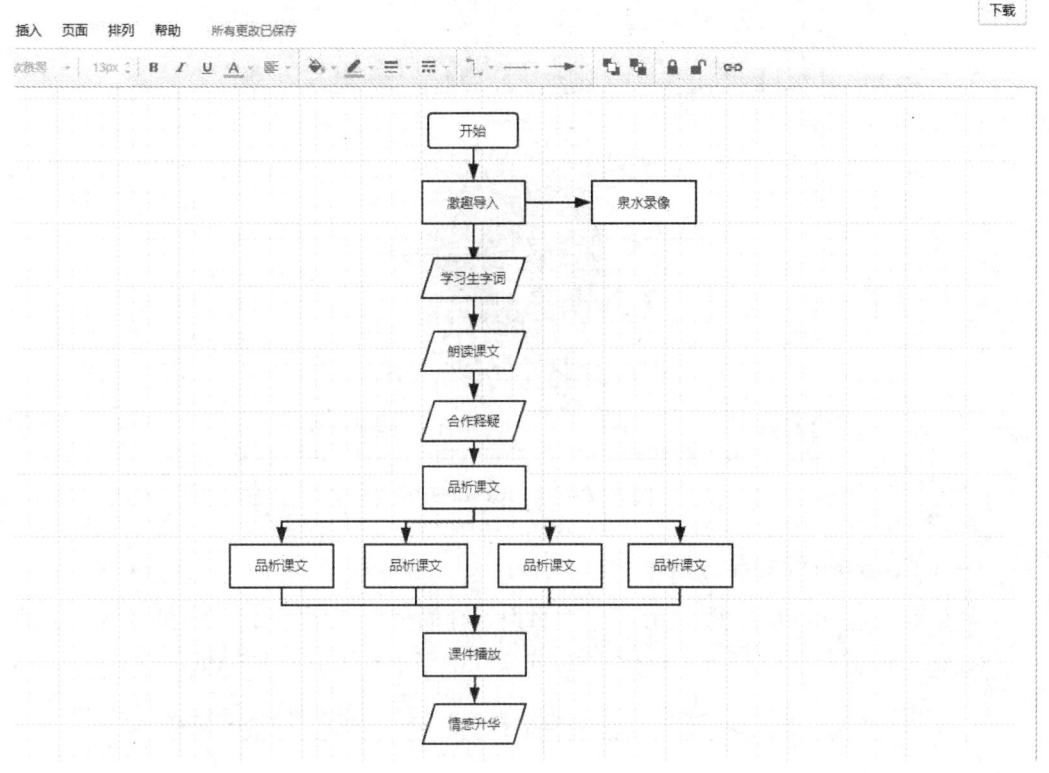

图3-23 保存流程图

单击"下载"按钮,选择要下载的流程图格式,即可将流程图导出保存为图片。单击"发布"按钮,即可发布到 ProcessOn。单击"分享"按钮,即可将链接分享到其他网站。

第三节 学科教学工具

学科的内涵很广泛,其分类也涉及幼儿、小学、中学等各个教育阶段,本节以中小学学科专用工具为主,分类介绍技术较为成熟的学科工具,旨在为教师提供相应的教学辅助工具或课外工具,促进教师教与学生学的融合。

一、动态数学工具(GeoGebra)

GeoGebra(geometry+algebra)是2002年由美国佛罗里达州亚特兰大学的Markus Hohenwarter教授所设计的,是自由且跨平台的动态数学软件,供各级教育使用,包含了几何、代数、表格、图形、统计和微积分。数形结合几何画板中仅有形的动态变化,这对于揭示图形的精微性质,特别是解析几何和函数部分的学习,是一个很大的缺点。而

GeoGebra 则融合了代数与几何两大学科，做到了图形与代数方程的同步变化，实现了真正的动态演示。

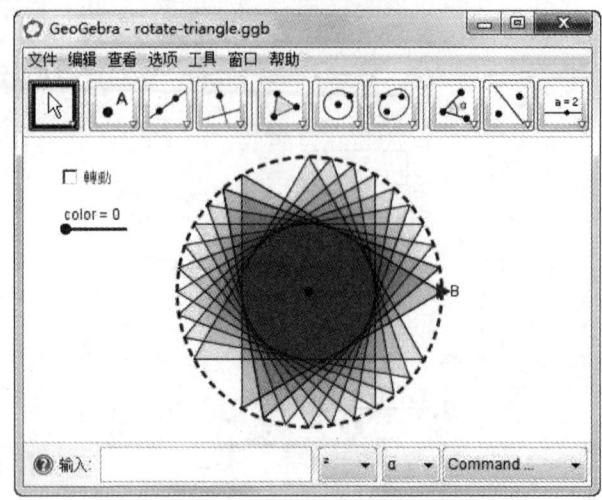

图 3-24　GeoGebra 图示

（一）Geogebra 的安装方法

在安装 Geogebra 的时候，可在第一个页面选择简体中文版进行安装，如图 3-25 所示。GeoGebra 需在 java 环境下运行，所以先要在电脑中安装 java 虚拟机。

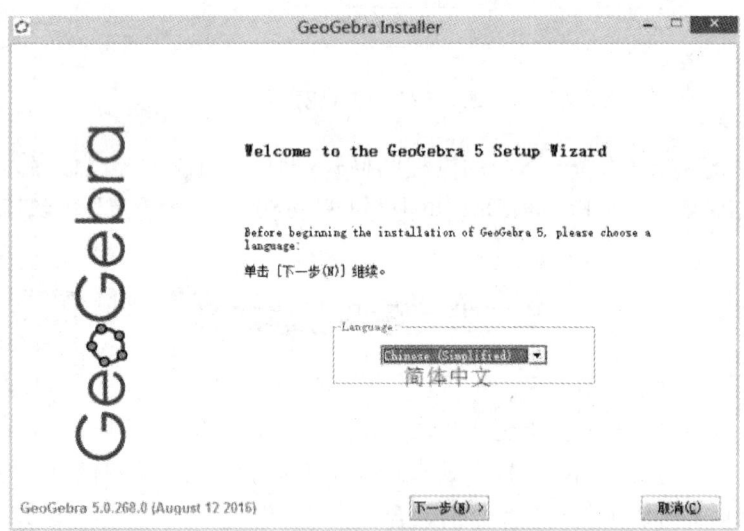

图 3-25　GeoGebra 安装

（二）Geogebra 的界面和应用

Geogebra 软件界面非常简洁，默认包括菜单栏、工具类、代数区和绘图区，如图 3-26 所示。用户可根据个人需要在区域切换中或者视图菜单栏中调出其他几个模块，如 3D 绘图区、表格区、概率统计区等。

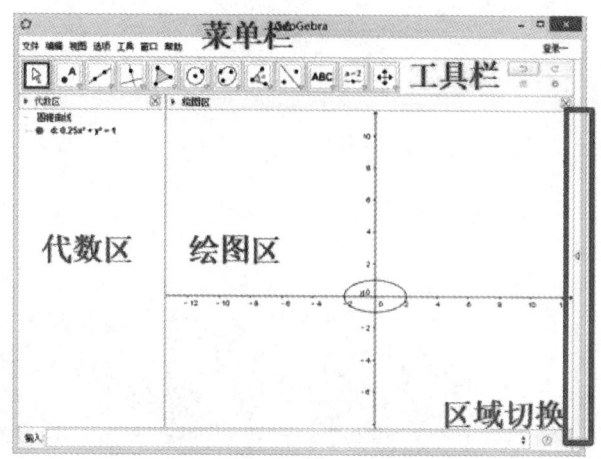

图 3-26　GeoGebra 主界面

1. 绘图区

绘图区图形的构建有两种方法：① 可使用工具栏中所提供的构图工具，在绘图区使用鼠标进行几何构图，如图 3-27 所示。在工具栏中选择工具时，鼠标覆盖即可显示该工具的使用方法。② 在左下角输入栏中输入图形的几何公式。

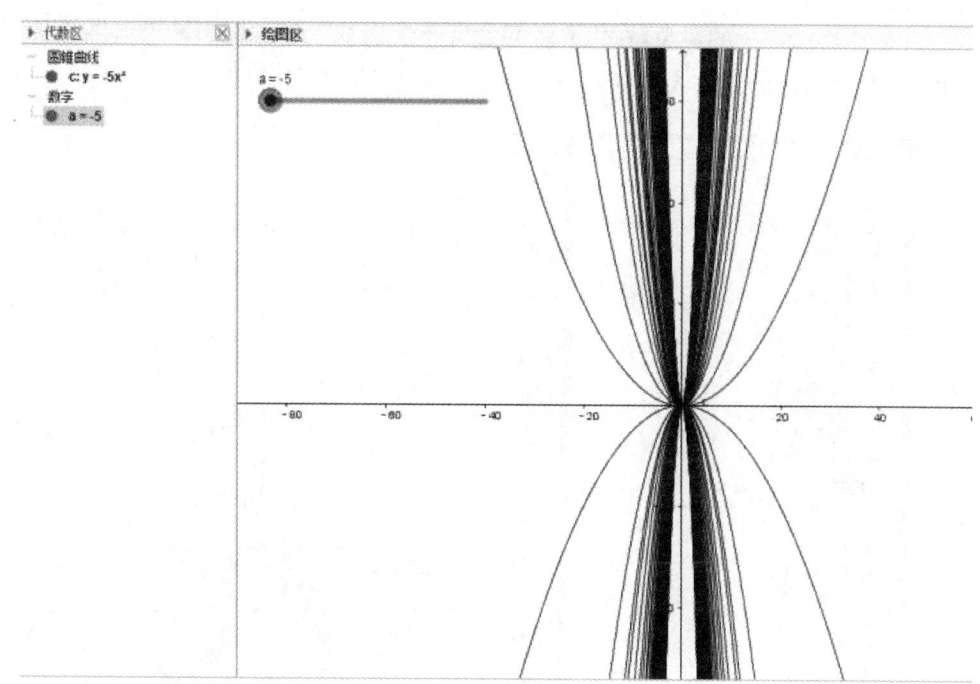

图 3-27　几何构图

在 GeoGebra 5.0 版本之后加入了 3D 几何窗口，可以进行三维绘图，如图 3-28 所示。

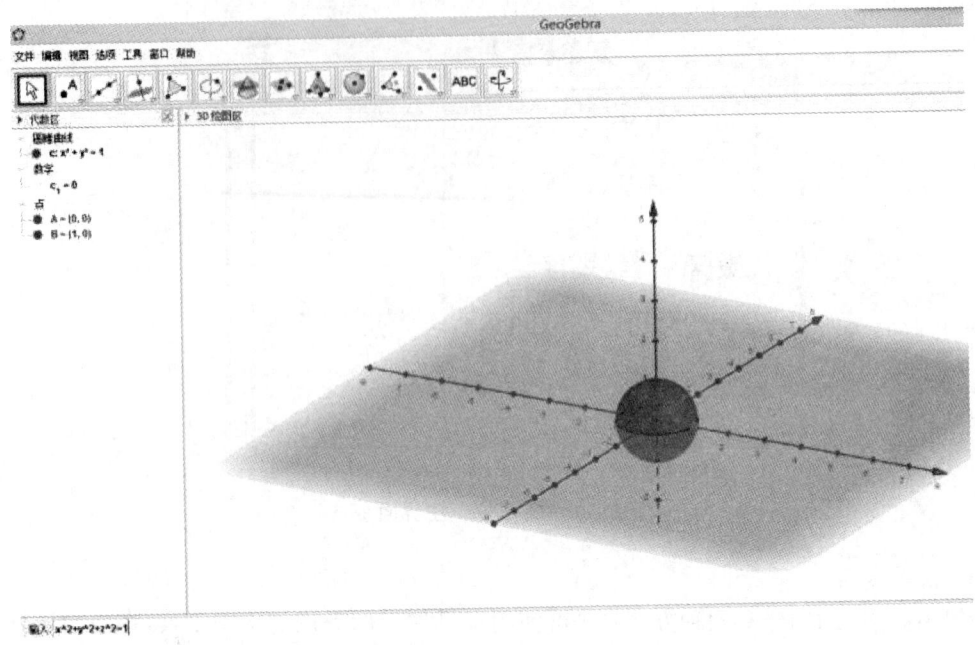

图 3-28 三维绘图

2. 代数区

任何在绘图区所产生的对象,在代数区都会有一个代数表征。使用鼠标拖曳来移动绘图区的对象,代数区的代数表征也会同时动态更新,如图 3-29 所示。

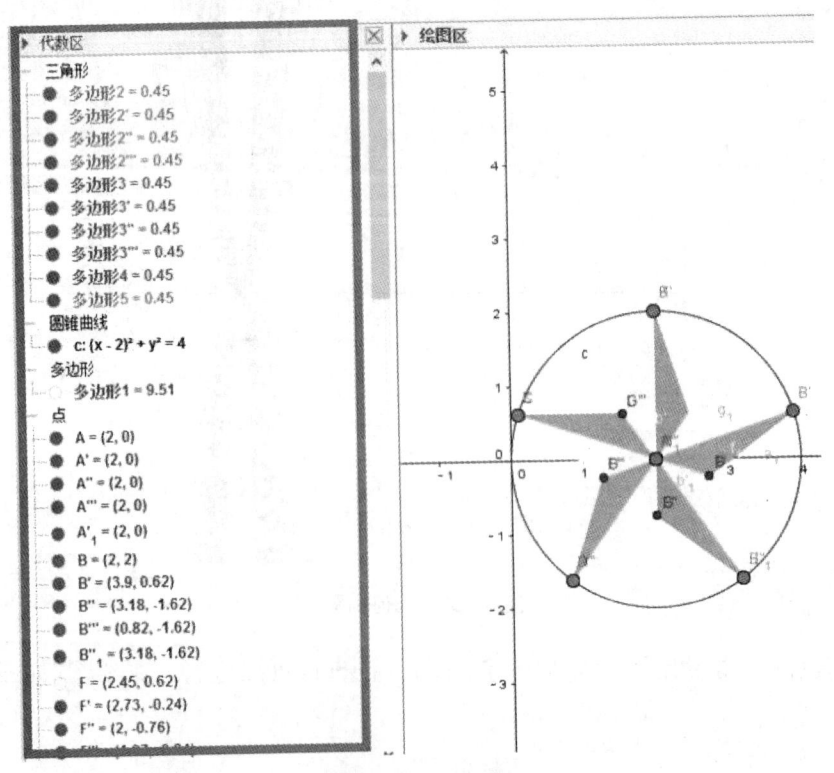

图 3-29 代数表征

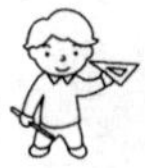

3. 运算区

每一行可以输入一个算式进行计算，例如分数计算、小数约算、多项式化简、函数求导、积分运算等，如图 3－30 所示。

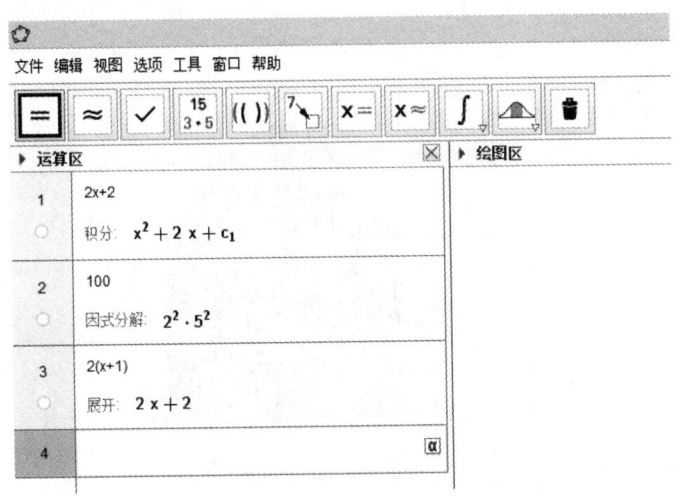

图 3－30　运算功能

4. 表格区

在 GeoGebra 的工作表中，每一个单元格都有指定名称，用来指定单元格的位置。这一点类似于 Office 的工作表。例如 A 列第 1 行的单元格的名称为 A1。表格区可以显示绘图区固定点等的数值变化，如图 3－31 所示。

	A	B	C	D
837	1.6	2.05	3.43	
838	1.75	2.02	3.45	
839	2.2	2.01	3.46	
840	3.1	2.2	3.34	
841	3.5	2.32	3.26	
842	4.4	2.65	2.99	
843	4.45	2.67	2.97	
844	4.5	2.69	2.96	
845	4.55	2.71	2.94	
846	4.6	2.73	2.92	
847	4.65	2.76	2.9	
848	4.7	2.78	2.88	
849	4.65	2.76	2.9	
850	4.5	2.69	2.96	
851	4.1	2.54	3.09	
852	3.7	2.39	3.21	
853	3.5	2.32	3.26	

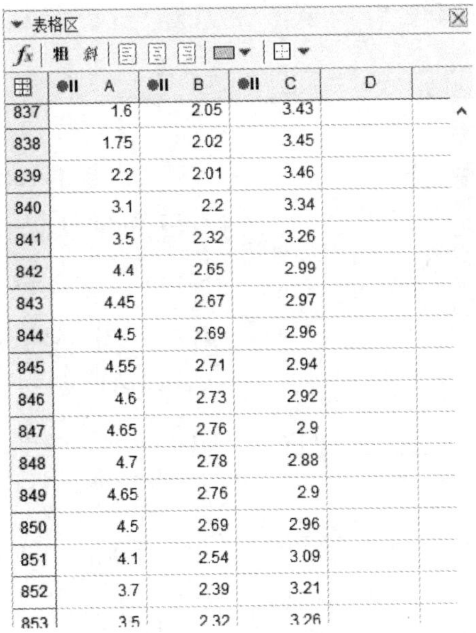

图 3－31　表格功能

5. 概率统计区

在概率统计区，老师可以根据对应的函数实现概率统计，如正态分布、T 分布、卡方分布、指数分布、柯西分布等。概率统计如图 3-32 所示。

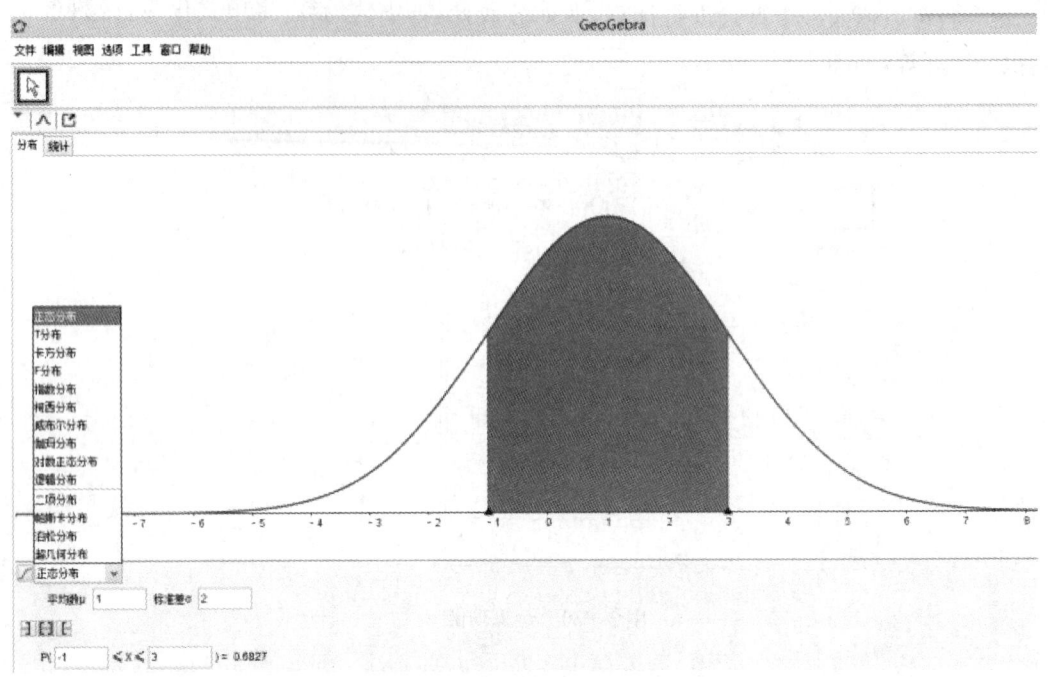

图 3-32 概率统计

6. 图形的导出

点击文件菜单栏中的"导出"即可将您的作品保存成图片(png、svg、gif)、html、pdf 等格式,并可对分辨率进行调整,如图 3-33 所示。

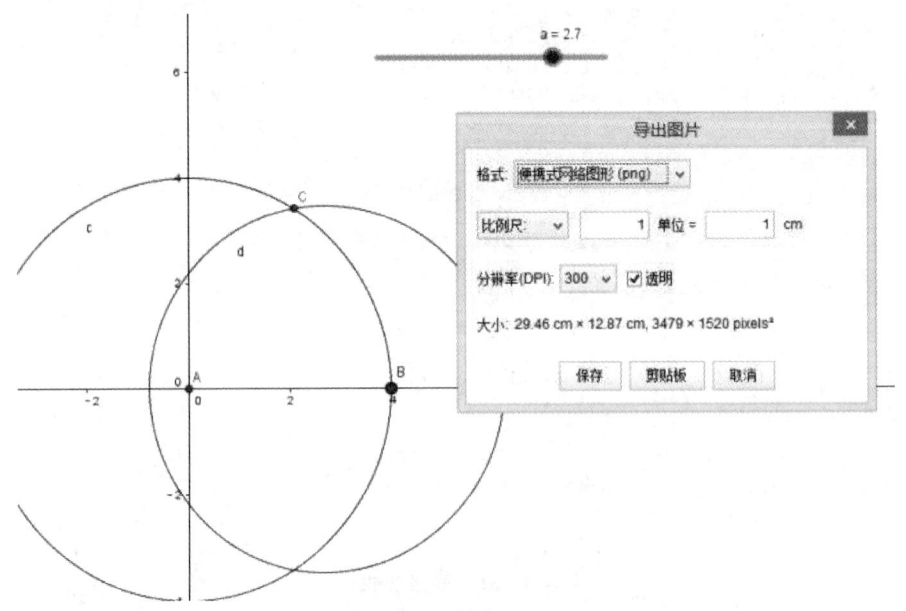

图 3-33 保存图形

二、语文学习工具(悟空识字)

悟空识字是一款专门为 3~8 岁学龄前及一年级小朋友打造的识字软件。悟空识字包括 1 200 个最常用汉字、1 200 个句子和 5 000 个词语,结合儿童熟悉的《西游记》经典场景,在西游故事的陪伴下,让儿童在游戏中快乐地认识汉字。

(一) 功能特点

1. 游戏中学习

软件设置了花果山、大闹天宫、三打白骨精、万年人参果等 10 个西游故事背景,让小朋友在游戏中快乐学习。

2. 个性化学习

根据孩子对汉字的掌握程度,有针对性地设计学习阶段,提供个性化的学习方式。

3. 支持多种学习方式

主要有看图识字、跟读识字、听音识字、词语识字、拼句子等方式。

(二) 基本操作

1. 登录软件

打开软件,在主界面上,你可以看到如下图 3-34 所示:

图 3-34 登录界面

该软件需要登录使用,可以自己设置昵称注册,也可以直接使用 QQ 账户登录。登录后,可以设置使用者的个人信息,如班级信息,"小小班""小班""中班"等(如图 3-35 所示),系统会根据所选择的信息,为用户提供相应阶段的学习内容。

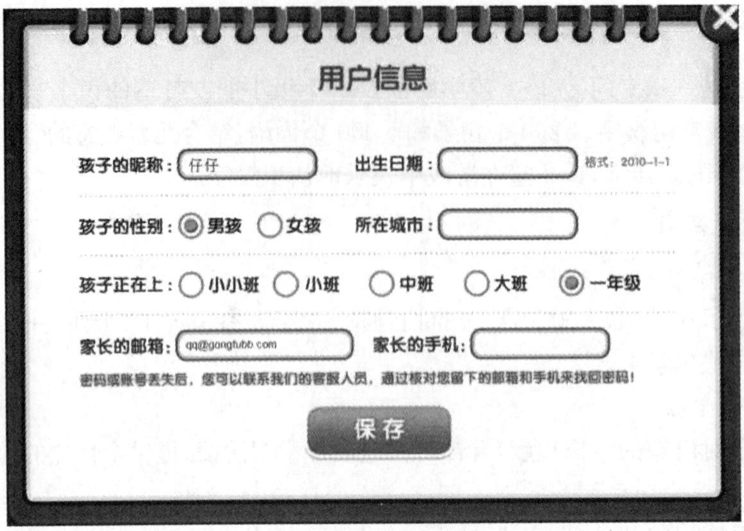

图 3-35 学习者信息

2. 开始学习

登录后,即可选择"悟空识字"开始学习,如图 3-36 所示。

图 3-36 开始学习

进入悟空识字,会有系统帮助向导(如图 3-37 所示),提示学习流程并帮助开始正式学习。

图 3-37　帮助向导

学习汉字,主要分为以下六个主要步骤:

第一步,初识汉字。在此阶段,会将每个汉字巧妙转化为一个具体的图像,帮助孩子达到快读记忆。

图 3-38　初识汉字

第二步,快速巩固。这一阶段,会给出字形,及相对应的图片,让孩子找出相对应的汉字。通过简单的配对游戏,快速复习和巩固已经学过的汉字,如图 3-39 所示。

图 3-39　快速巩固

第三步,跟读汉字。这一阶段,系统会依次念出本节学习的汉字,学生跟着系统读,加深字音的记忆,如图3-40所示。通过让孩子开口跟读,变被动为互动,从而顺利过渡到下面三个主动识字的游戏中去。(建议使用配备喇叭和麦克风的电脑。)

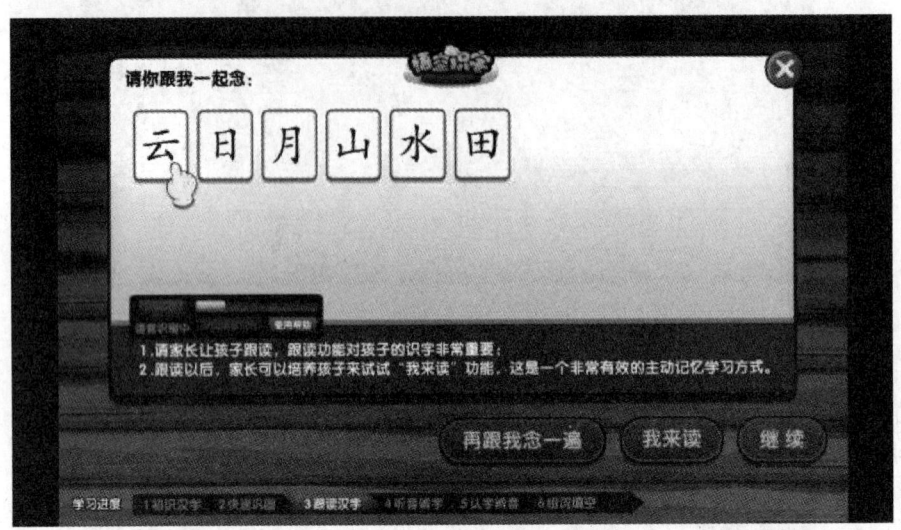

图3-40 跟读汉字

第四步,听音辨字。这一阶段,是由计算机读出一个汉字的读音,让孩子在四个选项中选出正确的那一个汉字。通过这个游戏,在孩子的记忆中巩固字音和字形的联系。系统首先会讲解一段西游记中的故事,吸引孩子的注意力,如图3-41所示。

图3-41 故事讲解

接着将所学的汉字融入故事情节中去,让孩子根据系统的提示音选择出相应的汉字,如图3-42所示。

图 3-42 听音辨字

第五步，认字辨音。这一阶段由计算机给出一个汉字，让孩子选出或者读出正确的读音，如图 3-43 所示。如果孩子能顺利完成本游戏，说明孩子对单字的记忆已经基本上正确。

系统首先还是由一段西游记中的故事导入，加深孩子的情境感。接着再给出汉字，让孩子来选择正确的读音，或者读出正确的读音。鼠标移动到每个字音上，系统都会给出相应的读音，方便孩子选择。

图 3-43 认字辨音

第六步，组词填空。本阶段由计算机给出词语的读音，让孩子把正确的答案分别拖动到对应的词语中去，如图 3-44 所示。如果孩子能够正确地认识出字形，辨别出字音，并能顺利组词，说明孩子对该词语已基本形成了认知。

图 3-44 组词填空

每一次学习后,系统都会给出该次学习的统计情况,帮助家长和孩子对学习有基本的了解,并给出其他该阶段孩子的学习情况作为参考,如图 3-45 所示。

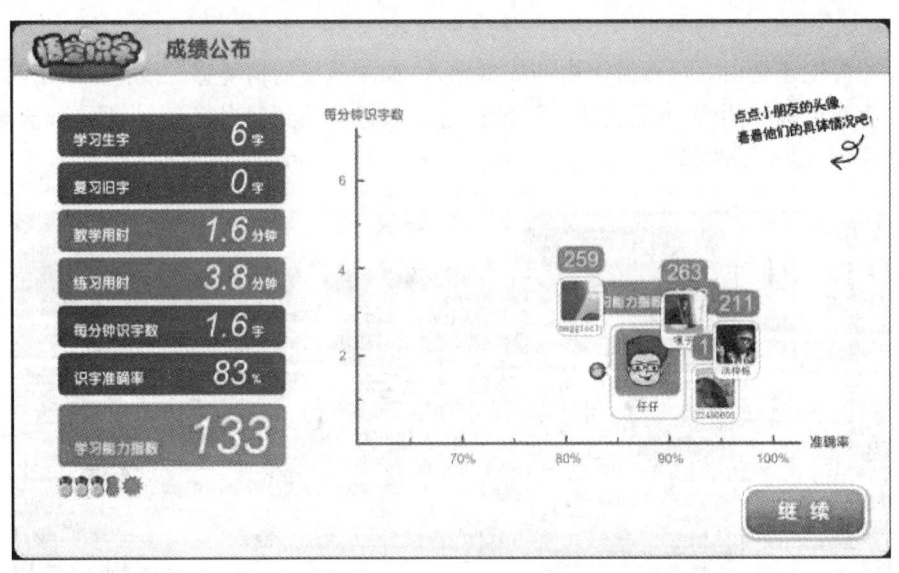

图 3-45 学习统计

学习结束后,系统还会有相应的奖励机制,如小花朵,以及儿童故事书等,增加孩子的阅读兴趣,从而更好地学习汉字。

三、英语学习工具(英语流利说)

英语流利说是一款融合创新口语教学理念和尖端语音评估技术的英语口语学习应用,让学习者"忍不住开口说英语",帮助学习者真正摆脱"哑巴英语"。每日推送的地道美语对话,来自硅谷的实时语音评分技术,好玩上瘾的对话闯关游戏,可以让学习者轻轻松松练口语,不知不觉"流利说"。①

(一)基本操作界面

英语流利说包括学习(我的课程)、流利吧、发现等学习模块。登录英语流利说账号以后,进入学习页面,在学习页面可查看口语力以及正在学习的课程,如图 3-46 所示。

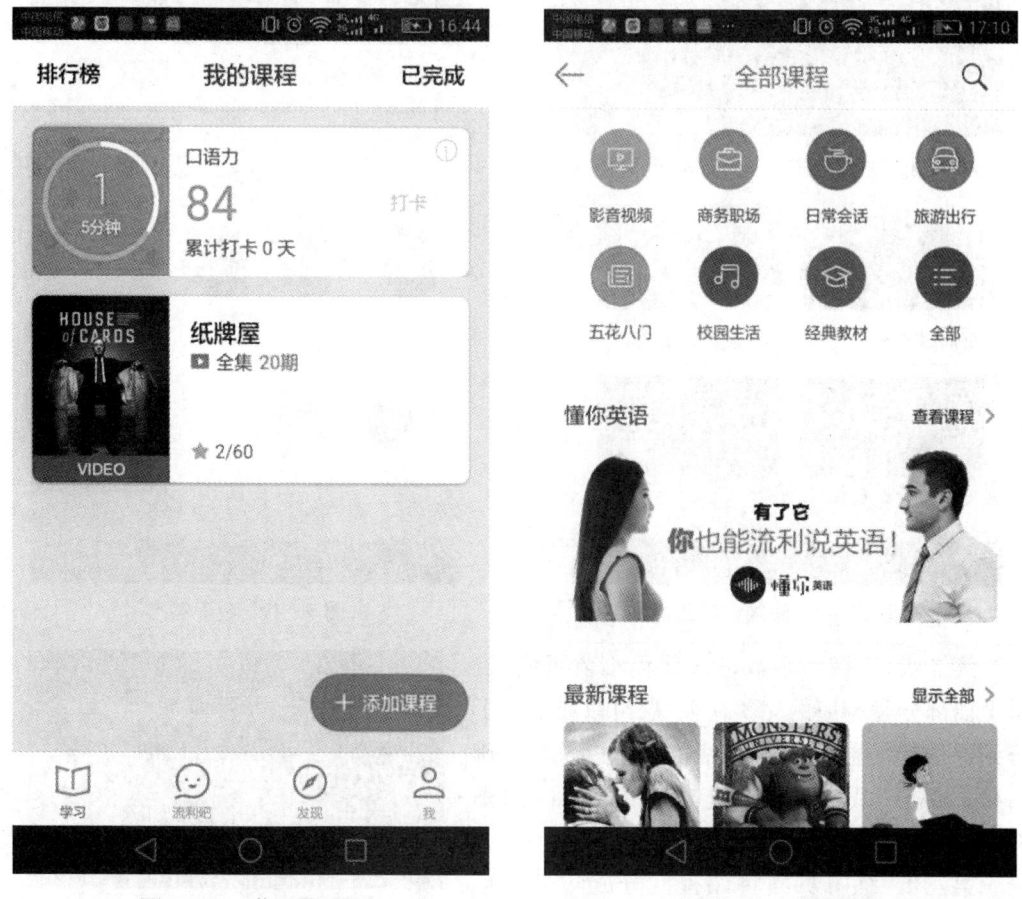

图 3-46 学习界面图　　　　图 3-47 选择课程

(二)基本应用流程

点击"学习"页面的添加课程按钮,在"全部课程"页面有影视、商务、日常、旅游、校园等课程分类,另有"懂你英语"(收费)、最新课程、推荐课程模块,并会根据您的喜好推送课程,如图 3-47 所示。

第一步,选择您想学的课程,进入课程的具体页面,包括课程的基本信息与课程分节。课程有基础、进阶、小成等分类标注课程的难易程度。点击"添加课程"按钮,进行课程的添加与学习,如图 3-48 所示。

---

① 邰云江,孟旭东,沈国荣.移动互联网下的教学工具[M].杭州:浙江教育出版社,2017.

图 3-48　添加课程图

图 3-49　我要练习

第二步，选择一小节进入课程小节页面，屏幕上面部分是相应的完整视频，您可以在下面了解到课程的信息、课程学习者的信息以及学习排行榜。点击"我要练习"进入练习页面，如图 3-49 所示。

第三步，练习页面将课程拆分成句子的形式，可让学习者一句一句地练习，并通过内置的语音评估技术评估学习者的录音水平，等级为一星到三星，三星最好，如图 3-50 所示。

直到把本节课学习完，我们即可以进行预览配音作品，该功能将您的所有单句练习声音连接与原视频进行合成，提高学习者的成就感，也能让学习者进行反思纠错。

图 3-50　练习过关图

（三）构建学习共同体

流利吧相当于在构建无数个学习共同体，学习者可根据其本身的兴趣爱好或目的创建圈子，也可进入官方圈子学习交流。各个圈子里的精华帖会集中放在"精选"栏目里。

在圈子页面上点击"添加圈子"，可添加已有的圈子（包括练课闯关、口语练习、生活娱乐、英语考试等模块下的圈子），也可点击右上方的"创建"按钮创建新圈子，此功能非常适用中小学，比如说英语老师创建一个固定的圈子，学生可在该圈子里进行学习交流，共同进步，如图3-51所示。

点击圈子主页中的"加入"即可以加入圈子并进行发帖。圈子页面包括"精华区""全部帖子""课程作品""贡献榜"等模块。如图3-52所示。

图3-51 添加圈子

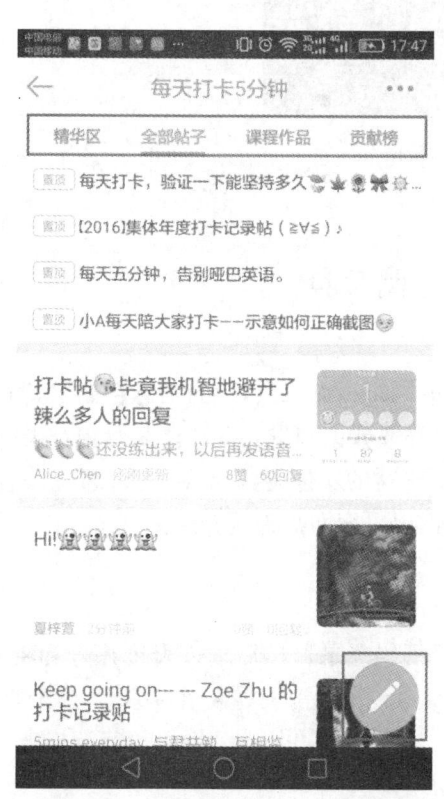

图3-52 发帖

课程问答,在圈子主页面,点击"课程问答"按钮,可以对其他学习者问题进行解答交流。也可在课程学习的具体分节学习页面上录音提问,如图 3-53 所示。

图 3-53　录音提问

第四节　信息存储工具

随着云计算技术的发展,云盘作为一种专业的网络存储工具,成为信息存储工具的首选。它为用户提供个人网络硬盘,随时随地、安全存放数据和重要资料。云盘相对于传统的实体磁盘来说,更方便,用户不需要把储存重要资料的实体磁盘带在身上,却可以通过互联网,轻松从云端读取自己所存储的信息。下面以百度网盘为例介绍。

一、登录网盘

进入百度网盘首页,在登录界面中找到【账号密码登录】,然后输入百度账号和密码,点击【登录】,如图 3-54 所示。或者使用扫码登录,扫码登录需要在手机上登录百度 App,然后再扫码。

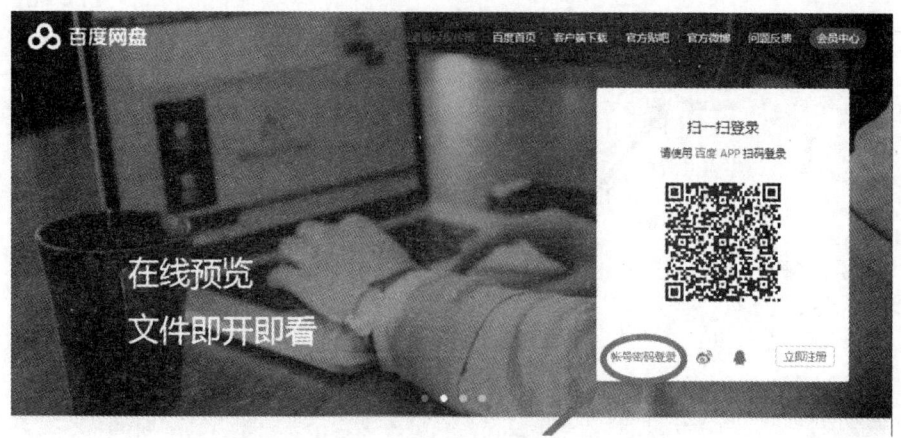

图 3-54 登录网盘

进入个人百度云盘页面,在页面的左侧菜单栏将网盘中的全部文件分为图片、文档、视频、种子等文件类型。例如,点击菜单栏的【图片】,页面右侧就会显示网盘中的所有图片,及图片上传时间,如图 3-55 所示。

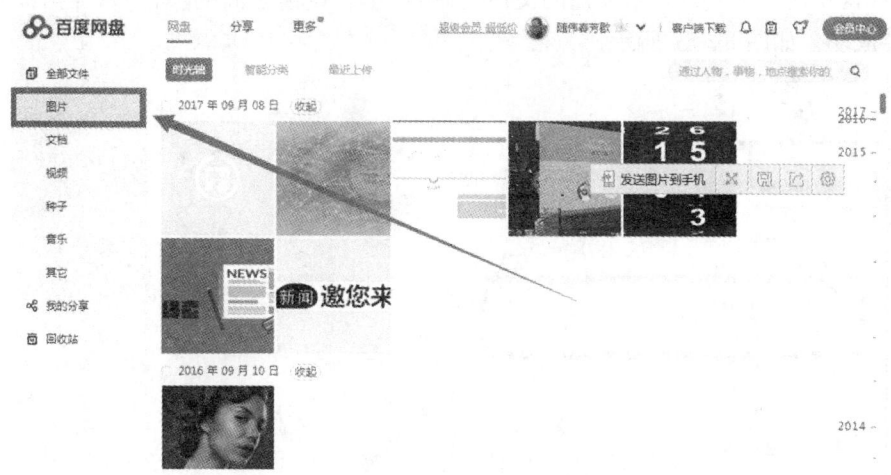

图 3-55 网盘主页

二、上传文件

点击【全部文件】,页面右侧栏显示网盘中的所有文件。点击【上传】按钮,然后选择要上传到网盘的文件,将本地文件上传到网盘上,如图 3-56 所示。

图 3-56 上传文件

三、新建文件

点击【新建文件】按钮,给新建的文件夹命名,然后点击后面的【对勾】,弹出提示创建文件夹成功!如图 3-57 所示。

图 3-57 新建文件

四、移动文件

选择要移动的文件,单击鼠标右键,选择【移动到】,然后选择存放移动文件的文件夹,点击【确定】,文件移动成功!如图 3-58 所示。

图 3-58 移动文件

五、下载文件

选择要下载的文件,点击该文件后面的下载图标,选择存放文件的路径,点击【下载】,百度云盘文件下载成功!如图 3-59 所示。

图 3-59 下载文件

[思考与练习]

1. 结合自己的专业,使用 MindManager 思维工具设计一堂课的教学过程并整合其资源。
2. 应用动态数学工具 GeoGebra 绘制几何图形,如平行四边形、五角星等。
3. 使用 ProcessOn 工具协作绘制小学说课流程图,语数英任选一科目。
4. 注册百度云盘并上传一段教学视频。

第四章
信息化教学资源的获取

 学习目标

1. 理解信息化教学资源的特点与作用。
2. 熟练运用搜索引擎进行教学资源检索。
3. 掌握信息化教学资源的常见获取方法。
4. 熟练运用信息化教学资源的获取工具。

 知识点思维导图

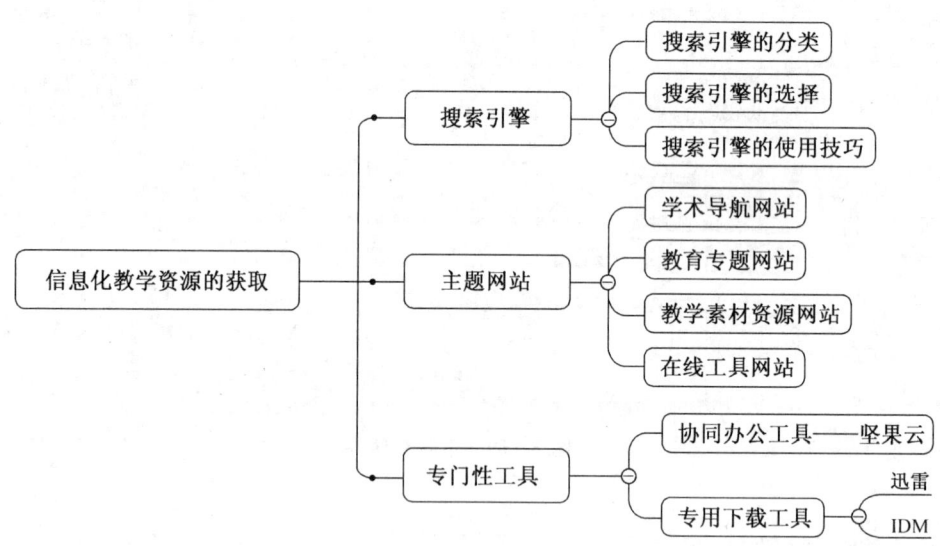

在互联网和多媒体技术蓬勃发展的今天,我们已经进入了一个大数据的时代。网络资源的种类、数量都在飞速地增长,内容也在日新月异地变化。"互联网+教育"是教育信息化发展的必然途径,也是教师职业发展的机遇与挑战。虽然网络资源种类繁多、数量庞大,但也存在着良莠不齐的现象。信息化教学资源是教学资源与信息资源的特殊组成部分。从狭义上来讲,信息化教学资源是指包含了大量教育内容,以完成教学任务或目标,能够实现一定的教育价值,并以数字信号形式存在的信息资源。从广义上来讲,教师也是教育资源，具备高水平信息化教学能力的教师也是信息化教学资源最重要的部分。

信息化教学资源可以大致分为三类：① 素材类教学资源：文本、图片、音频、动画、视频等；② 集成型教学资源：电子教案、电子课件、电子试卷、教育网站、教学资源库等；③ 网络课程：利用网络支撑环境实现完整教学活动，例如 MOOC、网络精品课等网络教学资源，同样受到互联网各项因素的影响。大数据意味着获取适用的、有价值的信息资源不是一件容易的事，小学教师在收集和整理教育资源，辅助教学活动开展的过程中都需要掌握这方面的技巧与方法，从而获得想要的资源。熟练运用工具进行快速、高效地获取适用的、有价值的信息化教学资源是每一位教师进行信息化教学的必备技能，也是提高教师教育信息化素养的重要内容。

第一节　搜索引擎

搜索引擎（Search Engine）是指根据用户的信息需求，利用特定的计算机算法与策略实现从互联网中采集限定的相关信息，再经过对信息的组织、处理，最后将结果反馈给用户的一种检索技术。搜索引擎作为一种互联网技术，它的发展已经经历了多次技术革新，愈加向着综合化、智能化、高效化的方向发展。搜索引擎是我们从互联网获取信息化教学资源最直接、有效的工具，熟练运用搜索引擎是教师进行信息化教学活动的必备技能。

一、搜索引擎的分类

搜索引擎的功能实现依赖于多项技术与软件环境。随着搜索引擎相关技术的不断发展，互联网已出现了多种不同形式或功能的搜索引擎，例如桌面搜索引擎、图片搜索引擎、音频搜索引擎等。从搜索方式上，搜索引擎可大致分为四种：全文搜索引擎、元搜索引擎、目录搜索引擎和垂直搜索引擎。

（一）全文搜索引擎

全文搜索引擎的核心是全文检索技术，是以各种数据不同的类型为对象，利用网络爬虫技术从互联网各个网站提供的数据内容进行采集，并建立索引数据库。当用户进行搜索时，全文搜索引擎并不是直接对整个互联网进行搜索，而是搜索预先建立好的索引数据库，将与用户的搜索条件相匹配的结果组织、排序后反馈给用户。

全文搜索引擎是最接近搜索引擎本质功能的互联网搜索引擎，它能够跨越所有数据源，检索多种数据格式与数据内容，并且能够对检索结果进行分类、排序，建立不同的索引数据库。全文搜索引擎最大的特点就是能够实现互联网海量数据的有效检索和管理，也能满足用户特定的检索需求。国外的 Google 搜索、Bing 搜索、Yahoo 搜索等，国内的百度搜索（图 4-1）、搜狗搜索、360 搜索等，都是具有代表性的全文搜索引擎。

图 4-1　全文搜索引擎示例

(二) 元搜索引擎

元搜索引擎又被称为多搜索引擎,用户能够在统一的一个界面,选择合适的或多个搜索引擎进行检索。元搜索引擎可以把用户的检索条件交付给不同的独立搜索引擎,并把各独立搜索引擎检索后的匹配结果组织、排序,最后在统一的一个界面呈现给用户。元搜索引擎能够实现对多个独立搜索引擎的整合、调用、控制和优化利用,还具有去重的功能,做到检索结果全面而不重复。百度搜索、Google 搜索等都属于独立搜索引擎,Dogpile 搜索、InfoSpace 搜索(图 4-2)、WebCrawler 搜索等属于元搜索引擎。

图 4-2　元搜索引擎示例

(三) 目录搜索引擎

目录搜索引擎并不是严格意义上的互联网搜索引擎,其内容主要是面向网站,依据网站具有的某些显著功能特性进行分类。和全文搜索引擎相比,目录搜索引擎虽然也具备一定的检索能力,但它主要是由人工或半自动方式进行信息收集,并形成信息摘要,然后把信息收录于预先设定好的分类框架中。目录搜索引擎的本质只是依照某些分类建立的网站链接列表,实现提供直接的分类列表呈现和匹配的网站检索服务。虽然它采用多级目录实现了结构、层次的清晰划分,具有信息准确、检索质量高的特点,但是依赖人工建立索引列表,导致信息维护量大、索引信息总量小、索引信息更新不及时等现象。常见的百度搜索、Google 搜索、搜狗搜索、网易搜索等主流网站都提供了目录搜索引擎服务,如图 4-3 所示。

图 4-3 目录搜索引擎示例

（四）垂直搜索引擎

垂直搜索引擎是全文搜索引擎的细化和延伸，是面向特定的领域、群体、需求提供专门的信息检索服务，具有较强的专业性和针对性。相比全文搜索引擎的检索信息量大、检索不够深入、检索结果复杂等特点，垂直搜索引擎能够对网站中的特定信息或行业内容进行深度挖掘、分析、筛选和整合，信息检索结果更加细致、精准。我们在 12306 网站进行车票检索，就是利用垂直搜索引擎对特定网站的信息进行深度挖掘、细化检索、筛选、整合的过程。常见的垂直搜索引擎有百度识图、酷狗搜索等，实际上各大主流搜索引擎网站都提供了不同领域或内容的垂直搜索服务。图 4-4 显示的是百度文库的垂直搜索服务。

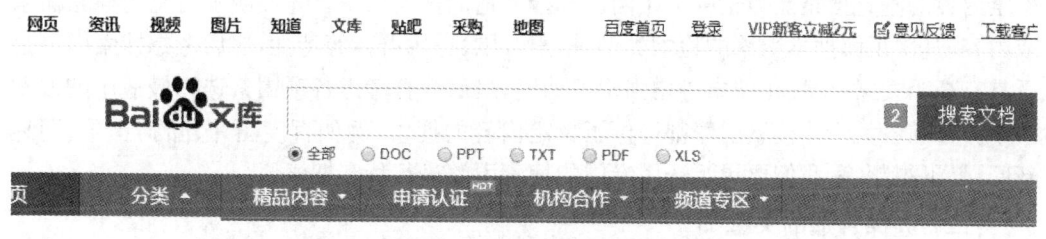

图 4-4 垂直搜索引擎示例

二、搜索引擎的选择

随着网民数量的快速增长，网络信息量急速增长，搜索引擎的功能与作用就越加显得重要。搜索引擎能够跨越时间、地域、语言等限制，快速、高效地为我们提供世界所有网络的信息资源。

目前，百度（www.baidu.com）是国内最大的中文搜索引擎，谷歌（www.google.com）、雅虎（www.yahoo.com）是国外最具代表性的搜索引擎。此外，常见的主流搜索引擎还有很多，例如：搜狗（www.sogou.com）、360（www.so.com）、必应（www.cn.bing.com）等。虽然搜索引擎的数量众多，但主要功能和操作流程基本一致。不同搜索引擎的差异主要在于其算法不同、数据库不同、信息容量不同，导致检索的效率、结果存在一定的差异。在网络教学资源的获取过程中，明确自己的需求，选择合适的搜索引擎，将极大地提高信息检索质量。

虽然百度或Google常作为我们日常搜索引擎的首选，两者都能提供强大的全文检索服务，但两者的检索结果还是存在较多的差异性。Google作为全球用户最多的搜索引擎，其检索的信息量远大于百度，但检索结果缺乏对中文用户的偏向性。百度主要面向的是国内的用户，有着庞大的中文用户数量，也是目前全球最大的中文搜索引擎。百度提供了全文搜索、垂直搜索、目录搜索服务，具有众多适合中文用户的实用搜索功能，例如：百度文库、百度地图、天气查询、高级搜索、百度视频、百度图片、百度音乐等。

不同的搜索引擎具有不同的功能与特色，例如：酷狗（www.kugou.com）专注于音乐的搜索，豆瓣电影（https://movie.douban.com）专注于电影的搜索，中国知网（www.cnki.net）专注于文献资料的搜索。不同的搜索引擎为我们提供了丰富的选择，满足自己的搜索需求而且具有针对性的搜索引擎才是最好用的搜索引擎。

三、搜索引擎的使用技巧

从用户的视角来看，搜索引擎就是一个输入框，输入内容后，确认开始搜索，就能完成一次最简单的搜索。在实际使用过程中，为了增强信息检索功能，较多的搜索引擎都提供了高级检索功能。只有熟练掌握一些技巧和方法，才能更好地运用搜索引擎进行信息检索。

（一）选择合适的搜索引擎

不同的搜索引擎具有不同的功能和特点，检索信息量、检索结果都存在着差异性，对检索内容的垂直搜索能力也各不相同。选择合适的搜索引擎首先要明确自己的检索需求或内容，其次了解搜索引擎的检索类型、检索范围、适用群体等特性，然后考虑搜索引擎是否具有高级搜索、个性化搜索等增强检索功能，最后综合考虑各项因素选择最适用的搜索引擎。目前各大主流搜索引擎都提供了特定内容的搜索，例如百度图片、酷狗音乐、网易新闻、腾讯视频等，我们要灵活选用专门的搜索引擎进行特定搜索。

（二）选择合适的关键词

关键词是搜索过程的开始，也是搜索结果的目标。选择合适的关键词，能够减轻检索工作量，获得精准的检索结果。关键词的确定首先要对搜索的内容或对象有一个清晰的认识，以及自己要达到怎样的检索目的。例如，搜索的内容或对象具有怎样的概念、属性、特征、共性、独特性等，搜索的结果是为了查看、下载、在线使用或者其他目的。下面是确定关键词的一些常用技巧和方法。

1. 单词检索

尽可能选择专有名词、专业术语、特定拼写组合词等作为关键词。减少网络流行词、热频词的单独使用,不要使用过于简单、意义不明的词语。例如,小学教师在搜集"探究式学习"的教学案例时,采用专业术语"WebQuest"进行关键词输入,能够找到更丰富的资源。

2. 词语组合检索

词语组合检索是在单词检索的基础上使用多个单词作为检索的关键词。词语组合检索能有效减少匹配的检索结果数量,提高检索效率和精准度。在关键词输入时,可以用空格把多个单词隔开,这些单词之间具有一定的关联性,使得检索结果具有更强的指向性。例如,小学英语教师检索"自然拼读法"的相关资源,根据所教的年级,可采用"小学××年级 自然拼读法",关键词之间用空格隔开,能够精准找到所需要的资源。

3. 自然语言检索

自然语言检索是利用自然语言中的语句作为检索的关键词,非常适合通过单词检索或词组检索难以达到检索目的的复杂情况。在进行自然语言检索时,自然语句能够被搜索引擎智能分割为若干个单词、词组或短语,使得检索结果具有更高的匹配性。虽然自然语言的检索结果一般很难有完全匹配的结果,但可以通过多次、进一步的细化检索达到想要的检索目的。例如,我们用自然语言进行检索"查找网上符合轴对称图形的图片",搜索引擎会根据语句进行词组的分割找到匹配的结果。

4. 多次修正关键词

针对检索对象意义不明、概念模糊、不熟悉等复杂情况,我们可以利用搜索引擎的检索结果初步确定大致的关键词,然后根据检索结果再次修正关键词,多次修正关键词之后再进行检索时往往就能得到想要的信息。

5. 布尔逻辑检索法

布尔逻辑检索法是指利用布尔逻辑运算符把多个检索词连接起来,形成逻辑检索式,然后交给计算机进行逻辑运算,找出所需信息的方法。布尔逻辑运算符有四种类型:And(逻辑与)、Or(逻辑或)、Not(逻辑非)和 Xor(逻辑异或)。①

在较多的搜索引擎中,逻辑"与"的运算符常用"And"或"+"表示,只是在日常实际使用过程中,该运算符常常被省略,关键词中间用空格替代;逻辑"或"常用"Or"或"|"表示;逻辑"非"常用"Not"或"-"表示;逻辑"异或"常用"Xor"来表示。

假设有关键词 A、B,布尔逻辑的基本语法可用下列运算式表达。

逻辑"与":A+B("+"可用空格代替),表示让搜索引擎搜索同时包含关键词 A 和关键词 B 的信息集合。

逻辑"或":A Or B 或 A|B,表示让搜索引擎搜索含有关键词 A、B 之一,或同时包含关键词 A、B 的信息集合。

逻辑"非":A Not B 或 A-B,表示让搜索引擎搜索包含关键词 A 的信息,并把其中包含关键词 B 的信息排除掉后的信息集合。

逻辑"异或":A Xor B,表示让搜索引擎搜索含有关键词 A 或 B 的信息,并把其中同时含有关键词 A、B 的信息排除后的信息集合。

---

① 黄威荣.现代教育技术应用[M].北京:教育科学出版社,2015.

布尔逻辑关系的含义可以用图 4-5 来表示。

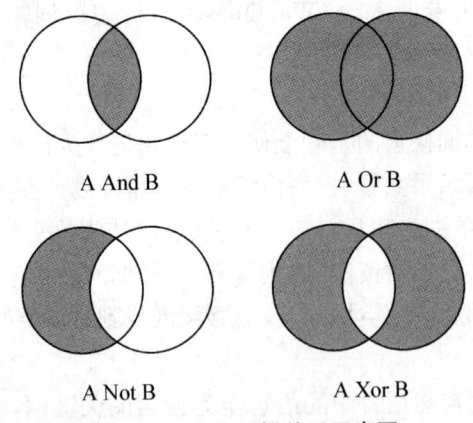

图 4-5　布尔逻辑关系示意图

6. 使用高级搜索功能

很多搜索引擎都具备高级搜索功能,为用户提供更加个性化的特定搜索服务。

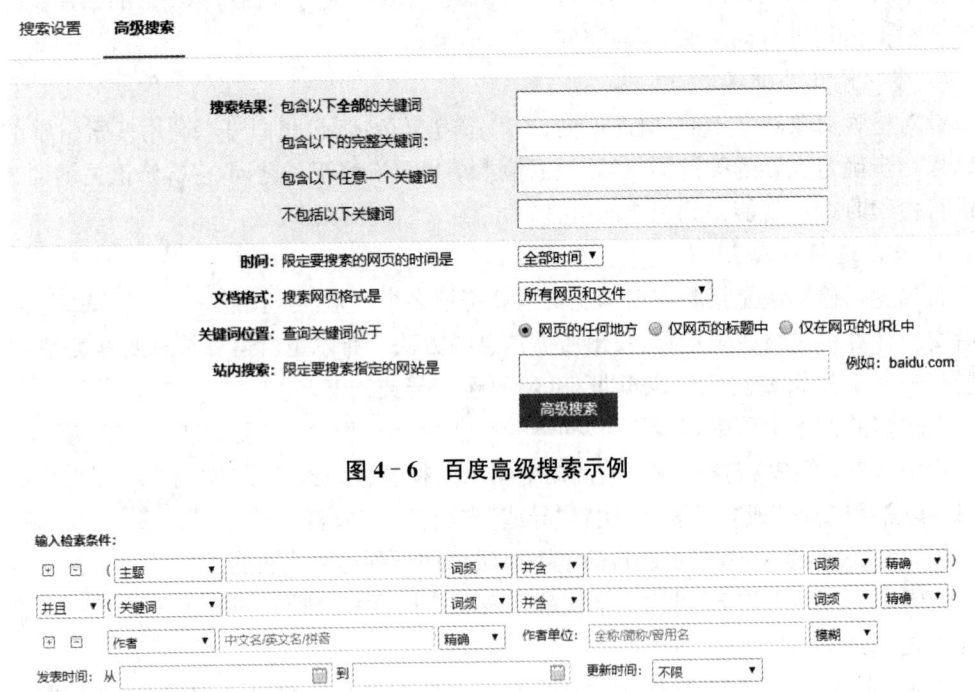

图 4-6　百度高级搜索示例

图 4-7　中国知网高级搜索示例

从图 4-6、图 4-7 中我们可以看出,高级搜索功能为用户提供了多种检索条件选择。用户可以通过高级搜索功能便捷地进行布尔逻辑检索,还能对检索结果添加时间、格式等限制,使检索结果更加细化、准确。

7. 中国知网检索工具示例

中国知网的中小学数字图书馆,是我国中小学教师身边的教育专家。教师在CNKI中的中小学数字图书馆里面不仅能找到很多的经典教学设计和教学案例,而且还有跟教学配套的重难点解析、单元测试、中高考模拟试题。中小学教师备课时借助中国知网的中小学数字图书馆,它里面丰富的备课素材对教师,特别是年轻教师拓展备课思路、制定最佳教学方案特别有帮助,给教师专业成长插上了腾飞的翅膀。同时通过查阅了解本专业的发展方向,汲取学科研究成果,把查阅中的所获所得运用到自己的科研教学过程中,中小学教师的教学质量也能得到进一步提高。

李老师是小学四年级语文老师,公开课主讲《桂林山水》,如何充分借鉴他人经验,备出一节高质量的公开课? 李老师使用知网检索进行备课应用。首先,李老师打开中国知网文献分类导航,打开"学科教学"中"语文"选项,可以看到子类目中包含教学建议、教学设计、教学案例、基础知识和能力、学法指导等选项,选中"教学设计"和"教学案例"选项,同时在右侧高级检索中,输入"桂林山水"关键词,如下图4-8所示:

图4-8 中国知网教学建议、教学设计、教学案例搜索示例

其次,筛选出优秀教案,一是点击"发表时间"排序,获取最新的教学方法、教学理念,或者根据被引或下载排序,获取关注度高、参考价值大的文献;二是根据左侧分组选项,根据发表年度分组,获取某一年度的文献,或者根据来源数据库分组,便于查找某一类型的文献,或者根据作者分组,便于查找该领域专家,根据需要找出满足条件的文章。

李老师根据需要筛选出适合的文章后,点击文章篇名,进入下载页面下载文章,阅读参考。

第二节 主题网站

现在的网站建设已向着领域化、专业化、深入化的方向发展,具有非常鲜明的特色。主题网站就是针对某一领域或某一行业提供专业的、深入的、丰富的信息资源的服务网站。熟练运用搜索引擎的功能与特性,擅于利用主题网站提供的信息资源,是我们从互联网获取信息化教学资源的必备技能。

一、学术导航网站

虽然现在的导航网站有很多,例如常见的 2345 网址导航(www.2345.com)、360 网址导航(https://hao.360.com)等,都提供了较为大众的网站导航服务,但对于教育从业者来说,这些大众的导航网站就缺乏足够的专业性,使用起来有些力不从心。目前国内的学术导航网站虽然不多,但也有一些非常好用的,例如科塔学术导航(https://site.sciping.com)、百度学术网站(http://xueshu.baidu.com/),提供了非常专业的、丰富的教育领域信息资源,如图 4-9、图 4-10 所示。

图 4-9 科塔学术导航网页示例

图 4-10 百度学术网页示例

二、教育专题网站

教育专题网站是针对教育行业建立的信息网站,例如教育机构的官方网站、网络精品课程网站、教学资源平台网站等。教育专题网站类型繁多、内容丰富、数量庞大,都提供了大量的教育、教学信息资源,推动了教育信息化的快速发展。最具代表性的教育专题网站就是中国知网,拥有国内最庞大的科研文献资料库。常用的教育专题网站还有非常多,我们要善于发现和利用其中的资源,例如:爱课程(www.icourses.cn)提供了大量免费在线精品课程,集中展示"中国大学视频公开课"和"中国大学资源共享课",并对课程资源进行运行、更新、维护和管理。该网站利用现代信息技术和网络技术,面向高校师生和社会大众,提供优质教育资源共享和个性化教学资源服务,具有资源浏览、搜索、重组、评价、课程包的导入导出、发布、互动参与和"教""学"兼备等功能,如图 4-11 所示。国家教育资源公共服务平台(www.eduyun.cn)是中国教育部主办的国家级基础教育资源中心,也是农村中小学现代远程教育工程资源服务平台。国家基础教育资源网将国内教育优势地区的名校、名师资源集中起来,为全国师生提供个性化的空间和服务,促进"优质资源班班通"和"网络学习空间人人通",让优质资源和创新应用惠及人人,具备丰富、全面的教学资源,如图 4-12 所示。

图 4-11 爱课程网站示例

图4-12 国家教育资源公共服务平台网页示例

三、教学素材资源网站

网络中有很多素材专题网站,我们能从中获取大量的多媒体素材或教学资源。这些网站提供的资源包括电子教案、电子课件、课后答案、PPT模板、图片、动画等,内容庞大、类型繁多,是重要的教学资源获取来源。这些素材资源网站非常多,例如学科网(www.zxxk.com)提供了中小学大量的教学资源,如图4-13所示;第一PPT(www.1ppt.com)提供了大量免费的PPT模板,如图4-14所示。

图4-13 学科网网页示例

第四章 信息化教学资源的获取

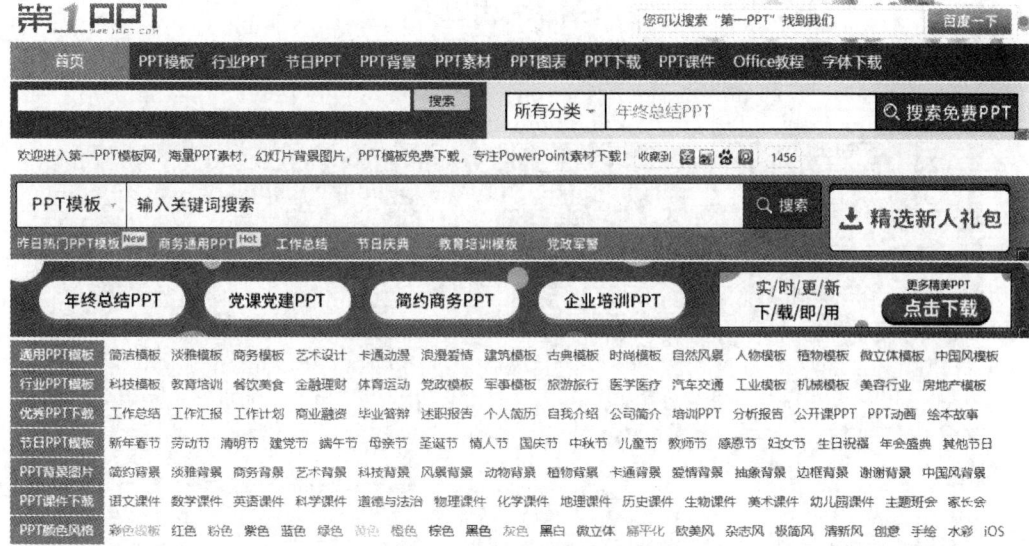

图 4-14 第一 PPT 网页示例

四、在线工具网站

在线工具网站提供了丰富多样的功能，为教学活动提供了极大的便利，也是我们进行教学资源创作的有力帮手。具有教育价值的在线工具网站有很多，常见的功能有文本、图片、视频等多媒体资源的创作，还有在线教学、线上考试、在线仿真实验等更强大的功能。较常用的有：ProcessOn（www.processon.com）提供了思维导图、流程图等在线制作的强大功能，如图 4-15 所示；Smallpdf（https://smallpdf.com）提供了全面的 PDF 文档格式转换功能，如图 4-16 所示。

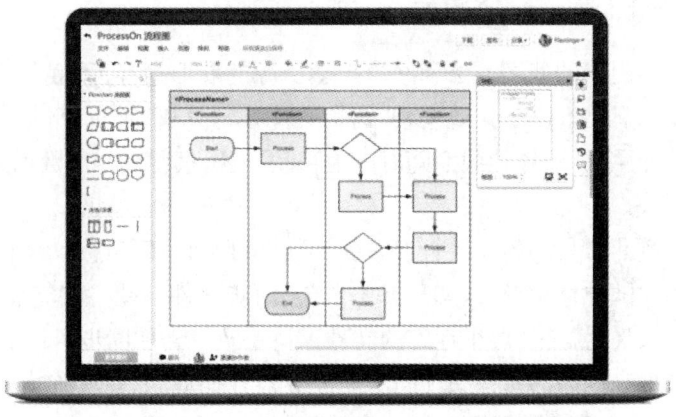

图 4-15 ProcessOn 网页示例

97

轻松玩转PDF
功能一应俱全、简单好用的线上 PDF 工具

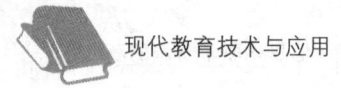

图 4-16　Smallpdf 网页示例

第三节　专门性工具

随着网络教育资源类型的不断增加，很多教学资源下载、转换的专门性工具应运而生，从而支持各类资源的获取，使得这些教学资源为我们所用，帮助解决教师对信息化教学资源的有效利用问题。本节内容重点针对坚果云协同办公工具、迅雷下载工具使用方法分别进行介绍。

一、协同办公工具——坚果云

在掌握了搜索引擎的使用方法和网络教学资源的获取途径后，我们还需要熟练运用专用工具来提高信息化教学工作效率，特别是文件在计算机、手机、平板之间互传以及文件分享的工具十分重要，能够让我们随时随地移动办公，摆脱以往的数据线传输资料等繁杂的文件转移形式。

坚果云是一款非常易用的文件管理系统，可以全自动地帮助您搜索下载资料、共享文件、备份资料、随时随地移动办公，您只需要学会"同步文件"，就可以完成所有这些功能。简单来说，"同步文件"就是让两个地方的文件保持一致。当您同步了一个文件夹，坚果云就可以把这个文件夹里面的所有文件同步到服务器存储起来，这样您电脑里面的文件夹有什么文件，坚果云的服务器里面也帮您存储相同的文件。您修改了文件，坚果云的服务

器中对应文件也跟着修改。下面以一名小学教师使用坚果云传输、下载、分享课件资料为例介绍关于该协同工具的安装步骤与使用方法。

1. 安装步骤

首先通过搜索引擎搜索关键词"坚果云",进入网站主页下载页面。

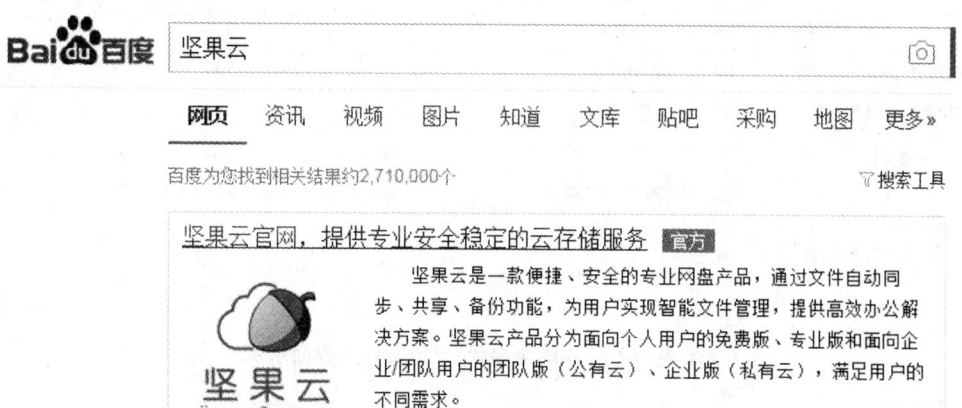

图 4-17　百度搜索"坚果云"网页示例

进入坚果云官网之后,点击"下载",根据个人电脑系统版本(Windows、macOS、Linux)、手机系统版本(iPhone、Android)选择对应客户端进行下载安装,按照提示直到完成,在桌面会生成该协同工具的快捷图标。

2. 使用方法

第一步,安装成功后注册坚果云账号并登录软件,安装坚果云客户端后,会自动创建一个名叫"我的坚果云"文件夹,该文件夹与电脑上其他文件夹完全一致。该文件夹下的所有文件内容,会自动上传到坚果云云端,并保存到其他电脑、手机、平板的相同文件夹下。与此同时,也可以通过坚果云网站访问该文件夹。

图 4-18　"坚果云"软件打开界面示例

第二步，点击"我的坚果云"，屏幕会自动弹出一个文件夹，将"小学教师信息化能力研究"课件复制粘贴到弹出的文件夹中，坚果云会将该文件快速地保存到其他电脑、手机和平板上。教师可随时随地通过其他设备来查看、下载该"小学教师信息化能力研究"课件。

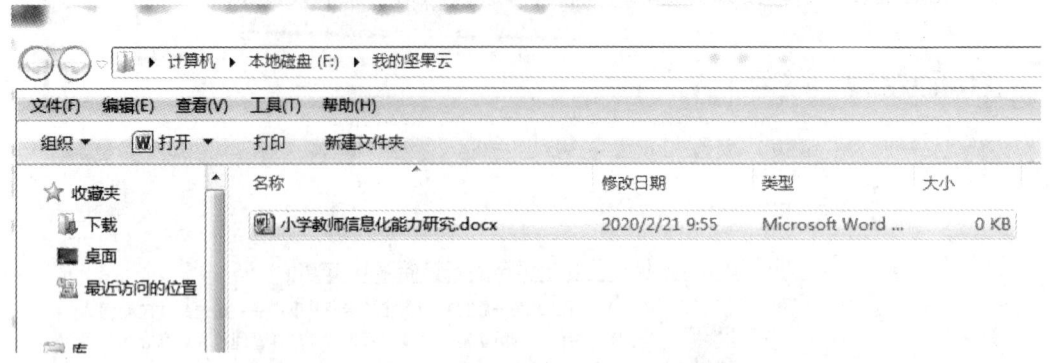

图4-19 "我的坚果云"弹出文件夹界面示例

第三步，将鼠标放在"小学教师信息化能力研究"课件上，点击右键，选择"坚果云"→"获取访问链接"，在弹出的界面选择"通过邮件分享"，获取分享链接网址。教师可以通过电子邮件或网页链接快速分享该课件给其他教师。其他教师收到链接后可以直接打开文件，无须打开邮箱，无须上传附件，既便捷又安全。

图4-20 分享链接示例

第四步，坚果云还可同步电脑上的任意文件夹，在文件夹上点击右键，在弹出菜单上选择"同步该文件夹"即可；如果小学教师想要将此文件夹与其他教师共享，可以选择"邀请他人同步"选项。坚果云会向指定人员发送邀请邮件，被邀请教师接受后，即可将共享的文件夹同步到被邀请教师的电脑上，邀请人与被邀请人就可以同时操作同一个文件夹，文件中的任何修改也会及时同步，保证双方版本统一。

二、专用下载工具

（一）迅雷

迅雷使用先进的超线程技术，基于网格原理能够将存在于第三方服务器和计算机上的数据文件进行有效整合。通过这种先进的超线程技术，用户能够以更快的速度从第三方服务器和计算机获取所需的数据文件。这种超线程技术还具有互联网下载负载均衡功能,在不降低用户体验的前提下,迅雷网络可以对服务器资源进行均衡,有效降低了服务器负载。

对迅雷软件的安装及下载等应用不再做详细介绍,下面主要介绍迅雷的一些特色应用及使用方法。

迅雷下载工具的特色应用:

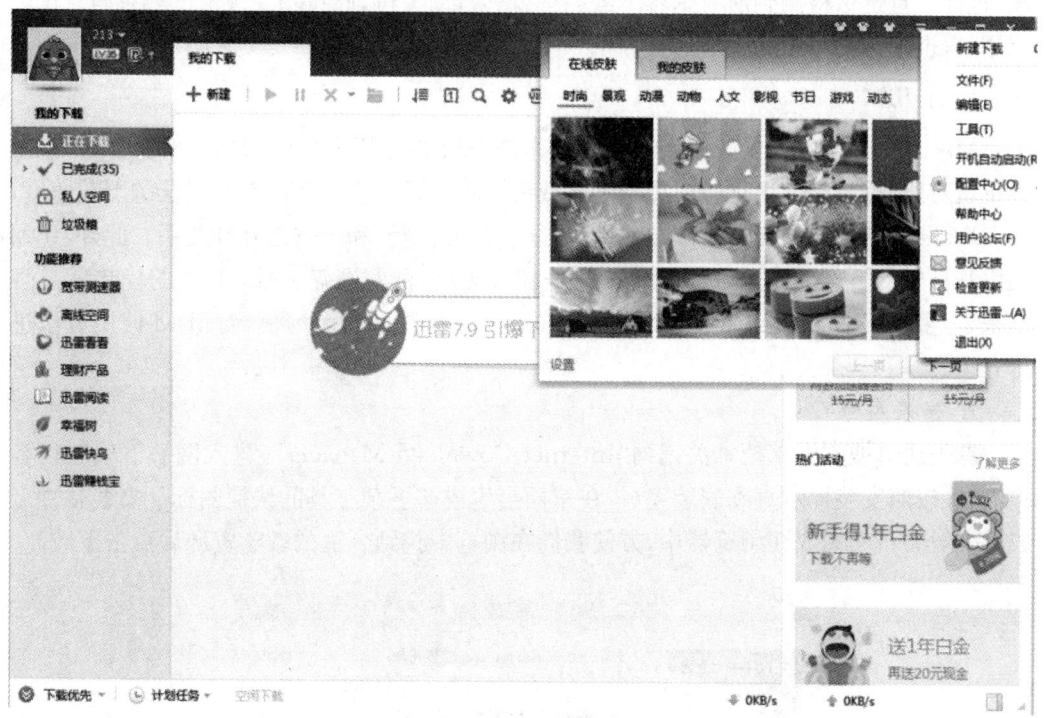

图 4-21 "迅雷"软件界面示例

1. 批量下载

在网络上会有很多规律性的下载地址,如遇到成批的 MP3、图片、动画等,如某个有很多集的动画片,如果按照常规的方法需要一集一集地添加下载地址,非常麻烦。其实这时可以利用迅雷的批量下载功能,只添加一次下载任务,就能让迅雷批量将它们下载下来。

2. 网页视频

安装好迅雷,打开浏览器,迅雷会在浏览器地址栏中出现"迅雷下载助手"。它专门嗅探网页视频中视频的真实下载地址。当看到喜欢的视频时,把鼠标放在视频页面中就可以出现"迅雷下载助手"图标,选择图标中的"下载"就出现对话框,选择【立即下载】就可以了。

3. 设置硬盘保护

现在的下载速度通常较快,因此如果缓存设置较小的话,极有可能会对硬盘频繁进行写操作,时间长了会对硬盘不利。事实上,只要单击【常用设置】→【配置硬盘保护】→【自定义】,然后在打开的窗口中设置相应的缓存值,如果网速较快,设置得大些;反之,则设置得小些,建议值为 2 048 KB。

4. 下载完成自动关机

使用迅雷下载大量的资料时,经常会进行下载任务后就离开计算机,由于不知道下载需要花费多少时间,计算机往往会下载完资料后仍然开机运行,造成资源浪费。当遇到这样的情况时,可以在迅雷中设置"自动关机",在迅雷主窗口中选中【工具】→【完成后关机】项,这样一旦迅雷检测到所有内容下载完毕就会自动关机,此技巧在晚上下载东西时比较有用,再也不用担心下载完成后计算机"空转"。

(二) IDM

Internet Download Manager 简称 IDM,是一款多线程下载工具软件。与大众下载工具迅雷对比,迅雷常常出现版权受限下载或者要求你开通会员才能获得更佳的下载速度,而 IDM 则是一个无须会员的下载软件,无须多余的付费,和迅雷是互补关系。此外,IDM 还因其良好的下载性能而著称,下载一些软件、文档、百度网盘文件,IDM 的优势就显现出来了,多线程下载不限速。下面就以下载小学教师授课资源为例,对 IDM 使用方法进行介绍。

1. 安装步骤

首先通过搜索引擎搜索关键词"Internet Download Manager",进入网站下载软件客户端,并按照安装提示直到安装完成,在桌面会生成该下载工具的快捷图标。安装软件完成后一般会自动集成在浏览器中,方便我们在浏览中找到合适的教学资源后点击下载。

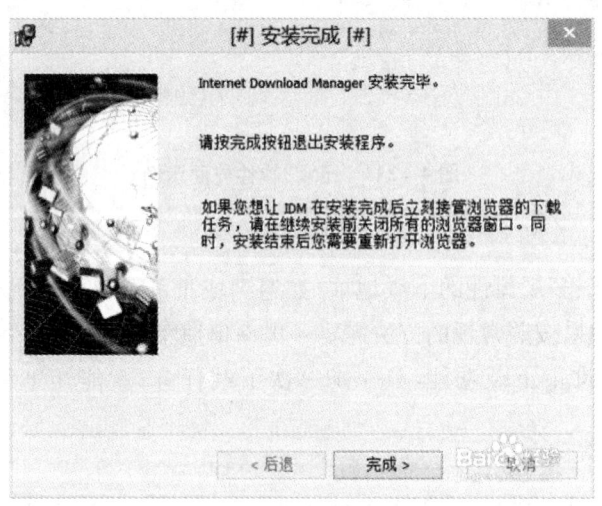

图 4-22 IDM 软件安装示例

2. 操作步骤

第一步,打开软件,软件的界面十分简洁。

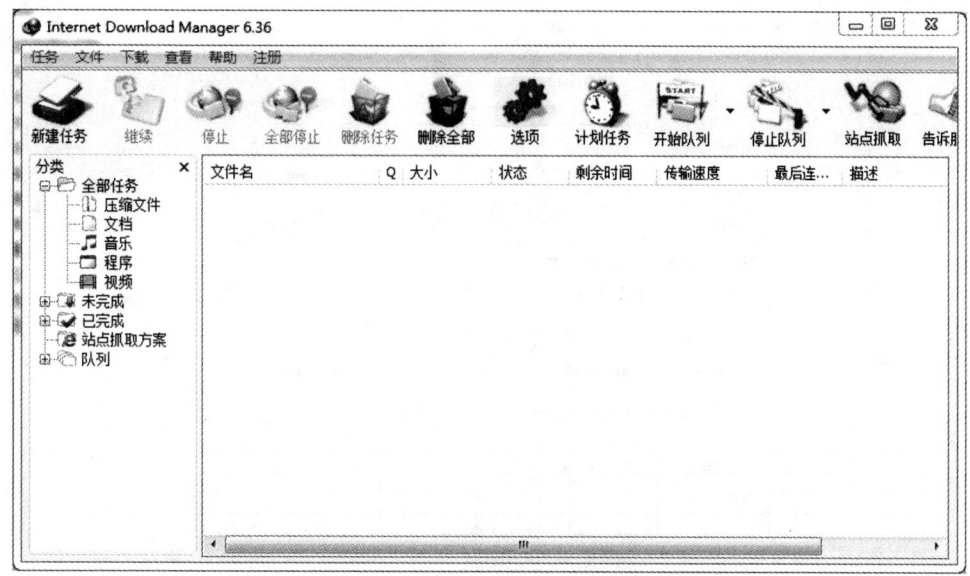

图 4-23 IDM 软件打开界面

第二步,点击"新建任务",在弹出的"输入新任务的地址"界面中,输入要下载资源的网址,点击"确定",可以自动下载资源,也可以根据设置把不同文件类型下载至不同文件夹中。

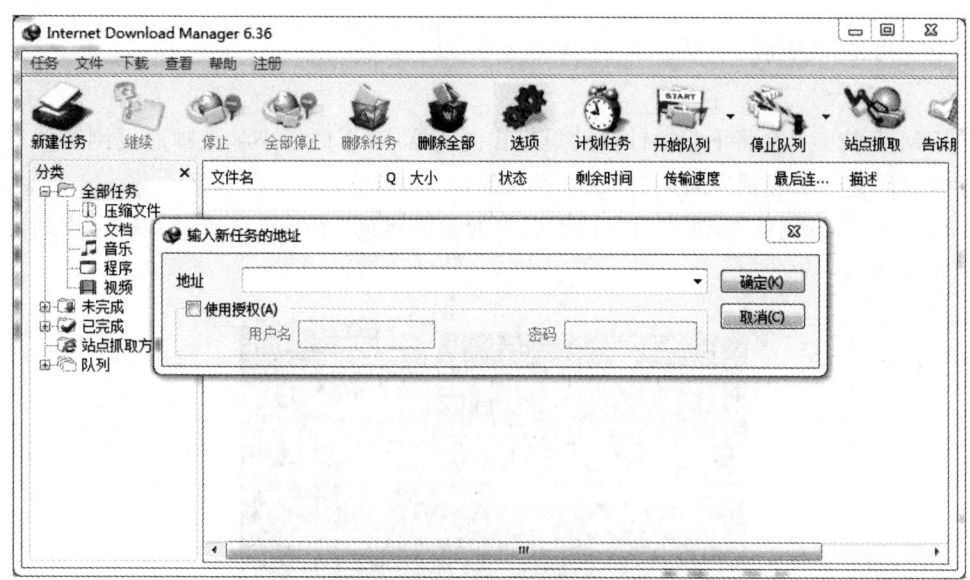

图 4-24 IDM 新建任务示例

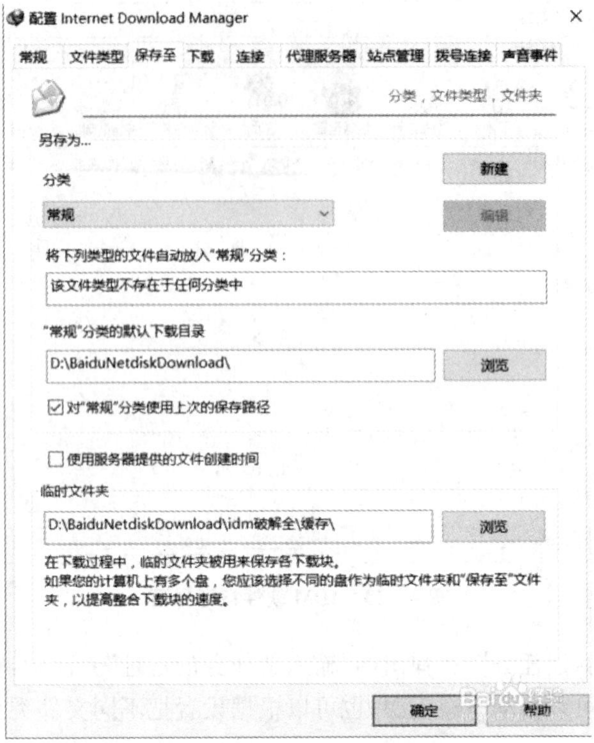

图 4-25　IDM 下载文件保存类型示例

第三步，下载完成。

3. 应用案例

IDM 下载工具会将下载插件自动集成在浏览器中，下面以小学教师通过浏览器下载小学教育研究方法视频为例介绍 IDM 下载工具。

第一步，打开浏览器，通过百度搜索引擎搜索关键词"小学教育研究方法"，找到合适的视频资源。

图 4-26　浏览器网络视频资源搜索示例

第二步，点击视频右上角 IDM 插件"下载该视频"选项，IDM 自动弹出下载界面，点击"开始下载"选项。

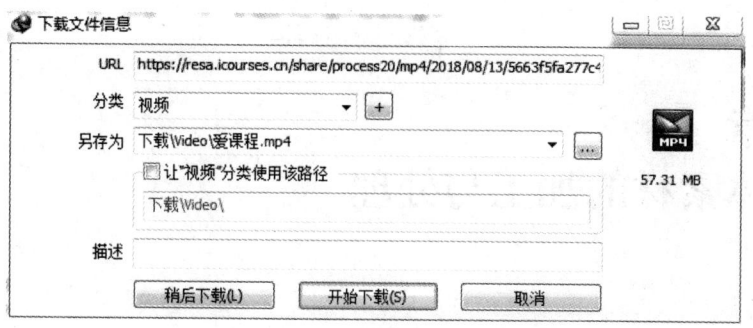

图 4‑27　浏览器 IDM 插件下载资源示例 1

第三步,下载完成,打开文件夹可以看到下载的视频文件。

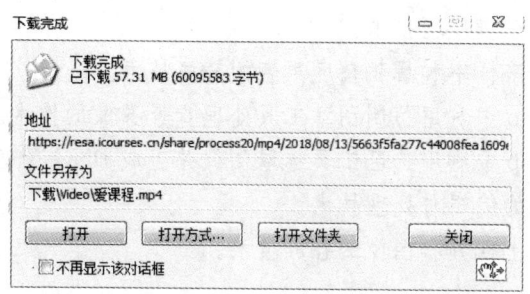

图 4‑28　浏览器 IDM 插件下载资源示例 2

随着网络技术的发展与应用,下载工具也越来越多,功能也越来越齐全,但不同的下载工具大同小异,基本操作方法都差不多。限于篇幅,其他专用下载工具就不再赘述,读者可以根据自己的喜好及需求,选择适合的下载工具。

[思考与练习]

1. 简述网络教育资源的类型与特点。
2. 选择一个搜索引擎,利用各种技巧来练习查找相关资源,如查找"网络教育资源的特点"。
3. 整理所学专业的优质小学教育资源网站,形成资源列表,并在全班分享。
4. 掌握使用网页浏览器下载网络资源的方法。
5. 自主练习提高使用工具下载和获取网络资源的能力,下载自己喜爱的各种小学教育资源。

第五章 多媒体素材的加工与处理

学习目标

1. 掌握声音的编辑与处理技术。
2. 了解两个不同采样率和量化精度声音的合成技术。
3. 掌握 Photoshop 中利用仿制图章工具处理背景图像的技术。
4. 掌握 Photoshop 中利用选区工具选取图像并生成 PNG 图像。
5. 掌握单个视频的编辑与处理技术。
6. 了解两个及以上视频和图像的合成技术。

知识点思维导图

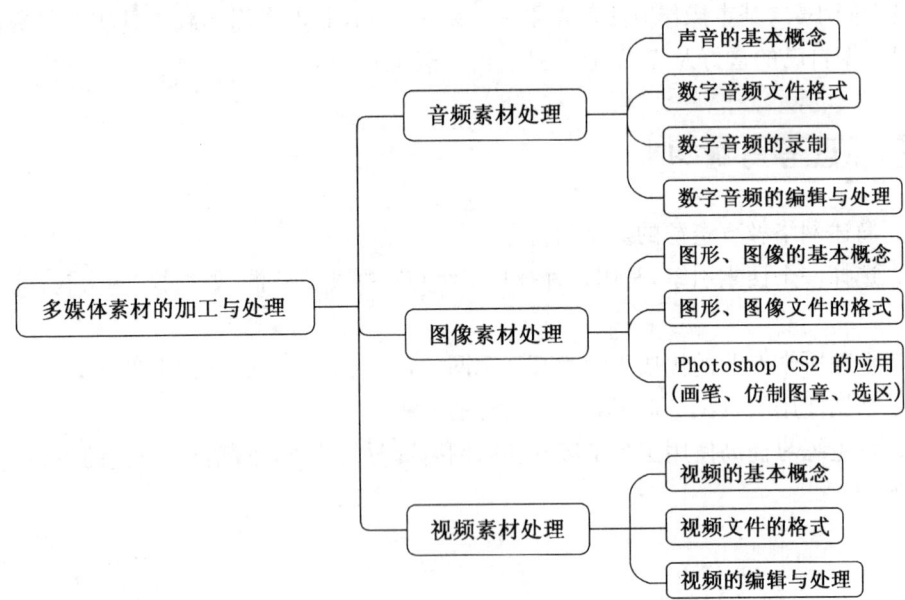

随着计算机技术、网络通信技术的发展，人类获得信息的途径越来越多，获得信息的形式越来越丰富，信息的获得也越来越方便、快捷，并且这些信息以不同的媒体形态呈现。

无论是课件的制作和微视频的录制,还是视频的编辑、处理等,都会用到多媒体素材,多媒体素材通常可以划分为文本、图形、图像、音频、视频和动画六类。根据皮亚杰的认知发展阶段理论,具体运算阶段(concrete operational stage,7—11岁)的儿童开始接受学校教育,出现了显著的认知发展。这一阶段儿童的认知结构已发生了重组和改善,思维具有一定的弹性,但他们形成概念、发现问题、解决问题都必须与他们熟悉的物体或场景相联系。小学生思维发展的基本特点是以具体形象思维为主要形式逐步过渡到以抽象逻辑思维为主要形式。但是这种抽象逻辑思维在很大程度上仍然是与感性经验相联系的,仍然具有很大成分的具象性。图形、图像、声音和视频等多媒体素材既可提供可视化的教学信息,又富于感染力,它们所呈现的信息适合小学生的认知规律和思维发展的特点,可充分应用于课件、教学视频、微课视频等教学资源中,从而服务于小学教育阶段的各学科教学。从小学全科教师教学需求出发,鉴于文本、图形生成的相对简单性以及动画设计与制作的复杂性,本章将主要讲述其中常用的三种媒体素材——音频素材、图像素材、视频素材的处理方法,即将不适合教学需要的媒体素材经过相应的媒体素材处理软件处理后,成为满足教学需要的媒体素材。

第一节 音频素材处理

音频素材是多媒体素材中不可或缺的一部分,数字化的音频素材常以解说词、背景音乐和音效的形式呈现。

一、声音的基本概念

(一)声音的基本属性

声音是通过一定介质传播的连续声波,具有波形的基本属性,可以用波形图来表示。声音是振动波,所以具有频率、周期、音速、振幅等属性。

(1)频率。每秒钟震动的次数称为频率,以 f 表示,单位是赫兹(Hz)。人耳能感受到的频率范围为 20—20 kHz,称为声频。高于 20 kHz 的声波称为超声波,低于 20 Hz 的声波为次声波。

(2)周期。声波完成一次振动所需要的时间称为周期。以符号 T 表示,单位是秒(s),周期和频率互为倒数关系。

(3)波长。声波在一个周期内传播的距离称为波长。

(4)音速。声波在媒介中传播的速度称为音速。

(5)振幅。指振动物体离开平衡位置的最大距离。

(二)模拟音频和数字音频

生活中听到的各种声音信息是典型的连续信号,它不仅在时间上连续,而且在幅度上也连续,称之为模拟音频。数字音频是一个数据序列,在时间上是断续的。数字音频是通过采样、量化和编码合成的,就是把用模拟量表示的音频信号转换成由许多二进制 1 和 0

组成的数字音频信号。

对计算机来说，处理和存储的只能是二进制，所以在使用计算机处理和存储声音信号之前，必须使用模数转换技术将模拟音频转化为二进制组成的数字音频信号。所谓模数转换就是将模拟信号转换为数字信号，其过程包括采样、量化和编码三个步骤。模拟音频向数字音频的转换是在计算机的声卡中完成的。声音信号的数字化过程如图5-1所示。

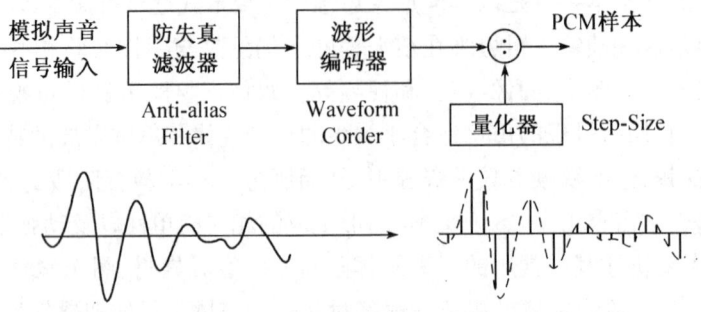

图5-1 声音信号的数字化过程

1. 采样率

它是数字音频特有的概念，当连续的声波信号通过模数转换为离散的数字信号时，每一秒中的采样次数，称为采样率。高采样率更接近原始的模拟信号，但会造成大的数据量。根据奈奎斯特理论，当正弦波信号的频率为 f 时，如果采样频率 fs 大于或等于 $2f$ 时，则可以无失真地还原出原来的模拟信号，人耳可听到的声波的频率范围在 20—20 kHz，采样频率要达到 40—40 kHz。考虑到数字电路的影响，必须提高 10%，则最高为 44.1 kHz。将时间轴上连续的信号每隔一定的时间间隔抽取出一个信号的幅度样本，采样率越高，声音的保真度越好，但所需的数据存储量也越大。常用的采样频率有 44.1 kHz、22.05 kHz 和 11.025 kHz。

2. 量化

量化是把采得的每一个样本值从模拟量转化成数字量，该数字量用几位二进制位数表示，就称它为量化精度。量化位数越大，量化精度越高，反之量化精度越低。常用的量化精度有8位和16位两种。它决定了声音的动态范围，量化精度越高，音质就越好。

3. 编码

采样和量化后的信号还不是数字信号，还需要把它转换成数字编码脉冲，这一过程称为编码。最简单的编码方式是二进制编码，即将已经量化的信号幅度值用二进制数表示，计算机内采用的就是这种编码方式。

模拟音频经过采样、量化和编码后所形成的二进制序列就是数字音频信号，可以将其以文件的形式保存在计算机的存储设备中，这样的文件通常称之为数字音频。

二、数字音频文件格式

常用的数字音频文件格式有 WAV 格式、MP3 格式、CDA 格式以及 WMA 格式等。

(一) WAV 格式

WAV 源自 WAVE 一词，意为"波"。WAV 波形声音文件格式在 Windows 操作系统中被广泛应用,它是对实际声音的采样,通常以话筒、录音机等为输入设备,再经过计算机中的声卡采样、量化及编码后存储在计算机中。WAV 文件在计算机中得到了很好的支持,有很多播放软件可供选择。但由于文件的容量较大,播放一分钟声音的 WAV 文件,大小在 10 MB 左右,因此,它不适合长时间记录高质量的声音。

(二) MP3 格式

MP3 是目前最流行的声音文件格式之一,它是采用 MPEG Layer 3 压缩标准对波形文件压缩而产生的文件格式,因其压缩率大,往往只有 WAV 文件的 1/10,在网上音乐、网络可视电话等方面应用十分广泛,在课件和微课视频中也被广泛应用。在电脑中,可以播放 MP3 的软件有许多种。MP3 文件也可以用专门的 MP3 随身听来进行播放,有些多功能的台式 VCD 也可用来播放 MP3 文件。

(三) CDA 格式

CDA 即音乐 CD 唱片所采用的文件格式,其扩展名为 cda。它记录的是声音的波形流,音质纯正,缺点是无法编辑且文件太大。

(四) WMA 格式

WMA(Windows Media Audio),扩展名为 wma,是微软公司开发的一种音频文件格式。WMA 格式的音频音质与 MP3 相当,在保证声音品质的前提下,其压缩比达到 1∶18。特点是 WMA 格式的音频音质好,文件体积小,支持流媒体技术等,所以它既适合表示长时间的背景音乐,也适合表示解说和效果声,但是其格式的通用性和普及性不如 MP3 广泛,如 Flash 中就不可以直接导入它。

三、数字音频的录制

在没有专门的录音软件的情况下,可以直接利用 Windows 系统附件中的录音机录制计算机内部或外部的声音。下面以 Windows 7 系统为例,基本步骤为:准备好录音设备,如果要录制来自麦克风的声音,则必须连接好麦克风,并设置录音通道为"麦克风";如果录制来自计算机内部播放的声音,录音通道需要设置为"立体声混音"。

(一) 音量与声卡属性设置

第一步,通过双击工具栏的图标小喇叭,打开声音控制面板,如图 5-2 所示的音量设置。

第二步,在音量设置对话框中,通过"选项/属性"命令,弹出如图 5-3 所示的声卡属性设置,选择"录音",在"麦克风音量"选项打钩,就可以使用麦克风进行录音;如果没有选择,则只能录计算机本身的声音。

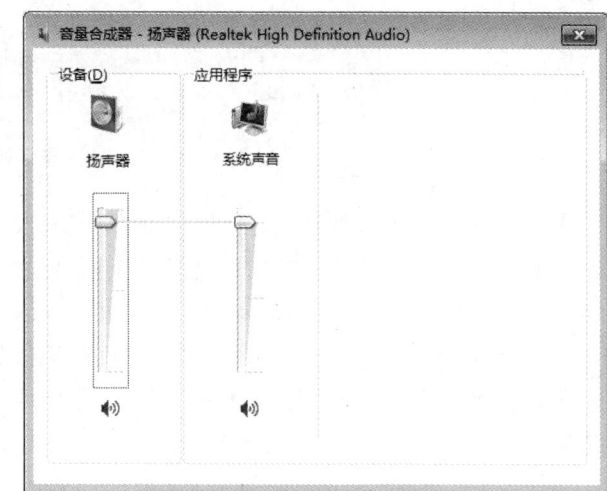

图 5-2 音量设置

图 5-3 声卡属性设置

(二) 录制与存储

第一步,把麦克风连接到计算机声卡的(Microphone)插孔。对于声音输入与输出分开的声卡,绿色孔为声音输入孔,红色孔为声音输出孔。目前的笔记本电脑,其声音输入与输出是同一孔,这时要录音,需选带耳麦的麦克风。好的录音源和传音设备是产生高质量数字音频的关键,用麦克风录制声音,要买质量好的产品,它对最终录制的声音产生重要的影响。

第二步,依次选择"开始"→"程序"→"附件"→"录音机"等命令,打开 Windows 自带的录音机,如图 5-4 Windows 录音机所示。

图 5-4 Windows 录音机

第三步,单击"录音"按钮,将准备好的解说词进行有准备的录制,录制完成后,按录音结束的"停止"按钮,再选择"文件"→"保存"按钮,保存文件为 WAV 音频文件,并且用户可以设置 WAV 音频文件的采样率和量化精度。在录制时需要注意的问题,早期版本的 Windows 录音机,一次录音只能录制 60 秒,如果没有录制完成,可以继续单击"录制"按钮进行录音;而 Windows 7 等在录制声音时,没有时间的限制,且系统默认的存储格式为 WMA。

四、数字音频的编辑与处理

通过麦克风录制的数字音频,因在录制过程中的误读、停顿、外界干扰等因素,造成所录的声音并不能作为最终的数字化音频教学资源在教学中使用,这时就需要通过声音处理软件对其进行后期处理。在选择数字音频编辑处理软件时,首先要知道软件具有什么功能,有些软件具有记录和编辑波形文件的标准功能,有些软件除了具有标准功能外,还具有一些常用的功能,如声道混合、频率分析等。数字音频录制软件除了 Windows 自带的录音机外,目前广泛使用的数字音频处理软件有 GoldWave、Wave Editor、Cool Edit、豪杰超级解霸等。[①] 在数字音频处理软件中应尽量选择相对比较专业的声音编辑软件,它们不仅可以进行长时间的录音,还支持对声音的进一步编辑,如声音的截取、音色与音调的调整、声音的合成、声音的连接、特殊音效等。下面以 Cool Edit 软件为例来进行说明。

(一) Cool Edit 的功能

Cool Edit 目前也有多种版本,但基本功能是一致的。它可以在普通声卡上同时处理多达 64 轨的音频信号,具有极其丰富的音频处理效果,并能进行实时预览和多轨音频的混缩合成,是个人音乐工作室的音频处理首选软件。它还提供有多种特效为数字音频增色:放大、降低噪音、压缩、扩展、回声、失真、延迟等。用户可以同时处理多个文件,轻松地在几个文件中进行剪切、粘贴、合并、重叠声音操作。

(二) Cool Edit Pro 的工作界面

Cool Edit Pro 的工作界面分为单轨波形界面和多轨波形界面,分别如图 5-5 和图 5-6 所示,主要由标题栏、菜单栏、工具条、状态栏、操作区、文档区、波形区等组成。单轨波形界面和多轨波形界面的菜单是不一样的。

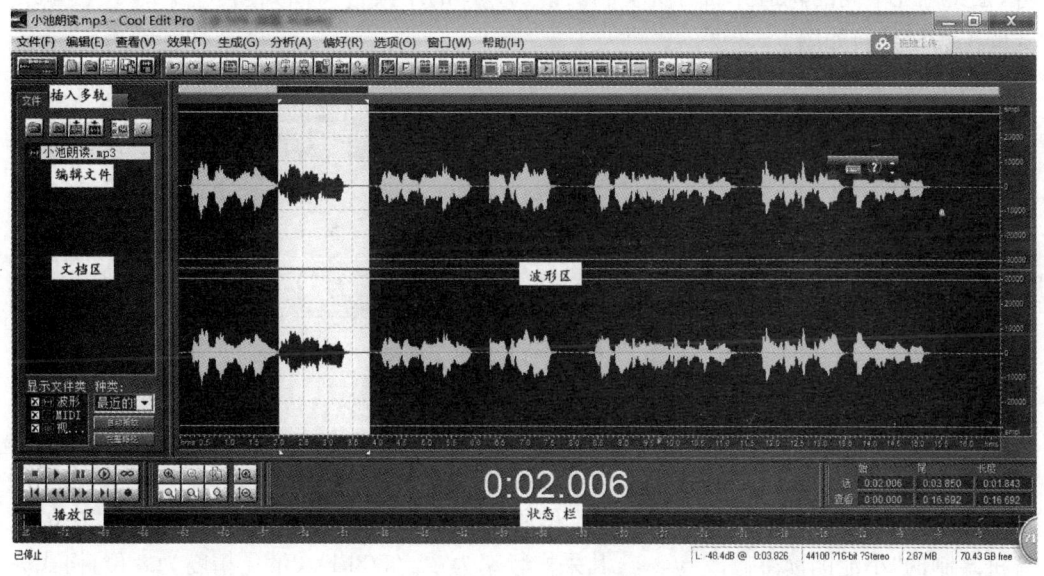

图 5-5 单轨波形界面

---

① 高延武,隋春荣. 多媒体课件设计与制作[M]. 北京:人民邮电出版社,2014:15.

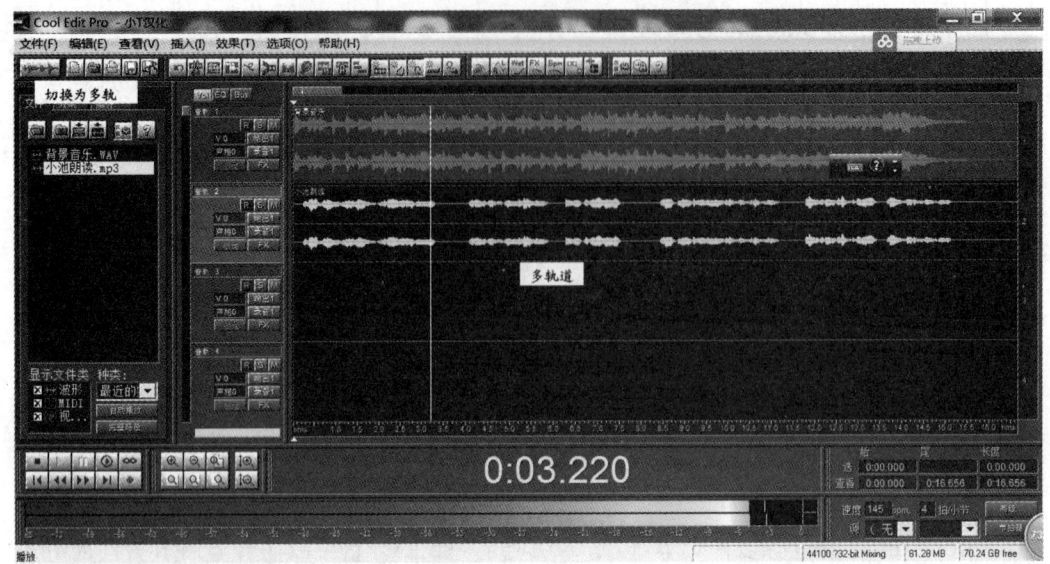

图 5-6 多轨波形界面

（三）Cool Edit Pro 的菜单栏和工具栏

Cool Edit Pro 的菜单栏因为界面不同而有所不同，在多轨界面中菜单栏有 7 项，包括文件菜单、编辑菜单、查看菜单、插入菜单、效果菜单、选项菜单、帮助菜单。多轨界面的菜单用于不同轨道的音量调整、位置调整、声音插入、剪切复制等混音合成编辑。在单轨界面中，菜单栏有 10 项，包括文件菜单、编辑菜单、查看菜单、效果菜单、生成菜单、分析菜单、偏好菜单、选项菜单、窗口菜单和帮助菜单。它们的主要任务是进行录音、编辑、设置等，工具栏在不同的轨道界面有所不同。单轨方式的工具栏界面如图 5-7 所示，多轨方式的工具栏界面如图 5-8 所示。

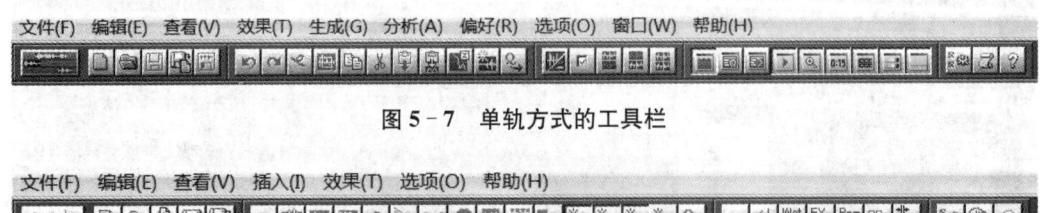

图 5-7 单轨方式的工具栏

图 5-8 多轨方式的工具栏

（四）录制声音的编辑与存储

录制声音的编辑与存储以"小池朗读.wav"为例来进行说明。当录制的声音达不到使用要求时，需要对其进行编辑处理。本例所用的数字音频为 Windows 系统附件中的录音机录制的"小池朗读待修改.wav"，其采样频率为 22.050 kHz，量化精度为 8 位，格式为 WAV，进行声音编辑的基本步骤如下：

第一步，首先启动 Cool Edit Pro 软件，软件启动后，会出现多轨工作界面，此时，由于在轨道中还没有导入波形文件,能看到没有波形文件的空白多轨工作区。

第二步,选择文件区中左上方的文件夹,利用鼠标点击该文件夹,会出现一个打开波形文件对话框,如图 5-9 所示,选择存放"小池朗读待修改.wav"的文件夹,将"小池朗读待修改.wav"声音文件打开,注意观察对话框右侧显示文件信息中的文件信息,显示采样频率为 22 050 Hz(22.050 kHz),量化精度为 8 位。

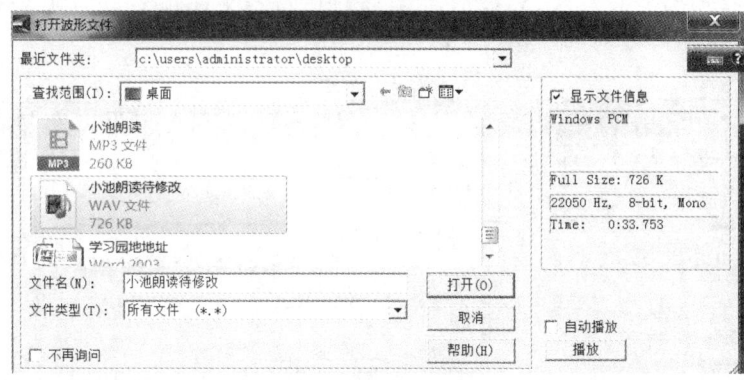

图 5-9 打开波形文件

第三步,当声音文件导入后,在文件夹的下侧、文档区的上侧可以看到一条增加的导入声音文件名,名称显示为"小池朗读待修改"。这时利用鼠标点击"小池朗读待修改"文件名,进入单轨波形界面。

第四步,当声音文件在单轨波形界面出现后,能看到声音的完整波形,其中波形幅度大的地方,音量较大,反之,声音较小。利用操作区的操作按钮进行播放、暂停、循环播放等操作,找出存在问题的声音区间。

第五步,找到存在问题的区间后鼠标将其选中,选中的区域呈现灰白色,如图 5-10 所示,利用键盘上的【Delete】键将其删除。

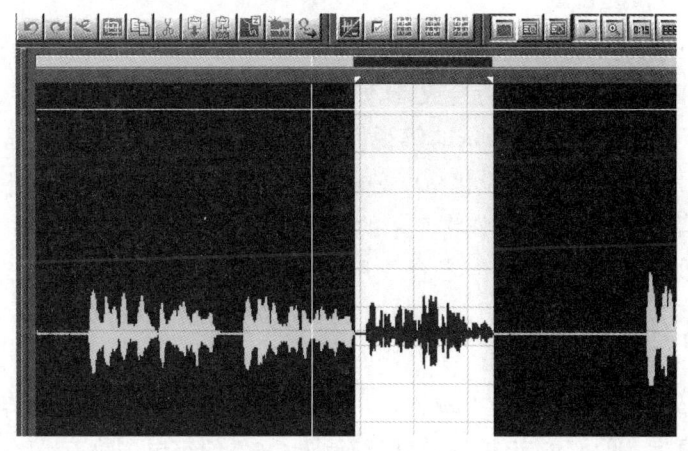

图 5-10 删去部分波形文件

第六步,点击文件菜单下的【切换为多轨】界面,进入空白的多轨界面,此时已修改过的声音文件在文档区为一个缩略图,能看到文件名,这时选择文档区上方的【插入多轨中】,将声音插入到多轨道中的任意一条音频多轨中。在插入到音频多轨前,利用鼠标的左键首先在众多轨道中选择一条轨道和起始点。此时只有一个声音,选择音频轨道 1 即可。

第七步,可以对音频轨道中的声音进行输出并存储,此时,选择【文件】菜单,在弹出的菜单中选择【混缩另存为】命令,会弹出混缩另存的对话框,如图 5-11 所示,选择用户的输出目录,选择输出类型为 ACM 波形,并在选项中选择采样频率 44.100 kHz、量化精度为 16 位、立体声。

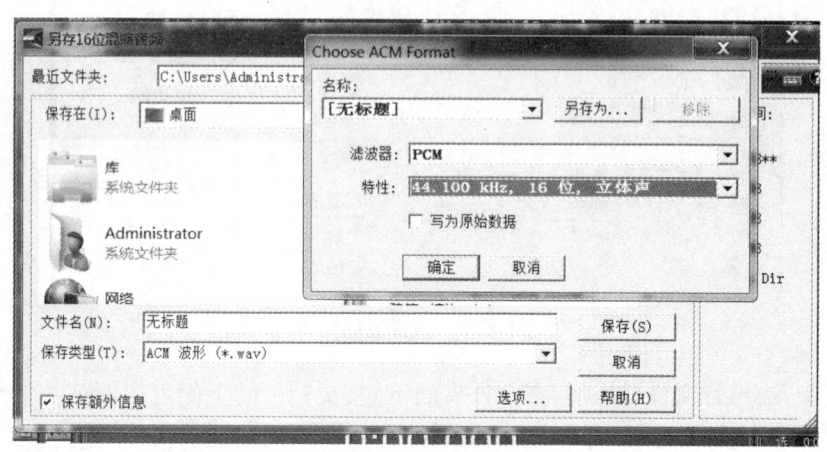

图 5-11 声音存储

说明:经过编辑处理后,将原来有问题的声音从采样频率 22.050 kHz、量化精度为 8 位处理为采样频率 44.100 kHz、量化精度为 16 位的声音。这样做的目的,一是将录制中有问题的语句删除,二是将采样频率和量化精度进行改变,以便于同"背景音乐.wav"(采样频率 44.100 kHz、量化精度为 16 位)进行合成。

(五) 两个声音的合成

两个声音的合成以"小池朗读.wav"和"背景音乐.wav"为例来进行说明,在 Cool Edit Pro 中,可以将两个声音进行合成,比如一个作为解说词,一个作为背景音乐,两个声音合成为一个声音;即有背景音乐的解说。如果要实现两个声音的合成,在 Cool Edit Pro 中,两个声音的采样频率和量化精度必须保持一致,即相同的采样频率和相同的量化精度。如果两者数据不一致,首先将其中的一个声音在 Cool Edit Pro 中进行处理,使两个声音的数据保持一致。两个声音合成用的是已在前文处理过的声音("小池朗读.wav":采样频率为 44.100 kHz、量化精度为 16 位)和"背景音乐.wav"(采样频率为 44.100 kHz、量化精度为 16 位)。

第一步,首先启动 Cool Edit Pro 软件,软件启动后,会出现多轨工作界面,此时,由于在轨道中还没有导入的波形文件,能看到没有波形文件的空白多轨工作区。

第二步,选择文件区中左上方的文件夹,利用鼠标点击该文件夹,会出现一个打开波形文件对话框,选择存放"小池朗读.wav"和"背景音乐.wav"的文件夹,将"小池朗读.wav"和"背景音乐.wav"声音文件打开。

第三步，当声音文件导入后，在文件夹的下侧、文档区的上侧可以看到两条增加的导入声音文件名，名称显示为"小池朗读.wav"和"背景音乐.wav"。

第四步，点击文件菜单下的"切换为波形"按钮，或点击键盘的F12键，这时空白的多轨界面，文档区的上侧可以看到两条增加的导入声音文件名，名称显示为小池朗读和背景音乐。这时选择文档区上方的插入多轨中，将小池朗读插入到多轨中的第一条音频多轨中(声音的起点在轨道区的最左侧)；将背景音乐插入到多轨中的第二条音频多轨中(声音的起点在轨道区的最左侧)，如图5-12两轨道声音所示。

图5-12 两轨道声音

第五步，调整两个轨道声音的音量，使得二者匹配。两个声音，在同种播放设备中，其声音的大小是不一样的，如图5-12两轨道声音所示，背景音乐的幅度明显高于朗读声音的幅度。当利用控制区的播放按钮进行播放时，二者声音不协调。这时可以在朗读声音的音轨上点击鼠标的右键，在弹出的快捷菜单上，选择"调整音频块音量"按钮，会弹出一个滑动块。如图5-13轨道声音调整所示，其起始点值为零，向上为增加该轨道的音量，向下为降低该轨道的音量，结合着两个轨道的音量大小，分别增加音量和降低音量，使得二者匹配，达到合适的程度。一般来说，背景音乐轻柔、舒缓，音量小于朗读音量。

图5-13 轨道声音调整

第六步，输出与存储。此时，选择【文件】菜单，在弹出的菜单中选择【混缩另存为】命令，会弹出混缩另存的对话框，选择用户的输出目录，选择输出类型为ACM波形的WAV

格式或 MP3 格式均可。

说明：当两个声音进行合成时，其声音文件的格式可以不同，比如两个 WAV 格式的声音、两个 MP3 格式的声音，或一个 WAV 格式的声音与一个 MP3 格式的声音等均可以合成，但二者的采样频率和量化精度需要保持一致。如果将两个或两个以上的声音合成一个前后相接的声音，这时同样需要使它们的采样频率和量化精度保持一致，在多轨道界面中，将导入到轨道中的声音在同一个轨道中先后导入，并首尾相接，最后混缩另存为输出即可，当然，在多轨界面中，可以随时切换到单轨编辑界面中进行编辑。

（六）音频特殊效果编辑

在单轨波形界面中，将需要编辑的声音打开，在效果【菜单】中包含丰富的音频处理效果。主要包括以下几种：

1. 反相

将波形沿中心线上半部分和下半部分进行调整。

2. 倒置

将选择的波形开头和结尾反向。

3. 静音

将选中的波形做静音处理。

4. Direct X（效果插件）

Direct X（效果插件）中都支持 Direct 效果插件。

5. 变速和变相

用来改变音频的时值和音调。

6. 波形振幅

它可以有动态处理、渐变、空间回旋等扩展选项。

7. 常用效果器

包括合唱、延时、回声等扩展选项。

8. 滤波器

可以产生加重低音、突出高音的效果。

9. 噪音消除

噪音消除包括降噪器、破音修复、嘶声修复、卡塔声和噗声消除。

说明：噪音消除效果中的破音修复、嘶声修复、卡塔声和噗声消除等功能，可以对录入的解说词类型的声音进行处理，有效消除电路录入因设备引起的交流杂音。

音乐是人类最美丽的语言，音乐无国界，它能启迪人的心灵，开启人的智慧，好声音的合理使用能陶冶人的情操。在小学教育阶段，声音既可以单独使用，比如英语、语文的教学，也可以应用在课件、教学视频等教学资源中，服务于其他学科的教学。

第二节　图像素材处理

图像是多媒体素材中不可或缺的一部分，其特性与文本素材存在很多不同之处。文本素材倾向于抽象表述、说明或解析,需要学习者以一定的文字识别和处理能力作为基础,对学习者的影响是间接的,取决于学习者个体的理解和想象。图像则不同,它可以生动、直观地表现教学信息,帮助学习者分析、理解教学内容,能对学习者产生快速的、直接的影响,表达方式倾向于外露。利用图像的这种特性可以弥补文本素材在信息表达上的不足。图像是多媒体课件中最重要的媒体形式之一,也是学生最易感知和接受的表达方式。它具有形象、直观、生动表现大量信息等特点,它是分析教学内容、解释概念及现象最常使用的媒体形式,但首先需要经过合适的处理。在小学教育阶段的教学中,图像素材常应用在课件、教学视频、微课视频等教学资源中。

一、图形、图像的基本概念

(一) 矢量图形(Graphic)

矢量图形简称矢量图,它是指以数学方法表示和存储的,通过一组指令集来描述构成一幅图形的所有点、线、框、圆、弧、面等几何元素的位置、维数、大小和色彩的二维或三维的图形形状。矢量图像的优点是文件较小,分辨率完全独立。移动、缩放或更改颜色都不会影响其质量。缺点是图形色彩显示比较单调,图形看上去比较生硬,不够柔和、逼真。

(二) 位图(也叫点阵图)

位图是实际景物的映像,一般借助数码相机、摄像机和扫描仪等获取,经过模数转换后成为一组平面阵列的数字信息,阵列中的各项数字用来描述构成图像的各个点(像素)的信息。位图图像的优点是色彩显示自然、柔和、逼真。缺点是分辨率固定,图像在放大或缩小的转换过程中会产生失真,文件容量较大。

(三) 图像的分辨率

图像的分辨率和图像的大小成正比,图像的分辨率越高,所含的像素越多,图像就越清晰。如图像分辨率为 300 PPI(即每英寸有 300×300 个像素点),分辨率为 72 PPI(即每英寸有 72×72 个像素点),在课件制作中所用的图像,图像的分辨率为 72 PPI 即可。图像的清晰度与图像的分辨率成正比。图像分辨率以比例关系影响着文件的大小,即文件大小与图像分辨率的平方成正比。如果保持图像尺寸不变,将图像分辨率提高一倍,则其文件大小增大为原来的四倍。

(四) 图像的位分辨率

图像的位分辨率(Bit Resolution),又称位深,是用来衡量每个像素储存信息的位数。这种分辨率决定可以标记为多少种色彩等级的可能性。一般常见的有 8 位、16 位、24 位或 32 位色彩。有时我们也将位分辨率称为颜色深度。所谓"位",实际上是指 2 的平方位数,8 位即 2 的 8 次方,等于 256。所以,一幅 8 位色彩深度的图像,所能表现的色彩等级是 256 级。

(五) 设备分辨率

设备分辨率(Device Resolution),又称输出分辨率,指的是各类输出设备每英寸上可产生的点数,如显示器、喷墨打印机、激光打印机、绘图仪的分辨率。这种分辨率通过 DPI

来衡量，目前，PC显示器的设备分辨率在600 DPI—1 200 DPI之间。DPI中的点（Dot）与图像分辨率中的像素（Pixel）是容易混淆的两个概念，点是硬件设备最小的显示单元，而像素则既可是一个点，又可是多个点的集合。

（六）颜色模式

1. HSB 模式

色调（Hue）由颜色名称标识，如红色、橙色或绿色。饱和度（Saturation）是指颜色的强度或纯度。饱和度表示色相中灰色分量所占的比例，它使用从0%（灰色）至100%（完全饱和）的百分比来度量。亮度（Brightness）是颜色的相对明暗程度。

2. RGB 模式

即红色、绿色和蓝色。计算机彩色监视器的输入需要R、G、B三个分量，通过三个分量的不同比例，在显示器上合成所需要的任意颜色。

二、图形、图像文件的格式

在计算机中，位图文件的存储有多种不同的格式，以文件扩展名来区别，本书对图形文件格式不单独介绍。下面介绍几种位图文件格式：

（一）BMP 格式

BMP是Windows中的标准图像文件格式，它以独立于设备的方法描述位图，可用非压缩格式存储图像数据，解码速度快，支持多种图像的存储，常见的各种PC图形图像软件都能对其进行处理。

（二）GIF 格式

GIF是Graphic Interchange Format的缩写，即图形交换格式。它是一种压缩的8位颜色深度的图像文件。它的优点是数据量比较小，常用在网络传输上，其缺点是最多只能处理256种颜色，故不能用于存储逼真的图像文件。

（三）JPEG 格式

JPEG是Joint Photographic Experts Group的缩写，直译为联合图像专家组。它采用有损压缩（LOSSY）方案，这是所有压缩格式中最卓越的压缩格式。在压缩之前，可以通过对话框选择压缩质量，可以有效地控制压缩的质量损失。目前，JPEG文件为绝大多数的图形、图像处理软件所支持。

（四）PSD 格式

PSD格式是Photoshop的默认图像格式，可以保存图层、通道、文本等信息，以备以后再次修改，支持全部色彩模式，文件较大，通用性差。

（五）PNG 格式

PNG格式是Netscape公司开发的图像格式，主要用于网络图像，最大的优势是可以保存24位真彩图像，且具有透明背景和消除锯齿边缘的功能。常见的图标、按钮等多采用该格式。

三、Photoshop CS2 的工作环境

Windows 附件中的"画图"工具、专业的 Photoshop 以及面向大众的 iSee 图片软件、美图秀秀等图像处理软件都可以用来创建和编辑图像。利用这些软件可以绘制直线、曲线、椭圆、矩形和任意封闭图形,可以进行喷涂、着色、填充、擦除等操作,还可以进行修改、裁剪、浏览和编辑等处理。

Photoshop 主要处理以像素所构成的数字图像。Photoshop 有很多功能,在图像、图形、文字、动画效果等各方面都有涉及,使用其功能强大的编辑和绘图工具,可以有效地进行图片编辑工作。由于 Photoshop 有众多版本,下面以 Photoshop CS2 为例进行讲解。

启动 Photoshop CS2 应用程序,在【文件】菜单中打开一幅位图,其工作界面如图 5-14 所示。Photoshop CS2 的工作界面主要包括以下几部分:标题栏、菜单栏、工具选项、图像窗口、工具箱、状态栏、浮动调板。

图 5-14 Photoshop CS2 的工作界面

其中,标题栏显示图像文件的尺寸、位分辨率和色彩模式;菜单栏包括文件、编辑、图像、图层、选择、滤镜、视图、窗口、帮助等菜单命令;工具箱包括画笔、选区、图章、橡皮、剪切、污点修复、历史记录画笔、油漆桶、模糊、减淡、路径、钢笔、文字、矩形、点滴器、缩放等工具;工具选项则显示对应工具的选项命令,当工具不同时,工具选项中显示对应的工具选项命令也不同;打开【窗口】菜单中的命令选项,用户可以布置自己的浮动面板,其中图层面板是必打开的浮动面板之一,当打开图像时,在图层面板可以看到图像的缩略图,显示为背景图;状态栏显示当前打开图像所占用磁盘空间的大小信息。

四、新建文件与画笔工具

(一) 新建文件

启动 Photoshop CS2 应用程序,由于还没有打开和新建图像,图像窗口区为空白,在文件菜单,选择【新建】命令,会弹出新建对话框,在其中输入文件名"画笔应用",宽度 800,高 640,单位选择像素,分辨率为 72 PPI,颜色模式为 RGB,图像的位分辨率为 16 位、背景为白色,显示文件大小为 2.93 M。设置新建文件对话框如图 5-15 所示。确定文件后,便会在图像窗口看到新建的文件。

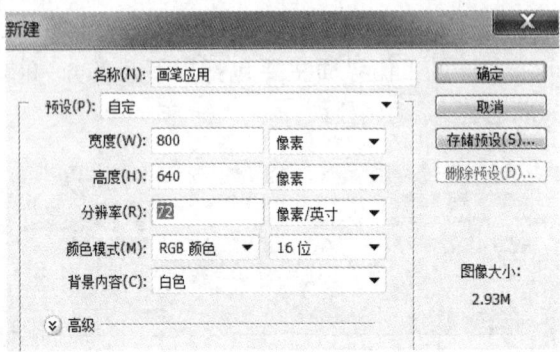

图 5-15 新建对话框

(二) 画笔使用

新建文件后,选择工具箱中的画笔工具,对画笔工具的工具选项进行设置,设置画笔的直径(如 18 像素)和硬度,并可选择画笔的样式,如图 5-16 所示。画笔的颜色为前景色,通过【设置前景色】来进行设置,点击【设置前景色】,会弹出"拾色器"窗口,如图 5-17 所示。

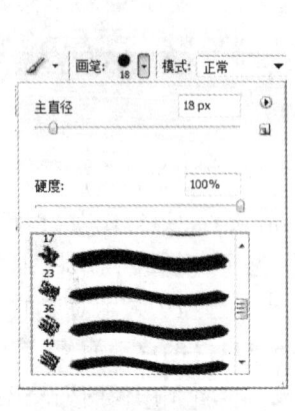 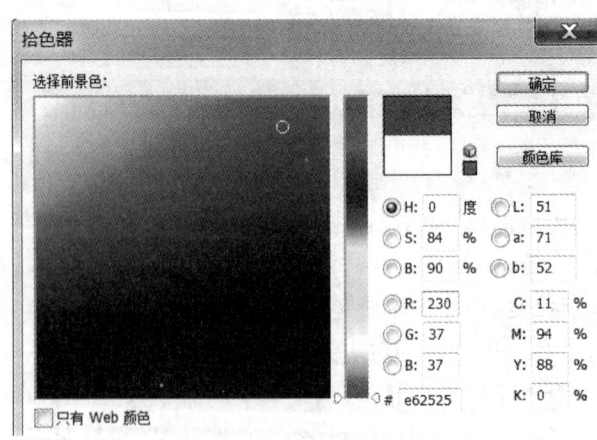

图 5-16 设置画笔　　　　图 5-17 拾色器

在拾色器窗口,首先在色带上进行精选,再到"选择前景色"窗口进行选取,选取的颜色会在颜色窗口中对应显示,此时其 HSB 和 RGB 都有数据的显示,其中 RGB 中显示的是其红、绿、蓝三个分量的值,在0—255之间,确定后工具箱中的前景颜色已改变,同样的道理,可以设置背景色,结合【工具选项】中画笔工具的模式、不透明度和流量,就可以在文件窗口利用画笔进行作图。如图5-18是应用画笔样式为小草、画笔直径为134像素、模式为正常、不透明度为100、流量为100所画小草;画笔直径为7、14、30像素等,画笔样式为粉笔、尖角、柔角等,模式为正常、不透明度为100、流量为100所绘图画。其中画笔样式的设置同后续介绍的橡皮和仿制图章中的设置方式是一样的。

图5-18 画笔应用

五、仿制图章工具的应用

在Photoshop CS2中,图章工具有两个,即仿制图章工具和图案图章工具,仿制图章工具的主要作用是建立一个仿制的图章,然后到图像中去重新生成,既可以生成到背景层上,也可以生成到新建图层上,还可以生成到另外的图像文件中去(在Photoshop CS2中,可以打开多个图像文件,但只有一个图像文件能处于编辑状态,可以在不同的编辑文件中自由切换),从而将图像中的部分内容进行复制、移动等。如将"仿制图章马.JPG"文件中的一匹马变成两匹马。

(一) 复制图像图层中部分内容

复制图像图层中部分内容以"仿制图章马.JPG"文件为例。将"仿制图章马.JPG"文件打开,在图像窗口可以看到打开的图像,并在图层浮动面板中的背景层可以看到图像的缩略图。接下来的操作步骤如下:

第一步,在图章工具中选取【仿制图章工具】,在工具选项中设置画笔为柔角样式、直径为35像素,模式正常、不透明度为100,流量为100。

第二步,制作仿制图章,选取【仿制图章工具】,到取样点,如马的眼部,按下ALT键的同时,到马的眼部点击一下,此时,就已做成了仿制图章。此时确立的是仿制的起始点,在图像的何处确立起始点,并没有特定的要求。

第三步,新建立一个图层,在浮动面板的【新建图层】点击一下,在背景层上建立一个新建立的透明层。

第四步,复制图像,在新建立的透明层上,不停涂抹,可以将另一只马从眼部开始复制,直到涂出另一只马,这时由于涂抹的关系,会将马周围的色彩也复制过来,从而影响图像的整体效果。

第五步,将图像的背景层隐藏,即将背景层左侧的眼睛关闭即可。在新建的图层中,利用橡皮工具,将新建图层中马周围多余的部分去掉,此时,应用橡皮工具时,可以设置画笔的样式为柔角45像素、模式为正常、不透明度设为50、流量设为50,顺着马的边缘进行擦除,直至将新建图层中的马处理干净。其中画笔的直径以像素为单位,具体设定值可参考画笔在图像中的显示比例确定。

第六步,利用【编辑】主菜单中的【自由变换】,将新建立图层中的马进行缩放和切变,从而形成与原来图像相对而立,并缩小的马的图像。原图如图5-19所示,经过仿制图章工具操作处理后的图如图5-20所示。

图5-19 原图

图5-20 仿制图章工具应用

（二）背景应用

在做课件时,常用到背景图片;对视频进行编辑时,也可能会用到背景图片。背景图片的基本要求是80%的区域保持相对纯净,这样才不会影响课件中其他媒体素材的呈现,而作为背景图片中的图案只能起到衬托的作用,而不能喧宾夺主。如图5-21和图5-22的两张图也同样是用仿制图章工具处理前和处理过的图像。其中背景图片,左上侧的人物用仿制图章的取样点为图像的中间比较纯净的部分,而对于背景原图右下侧文字的处理取样点是文字上方的纯净部分,对于图像上方的人物也是利用中间区域作为取样点,以50的透明度的画笔样式进行,使用仿制图章工具,可以反复通过ALT键+点击鼠标,取合适的取样点,然后到新的需要的地方进行涂抹,在这一过程中,画笔的透明度调到50、流量调到50即可。

图5-21 背景原图

图5-22 背景处理图

六、选区的应用

当图像所选的区域比较复杂且不规则时,可以使用复杂选区工具。复杂选区工具包括套索工具、多边形套索工具、磁性套索工具三种,下面介绍其中的两种,一种是磁性套索工具,另一种是套索工具。以小学语文古诗词《小池》的封面和作者简介为例来说明。课件封面主要用来呈现作者写作的意境——小池、荷叶、蜻蜓、阳光等,课件作者介绍呈现作者图像。

(一)磁性套索工具的使用

磁性套索工具的使用以《小池》课件作者简介为例来说明,课件中呈现的效果有作者的说明和作者图像,其中没有经过处理的作者图像加入背景后的效果如图 5-24 所示。

第一步,利用菜单中文件命令【打开】,将"作者.JPG"图像打开。

第二步,双击浮动面板中的背景图层,在弹出的【新建图层】对话框中,选择【确定】命令,弹出如图 5-23 所示的新建图层对话框,按下【确定】,此时的背景层转换成透明层。

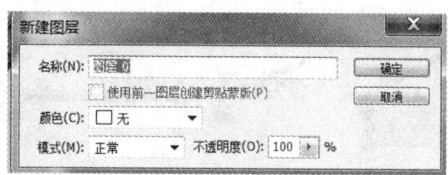

图 5-23 新建图层

第三步,磁性套索工具,这时在【工具选项栏】中设置选区为单选区,羽化值设为 10,其他选项按系统设定。

第四步,沿着人物的身体从底部开始,不停向上移动,在移动的过程中不停增加节点,每按一次鼠标增加一下节点,使增加的节点构成的线尽量紧贴着人物,经过一周到起点时,双击鼠标,这时就会出现一个封闭的选区线,代表人物被选中。

第五步,按下【选择】菜单中的【反相】命令,这时选区反相,即人物以外的部分被选中。

第六步,按下键盘上的 Delete 键,选中的区域被删除,剩下人物部分,由于其有近 10 个像素的羽化,其存成 PNG 格式后,能与其他图像有比较好的融入。

第七步,单击【文件】菜单,用【另存为】命令,将文件保存为 PNG 格式。将经过处理的作者 PNG 图替换原来的作者图,其效果如图 5-25 所示。

图 5-24 作者原图　　　　图 5-25 作者处理图

(二)套索工具的使用

套索工具的使用以《小池》课件封面为例来说明,课件封面呈现的效果包括文字、金鱼、蜻蜓等,其中没有经过处理的金鱼、蜻蜓图片加入背景图后的效果如图 5-26 所示。图 5-27 显示的图像是经过处理的图像叠加的效果,包括经过处理的金鱼、蜻蜓 PNG 图像和一张带有荷叶的背景图像。

图 5-26　原图叠加　　　　　　　　图 5-27　处理图叠加

第一步,利用菜单中文件命令【打开】,将"蜻蜓.JPG"图像打开。

第二步,双击浮动面板中的背景图层,在弹出的【新建图层】对话框中,选择【确定】命令,弹出如图 5-23 所示的新建图层对话框,按下【确定】,此时的背景层转换成透明层。

第三步,套索工具,这时在【工具选项栏】中设置选区为单选区,其他选项按系统设定。

第四步,沿着蜻蜓图像的身从底部开始,不停沿着想选出的区域移动,画出一个封闭的线,到线的起点时,这时就会出现一个封闭的选区线,表示所经过的封闭线的区域被选中。在本例中,到蜻蜓尾部时,让线贴着其尾部。其所选择的区域形成的选区如图 5-28 所示。

第五步,按下【选择】菜单中的【反相】命令,这时选区反相,即选区以外的部分被选中。

第六步,按下【选择】菜单中的【羽化】,将羽化值设为 10。

第七步,按下键盘上的 Delete 键,选中的区域被删除,由于其有近 10 个像素的羽化,存成 PNG 格式后,能与其他图像有比较好的融入。这时图像效果如图 5-29 所示。

图 5-28　蜻蜓套索选区图　　　　　图 5-29　蜻蜓反相羽化选区图

第八步,单击文件菜单中的【文件】命令,用【另存为】存为 PNG 格式。将经过处理的蜻蜓和金鱼替换原来图像中对应的部分,其效果如前面所给的图 5-27 所示。

说明:本例中的金鱼,由于其背景为白色,比较纯净,可以利用魔棒工具来对其进行处理。而对于蜻蜓图像,如果把蜻蜓作为要选出的主体,其主体之外的背景比较杂乱,对于这种情况,可以利用套索工具,自由选出用户的选区,再结合羽化的设置,删去不需要的部分,并将其存为透明的 PNG 格式,这种图像放置在其他图像上时,能较好地融入其他的背景。这种操作因为涉及多张图片的处理与结合效果,对于掌握图像处理软件 Photoshop 有限的用户,如果直接在 Photoshop 中打开多张图片,并处理成一张图片,需要用到多文件打开、图像大小更改、图像编辑、选区应用、图层应用、移动等操作,有较大的难度,建议将单张图像上需要的部分处理后保存成 PNG 格式,在需要时,再将多张图像在课件开发软件中插入,并调整位置与大小。

第三节 视频素材处理

视频素材是多媒体素材中重要的组成部分,既有听觉信息,又能呈现视觉信息,富于感染力,在情感转化方面有独特的作用。其具体、形象、生动,从两个通道提供信息,优美的声音加上合理的画面,从不同层面提示事物的规律,特别适合于人文学科情感教育。

一、视频的基本概念

(一) 视频

视频是由一连串连续变化的影像画面、声音组成的视听信息集合体。视频的主要特征是声音和动态影像画面保持同步、画面的动态呈现。数字化的视频信息是多媒体教学中表现力较强的媒体素材之一,其作为视频资源在教学中能够以生动形象的表达方式活跃教学气氛,提高学生的学习兴趣,寓教于乐,为学习者乐于接受。更重要的是视频素材具有二维以及三维的连续显示特性,因此可以清楚地表达一些比较抽象的专业概念,特别是对于一些具有动态连续变化过程的概念和内容,仅靠文本、声音、静态图像难以表达其全部意义,利用视频资源有利于学生对有关内容的理解和掌握,达到事半功倍的效果。

(二) 视觉暂留效应

人眼在观察景物时,光信号传入大脑神经需经过一段短暂时间,光的作用结束时,视觉也不立即消失。残留的视觉称"后像";视觉的这一现象称为"视觉暂留"。比利时科学家 J. A. 普拉托于 1829 年奠定了这一理论。经许多科学家研究确定,视觉暂留时间约为 1/5 秒到 1/30 秒。

电影作为最早的视频影像,在放映电影的过程中,画面被一幅幅地放映在银幕上。画幅移开时,光线就被遮住,幕上便出现短暂的黑暗:每放映一个画幅后,幕上就黑暗一次。但这一次次的黑暗,被人的视觉生理现象"视觉暂留"所弥补。当电影画面换幅频率达到每秒 15—30 帧时,观看者便见不到黑暗的间隔了。因此,电影发明初期,无声电影的标准换幅频率为每秒 16 帧（每秒输片 1 英尺），之后的有声电影则改为每秒 24 帧。为了使视频影像播放流畅，无跳跃感，播放速度应在 25 帧每秒（例如 PLA 制式的视频图像），而若要表现丰富的色彩，则要求画面颜色至少是 256 色，理想的应能显示 64 KB—16 MB 颜色。

二、视频文件的格式

这里所指的视频文件的格式，指的是数字形式的视频文件。

（一）AVI 格式

Audio-Video Interleaved（音频—视频交错文件），其文件扩展名为 AVI。AVI 格式的文件是将视频和音频信号混合交错地存储在一起，使得相邻时间内的视频和音频数据可以存储在同一个文件中，可以避免不必要的文件搜寻工作。AVI 视频文件应用非常广泛，并且以其经济、实用而著称。

（二）MOV 格式

MOV 是"MOVIE"的缩写，是美国苹果公司开发的一种视频格式，默认的播放器是苹果的 QuickTime Player。具有较高的压缩比率和较完美的视频清晰度等特点，其最大的特点是跨平台性，即不仅支持 macOS，同时也支持 Windows 系列。

（三）MPG 格式

MPG 文件是使用 MPEG 方法进行压缩后得到的动态视频图像，这种文件具有很高的压缩比、极快的帧速率和较好的图像声音质量，在影视作品方面得到广泛应用。一般用 Windows 自带的媒体播放器（Windows Media Player）即可播放。

（四）DAT 格式

DAT 格式是 VCD 专用数据文件格式，其文件扩展名为 dat。应用这种格式的文件结构与 MPG 格式的文件结构基本相同。

（五）RMVB 格式

这是一种由 RM 视频格式升级延伸的新视频格式，它的先进之处在于其打破了原先的 RM 格式那种平均压缩采样的方式，在保证平均压缩比的基础上合理利用比特率资源，就是说静止和动作场面少的画面场景采用较低的编码速率，这样可以留出更多的带宽空间，而这些带宽会在出现快速运动的画面场景时被利用。这样在保证了静止画面质量的前提下，大幅度提高了运动图像的画面质量，从而图像质量和文件大小之间就达到了微妙的平衡。

（六）ASF 格式

这是 Microsoft 公司为了和现在的 Real Player 竞争而推出的一种视频文件格式，它的英文全称是 Advanced Streaming Format，用户可以直接使用 Windows 自带的 Windows Media Player 对其进行播放，采用了 MPEG-4 的压缩算法。

（七）WMV 格式

WMV 的英文全称为 Windows Media Video，是微软公司推出的一种采用独立编码方式并且可以直接在网上实时观看视频节目的文件压缩格式。WMV 格式的主要优点包括：本地或网络回放、可扩充的媒体类型、部件下载、可伸缩的媒体类型、流的优先级化、多语言支持、环境独立性、丰富的流间关系以及扩展性等。

三、视频的编辑与处理

将模拟视频信号进行数字化后，还应该对数字视频素材进行编辑加工处理，取得理想的视觉效果后，才能在多媒体教学应用系统中使用。目前常见的专业视频处理软件有 Windows Movie Maker、会声会影以及 Adobe Premiere、快剪辑等软件，其中 Adobe Premiere 专业性较强，且对计算机硬件配置要求较高。在众多视频处理软件中，快剪辑是国内首款支持在线视频剪辑的软件，拥有较强大的视频录制、视频合成、视频截取等功能，支持添加视频字幕、音乐、特效、贴纸等，无强制片头片尾，并且软件本身所占用的硬盘空间非常小。下面以快剪辑为例，介绍视频处理的基本技术和方法。

（一）快剪辑工作界面

安装"快剪辑"软件后，会出现"快剪辑"图标，双击 Windows 桌面上的"快剪辑"图标，打开"快剪辑"的启动界面，按下【新建项目】按钮，如图 5-30 所示的快剪辑工作界面。其工作界面划分为视频播放区、素材添加区、工具区、编辑区（轨道）等部分。其中快剪辑编辑器，提供快剪辑的完整编辑功能，可以全面地控制视频制作的过程，添加素材、标题、效果和音效，而视频向导则可以通过快捷的步骤指导用户完成视频制作。

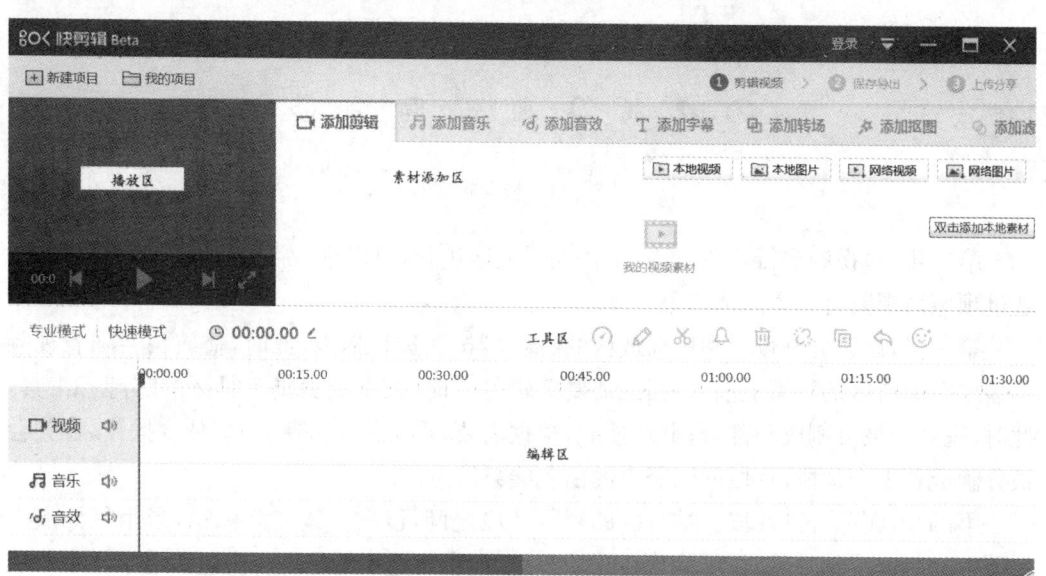

图 5-30 快剪辑工作界面

（二）视频的截取

如果视频较长，需要将其中的一部分进行截取，操作步骤如下：

第一步，加入视频素材。用鼠标双击【我的视频素材】按钮，此按钮呈灰白色，操作时没有明显的反应，但用鼠标双击时可以获取指定位置的【本地素材】，在打开的对话框中，找到对应的文件,如"汉语拼音.flv"视频文件。此时就可以在播放区看到该视频,并且在素材添加区看到该视频的缩略图,在编辑区看到在轨道上按时间顺序展开的视频。工具区的工具此时为可用状态,由未启动软件应用时的灰白状态变为黑色状态。如图5-31为有素材的快剪辑工作界面。工具区如图5-32所示,从左至右共9个工具,可对轨道中的视频和音频进行操作,依次为调整、编辑、分割、音量、删去、分离音轨、拷贝、回撤、美颜。

图5-31 有素材的快剪辑工作界面

图5-32 快剪辑工具

第二步,对视频进行预览,这一工作在播放区进行,可以进行播放、快进、暂停等操作,通过预览对视频有一个总体印象。

第三步,设置分割点。利用播放区的【播放】按钮进行播放,此时,播放头会随着视频的播放在编辑区的轨道上前进,当到需要剪辑的点时,按下快剪辑工具区的【分割】工具,此时,视频会被分割成两部分;继续播放,根据需要,再次使用分割工具,依次操作,视频会被分割成若干个片段,片段间以竖直的白色线条区分。

第四步,删除分割片段。被分割的视频片段之间,以白竖线作为标识,当用鼠标点中轨道中的一个视频片段时,其呈现较深的蓝色,而没有选中的呈现灰白色。对于选中的视频片段,可以利用快剪辑工具区的【删除】工具将其删除,由于此时的视频和音频并没有分离,当删除视频时,音频同时也被删除。说明:处于编辑轨道上的视频片段可以被随意拖动调整前后位置,从而实现视频片段的任意衔接。

第五步,视频输出。当视频剪切和调整顺序完成后,就可以输出了,此时按下快剪辑工作界面最下侧中央的【保存导出】按钮,在打开的对话设置区,可以设置是否增加片头功能,如果不增加可以设置无片头;可以选择输出的目录;选择输出的文件类型格式,有四种格式供选择:MP4、WMV、AVI、MOV。如果在课件中使用,推荐使用 WMV 格式。

(三) 视频的声音更改

如果对于视频原来的声音不满意,用户可以重新加入其他的声音。基本操作步骤如下:

第一步,将视频导入,并进行预览。

第二步,按视频截取的方式将视频截成片段。

第三步,分离音轨,此时按下快剪辑工具区的【分离音轨】工具,在没有使用【分离音轨】工具前,音频和视频在同一个轨道,此时的操作,如删除是对二者同时进行的。当使用【分离音轨】工具后,会将视频中的声音单独放在音乐轨道中,如果不需要此声音,可以将其删去,利用快剪辑工具区的【删除】工具将其删除。

第四步,添加声音。在素材添加区,按下【添加音乐】按钮,选择【本地音乐】,如背景音乐. MP3,此时可以在音乐轨道看到新增加的声音。

图 5-33 添加本地音乐

第五步,将新增加的声音进行截取。当增加的音乐轨道中的声音长度比视频轨道中的视频长时,就需要进行声音的截取,其方法同视频操作一样,设置声音的分割点,如图 5-33 所示,用同样的快剪辑工具区的【删除】工具将多余部分删除,使视频与声音同步。

第六步,视频输出。当视频剪切和调整声音完成后,就可以输出了,此时按下快剪辑工作界面最下侧中央的【保存导出】按钮,在打开的对话设置区,可以设置是否增加片头功能,如果不增加可以设置无片头;可以选择输出的目录;选择输出的文件类型格式。

说明:如果需要保留原来的声音,比如原来的声音是解说词,在视频剪切好并分离轨道后,可以在素材添加区选择【添加音效】按钮,进入【本地音乐】,查找下载好后的背景音乐,其将被放置在音效轨道,此时,可以对音乐轨道和音效轨道中的声音音量进行调整,对音效轨道中的声音长度进行长度的切割。当二者合适后,可以进行视频的最后输出。因前面已介绍过声音的专门处理软件,也可以将处理好的声音直接加入。另外,快剪辑本身是一款在线编辑软件,也可以在线查找音乐作为音效。

(四) 多视频的合成

多视频的合成以"汉语拼音.flv""儿歌.mp4""背景图片.jpg"为例来进行说明。

多视频的合成主要是指两个以上的视频的合成。比如有两个及两个以上的视频,分别将它们的片段截取,并合成为一个视频。在此过程中,可能用到添加字幕、在视频片段间添加图片、增加转场效果等,其操作步骤如下:

第一步,添加素材。用鼠标双击【我的素材】按钮,在打开的对话框中,找到对应的文件,如"汉语拼音.flv"视频 1 文件。再点击【添加剪辑】,在【本地视频】选择相应目录中"儿歌.mp4"视频 2,在素材缩略区就可以看到两个视频的缩略图。再次点击【添加剪辑】,在本地图片中选择一张图片,比如"背景图片.jpg"。

第二步,截取第一个视频。对"汉语拼音.flv"视频 1 进行截取,此时截取的过程,如同前面介绍的方法,根据需要删除和保留需要的视频片段。

第三步,截取第二个视频。对"儿歌.mp4"视频 2 从素材区的缩略图,利用鼠标左键选择并拖动到编辑区的轨道中,这时其将出现在"汉语拼音.flv"视频 1 的后面。按截取的过程,根据需要保留需要的"汉语拼音.flv"视频 1 和"儿歌.mp4"视频 2 片段。

第四步,添加图像素材到视频轨道。找到素材区图像的缩略图,利用鼠标左键选择并拖动到编辑区的轨道中,此时,在视频轨道中可以增加图像的位置为视频的分割点,当然,可以导入多张图片,放在不同的视频的分割点处,此时的工作界面如图 5-34 所示(每张导入的图片在视频播放时约 4—5 秒钟)。

图 5-34　多视频、图像合成工作界面

第五步,添加字幕。当视频和图片都编辑、截取,并调整到合适的位置后,如果需要增加字幕,选择播放按键,在需要增加字幕的地方,选择暂停,点击【添加字幕】按钮,此时会弹出添加字幕界面,选择字幕样式,并输入字幕,选择完成,如图5-35增加字幕。增加字幕后再回到工作界面。

图5-35　增加字幕

第六步,实现转场效果。转场效果主要是指两个视频片段的过渡效果,如果两个不同的视频合成时,由于其画面的色调、亮度存在一定的差异,如果没有过渡转场效果,两个视频播放的衔接处就会比较生硬。转场效果的实现是当播放到两个视频的连接处,按下【添加转场】按钮,选择一种转场效果,如图5-36所示。

图5-36　转场效果

说明:如果两个视频中的声音不适合,同样可以将原有的声音删去,并增加新的声音;也可以在保留原有声音的基础上,根据需要,在不同的区域增加音效。

第七步，调整与输出。对增加了字幕、背景图、两个经过截取的视频片段进行统一观看，并根据需要进行调整。此时按下快剪辑工作界面最下侧中央的【保存导出】按钮，在打开的对话设置区，可以设置是否增加片头功能，如果不增加可以设置无片头；可以选择输出的目录；选择输出的文件类型格式。

说明：当视频合成时，最好两个视频的帧高度和帧宽度保持一致，如都是 640×360 等，在输出时才能保持在播放器中完整显示，如果导入的图像素材的宽与高与视频的不一致时，可先将图像的宽与高在图像处理软件中进行调整，使图像的宽度和高度与视频的帧宽度和帧高度保持一致，最终输出的视频才会保持均衡的显示，即在输出的视频中能完整地显示出图像，否则图像会拼接来适应视频的窗口，影响美观。

快剪辑中还有其他的工具，如调速、音量控制、拷贝和美白以及添加抠图特效、添加滤镜特效，这些功能可以结合对轨道中视频和音频的编辑一起使用。

[思考与练习]

1. 录制与编辑一篇小学语文课文的数字音频并为其配乐。
2. 录制与编辑多首小学语文古诗词的数字音频并为其配乐。
3. 下载一张图像并将其处理成合适的课件背景图。
4. 从一张图像中选取部分选区并存储成 PNG 格式。
5. 将一段视频进行编辑处理并重新存储。
6. 将两个以上的视频、图像进行剪辑、配乐并输出。

第六章 多媒体课件的设计与制作

学习目标

1. 掌握多媒体课件的定义和分类。
2. 掌握多媒体课件的设计原则。
3. 掌握多媒体课件的设计流程。
4. 掌握演示文稿的基础知识和基本操作。
5. 熟练应用 PowerPoint 制作多媒体课件。
6. 了解 Focusky 工作界面。
7. 掌握 Focusky 制作课件的步骤。

知识点思维导图

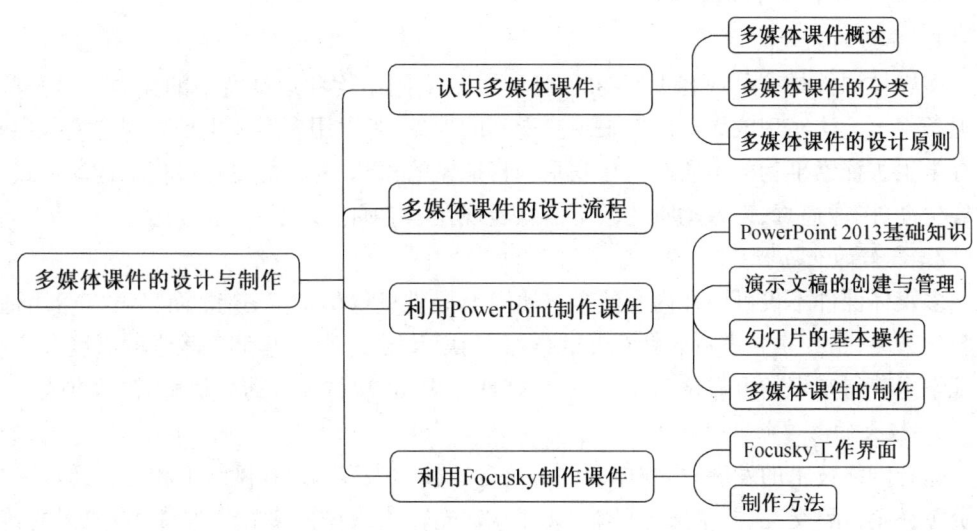

信息技术的迅速发展和普及,对现代教育教学工作提出了更高、更新的要求。多媒体课件的设计与制作是目前信息技术教育中一个重要内容,它代表了教育领域中计算机应用技术的发展方向,是教育信息化的重要手段,也是学科教学中教师备课的最佳选择之

一。多媒体课件以自己独特的优势,在教育教学中充当了重要的角色,一方面,多媒体课件将文字、图片、声音、动画等多媒体组织起来,既能增强学生对学习内容的理解,又能充分激发学生的学习兴趣;另一方面,它又具有直观演示、人机交互、实时操作等多种形式,能充分发挥学生学习的主动性,提高教学效率。多媒体教学现已成为探索学校教学改革的一条途径,也是学校教育现代化建设的重要内容。

第一节 认识多媒体课件

一、多媒体课件概述

(一)多媒体课件的定义

"媒体"(Medium)指用于传递与获取信息的中介物、媒介物、工具或技术手段等,如报纸、书刊、电视、电影、幻灯、投影、计算机等。"多媒体"(Multimedia),是计算机领域约定俗成的术语,指文字、图形、图像、声音、视频、动画等多种信息符号以及处理和呈现这些信息符号的媒介技术。由于计算机本身也是一类信息工具(媒体),所以在计算机技术领域中的"多媒体"就成为有别于"媒体"的专门术语。①

多媒体在教学中的应用即多媒体教学,通常将能够独立或辅助完成一定的教学任务的多媒体教学软件称为多媒体课件,简称"课件"。多媒体课件是根据教学大纲的要求和具体教学的需要,经过系统的教学设计,交互地综合处理文字、图形、图像、动画、音频和视频等多种信息的一种教学软件。

(二)多媒体课件的特点

1. 丰富的表现力

多媒体课件具有呈现客观事物的时间顺序、空间结构和运动特征的能力。对一些在普通条件下无法实现或无法用肉眼观测得到的现象,可以用多媒体生动直观地模拟出来,引导学生去探索事物的本质及内在联系。将抽象的概念、复杂的变化过程和运动形式,以内容生动、图像逼真、声音动听的教学信息展现在学生面前。

2. 良好的交互性

多媒体课件不仅可以在内容的学习使用上提供良好的交互控制,而且可以运用适当的教学策略,指导学生进行有针对性的学习;利用及时反馈信息,调整教学的深度和广度,保证学生获得知识的可靠性与完整性,更好地体现出"因材施教的个别化"教学方式。

3. 极大的共享性

随着网络技术的发展,多媒体课件所包含的教学内容可以在网络上相互传递,使得教育资源在全世界交互、共享成为可能。以网络、光盘为载体的多媒体课件,使知识的传播不再受时间、地点的限制,学习者根据自己的实际情况,选择合适的学习内容及各种教学媒体,有效地完成学习任务。

---

① 隋春荣,宋清阁. 多媒体课件设计与制作(第 2 版)[M]. 北京:人民邮电出版社,2016:1.

4. 有利于知识的同化

采用多媒体进行教学,可以通过多种媒体通道传播信息,各种媒体相互补充,使知识信息的表达更加充分,更容易理解。

(三)多媒体课件的构成元素

多媒体课件通过文字、图形、图像、声音、视频及动画等元素来传递教学信息,从而提高教学效率和教学质量。

1. 文本

文本是以文字和各种专用符号表达的信息形式,它是现实生活中使用得最多的一种信息存储和传递方式。文本具有准确性和概括性的优点,擅长表现复杂抽象的概念和刻画对象的细节。用文本表达信息给人充分的想象空间,它主要用于对知识的描述性表示,如阐述概念、定义、原理和问题以及显示标题、菜单等内容。

2. 图像

图像是多媒体软件中最重要的信息表现形式之一,它是决定一个多媒体软件视觉效果的关键因素。图像以其生动、形象的特点能够提高教学信息的呈现与接受效率,增加教学内容的观赏性和趣味性。

图像包括矢量图和位图。矢量图是由线连接的点,矢量文件中的图形元素称为对象。它的特点是放大后图像不会失真,和分辨率无关。位图由像素(图片元素)的单个点组成,这些点可以进行不同的排列和染色以构成图样。位图的特点是可以表现色彩的变化和颜色的细微过渡,产生逼真的效果,缺点是图片放大会失真。

3. 声音

声音是人们用来传递信息、交流感情最方便、最熟悉的方式之一。多媒体课件中的声音由语言、音乐、音效3种形态构成。声音能够形象、生动、准确地表达教学内容,传递教学信息,同时可以更好地表达细节、情绪、情感、节奏、韵律等。

4. 视频

视频影像具有时序性与丰富的信息内涵,常用于交代事物的发展过程。视频主要运用动态影像,辅以解说、音响,形象生动、直观准确地传递教学内容。视频非常类似于我们熟知的电影和电视,有声有色,在多媒体中充当起重要的角色。

5. 动画

动画是利用人的视觉暂留特性,快速播放一系列连续运动变化的图形图像,也包括画面的缩放、旋转、变换、淡入淡出等特殊效果。通过动画可以把抽象的内容形象化,使许多难以理解的教学内容变得生动有趣。合理使用动画可以达到事半功倍的效果。

二、多媒体课件的分类

根据多媒体课件的内容与作用的不同,可以分为以下几种类型。①

(一)助教型

助教型多媒体课件是为了解决某一课程的教学重点与教学难点而开发的,知识点可

---

① 吴疆. 微课程和多媒体课件设计与制作规范(第2版)[M]. 北京:人民邮电出版社,2016:174.

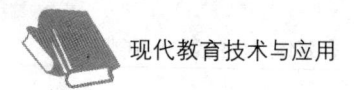

以不连续,主要用于课堂演示教学,所以,也称课堂演示型多媒体课件。助教型多媒体课件注重对学习者的启发、提示,或帮助学习者理解,或促进学习者记忆,或引发学习者兴趣,有利于学习者变被动学习为主动学习。

助教型多媒体课件一般是由教师自行编制的,常见的类型有三种:一是利用PowerPoint制作的演示型多媒体课件,也称电子教案;二是利用Authorware等平台制作的交互型多媒体课件;三是利用Flash等创作工具制作的动画型多媒体课件。无论哪一种课件在直线演示的基础上,根据需要实现任意跳转和链接功能,从而体现多媒体课件的交互性。助教型多媒体课件适用于各学科演示重点内容、难点内容、数据图表、动态现象、模拟演示等,可以用来配合课堂的讲授、讨论、练习和示范。

(二) 助学型

助学型多媒体课件是通过界面上的交互式设计,让学习者进行人机交互操作,可以让学习者自主地进行学习,所以,也称自主学习型多媒体课件。

助学型多媒体课件具有完整的知识结构,反映一定的教学过程和教学策略,提供相应的形成性练习供学习者进行学习评价。助学型课件的结构与演示文稿型课件有所不同,课件结构的主要关系不是顺序的线性,而是以非线性网状结构为基础,学习者通过链接来选择信息。由于非线性数据结构容易使学习者在信息浏览中迷失方向,偏离学习目标,因此助学型多媒体课件还需要用多种导航方法互相配合,制成课件的导航系统。

(三) 训练与练习型

训练与练习型多媒体课件以试题的形式训练、强化学习者某方面的知识和能力。这种类型的课件所提供的教学方式是逐一或一批批地向学生提出问题,当学生回答后,计算机判断其正确情况,并根据学生回答的情况给予反馈,以促进学生掌握某种知识与技能技巧。

训练与练习型多媒体课件通常是围绕一种需要巩固和掌握的知识与技巧组织一批问题,然后有计划、逐步深入提高地提出;而在同一水平、同一侧面的练习时,要有一定的随机性。

(四) 实验型

实验型多媒体课件利用计算机产生各种与现实世界相类似的现象,学生可以在接近真实的情境中,扮演角色,模拟操作做出决策,观察事物演变的过程与结果,从而认识和理解这些现象的本质。实验型多媒体课件强调学习所模拟的特定系统,而不是学习普遍的解决问题的技能和策略。

模拟是用多媒体技术再现真实的或想象的系统,用于教授系统如何运作。根据模拟的教学目的和所模拟的内容,模拟型可分为物理模拟型和过程模拟型。物理模拟是指在屏幕上呈现物体或现象,主要用于事实、概念等陈述性知识的学习。例如,让学生连接电路,观看电路的通断现象。过程模拟是指加快或减慢现实生活中不便于观察的真实过程,或是把抽象的事物变化发展过程可视化。过程模拟可以让学生多次地运行模拟步骤,每次运行开始时选择变量值,观察所发生的现象,并解释结果。

(五)积件型

积件型多媒体课件包括各种电子书、辞典和积件式课件,一般仅提供某种教学功能和某类教学资料,并不反映完整的教学过程。这类多媒体课件是为教师或学习者提供一个丰富的教材和素材组合的软件平台,方便教师或学习者进行查阅和加工利用。

三、多媒体课件的设计原则

随着信息技术在教育中的应用,多媒体课件已经广泛应用在教育教学过程中,这些课件多是教师自行设计制作,因此并不是所有的课件都是高质量的,多媒体教学课件的制作过程是非常复杂的,必须要遵循相应的设计原则。①

(一)教育性原则

设计制作多媒体课件,必须以教学大纲为依据,并根据教学目的与要求,发挥计算机多媒体图文并茂、形声并举的优势来表达教学内容,交互性地来实施教学。多媒体课件应能对学生获取知识、发展能力、培养品德起到良好的教育作用,有益于学生的个性发展。因此,为了体现课件的教育性,在设计课件时注意下列几点:

1. 要明确教学目标

既然教学课件是依照教学大纲编制的,教师就应该首先明确教学目的。为什么编制这个课件?教学中要解决什么问题?希望达到什么目标?

2. 要突出重点难点

必须根据教学大纲的要求,围绕教学中的重点、难点或关键性问题来设题立意。要充分发挥计算机多媒体的优势,采用恰当的表现方法,将复杂问题或难点问题简单化。

3. 教学形式要灵活

计算机辅助教学具有传统教学方式所无法比拟的优势,其课件设计要灵活多样,要用图、文、声、像交替地表现教学内容,突出教学内容的主体。

4. 教学对象要有针对性

课件是为特定的教学对象而设计制作的,其内容的选择和操作的难易程度要有明确的针对性。要考虑到应用此课件的学习者的年龄特点、知识层次水平和智力的实际情况,切忌追求形式上的流行和视听感受上的新鲜。

(二)科学性原则

课件应该能正确表达学科的知识内容。课件中各种媒体信息都必须是为了表现同一个知识点的内容、同一层次的教学目标而设计、选择的,不允许任何华而不实、违背科学准则的现象出现。各个知识点之间应建立一定的联系方式,以形成具有学科特色的知识结构体系。

课件的科学性还要求对概念的阐述、观点的论证、事实的说明、材料的组织都符合科学逻辑,运用正确的、可靠的、和教材一致的学科术语;要求各种演示、示范以及绘制的图表和书写的公式、字幕都应规范化、标准化;选择的资料、史料和文献等要真实、具体;还要

---

① 张琴珠,郁晓华.计算机辅助教育(第2版)[M].北京:高等教育出版社,2011:70.

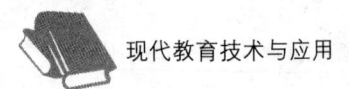

求各种技能技巧的演示要力求真实、自然；画面色彩要真实反映客观事实；丰富、充实、生动的视觉和造型必须有利于正确地表达科学知识；按内容需要所设计的动画、模拟实验和虚构的情节都应以客观现实为依据，符合科学现象和规律。

另外，课件设计的科学性原则还要求课件中出现美妙动听的听觉形象必须符合教育科学规律；解说词精炼、准确无误；音响效果逼真、音乐合理。

（三）实用性原则

在选择和设计多媒体课件时，需要考虑到教学内容、教师和学生的实际情况，并非所有的课堂教学都需要多媒体课件进行教学。

多媒体课件的操作要尽量简便、灵活、可靠，便于教师和学生控制。多媒体课件的操作界面上设置寓意明确的按钮和图标，最好支持鼠标，尽量避免复杂的键盘操作，避免层次太多的交互菜单，要设置好各部分内容之间的转移控制，可以方便地前翻、后翻、跳跃。比如课件中的练习题，应该遵循小步子原则和及时反馈的原则，并且能够自由选择练习次数和练习的难度。

（四）简约性原则

多媒体课件的画面内容应符合学生的视觉心理。要突出重点，同一画面对象不宜太多，避免对学生注意力产生干扰。注意动与静的对比，前景与背景对比，线条的粗细，字符的大小，以保证学生都能充分感知对象。

我们可以把以上特点概括为简约性，要注意以下几点：

第一，画面布局突出对象，同一画面对象不宜多，运动的对象一般不要超过两个，对象的图形要简约化，避免单纯的"求真实"倾向。第二，同一画面色彩数量不宜多，以不超过三种为宜，避免对表现内容无益的修饰。第三，减少文字数量，尽量控制在6行以内，过多的文字阅读不但容易使人疲劳，而且干扰学生的注意。第四，片头片尾要简洁大方，给人以舒适感。页面内容的跳转尽量采用淡入淡出，避免多余动作。第五，尽量少用音响，除非必要的物理现象的拟音，现象的描述和规律的陈述不要以声音信号的形式出现。

（五）艺术性原则

课件的艺术性表现在声音和画面以及人机交互的传递信息上。实现教学目标时，要求呈现的信息刺激能被学习者乐于接受并被吸引和做出反应。

课件艺术性原则允许挖掘教学内容内在的亮点，通过美工设计、巧妙地运用动画和字幕将其表现出来；也允许塑造出美观、鲜明、造型优美、影音和谐、富有表现力和感染力的人机交互界面；要求解说词和背景音乐悦耳协调，声音处理要和画面造型相辅相成，视听同步。

凡是经过别具匠心的艺术处理，用一定的艺术形式表现出来的教学内容，必须以教育性原则和科学性原则为基础。

（六）技术性原则

多媒体课件的技术性通过程序中各种数据结构、程序结构、控制技巧以及运行的可靠性来衡定。

课件中的图片清晰、逼真，文件不能太大；程序结构简洁，控制可靠，视听同步，不能影响课件的存储、传输和运行;课件具备可移植性、可兼容性,与开发环境、运行环境无关;课件配上安装、卸载程序,方便使用。

第二节　多媒体课件的设计流程

高质量的多媒体课件的设计与开发是一项复杂的系统工程。一般来说,多媒体课件的开发分以下几个阶段:选择课题、教学设计、结构设计、界面设计、脚本设计、素材制作、编辑合成、调试打包、试用评价、应用推广十个阶段,如图6-1所示。

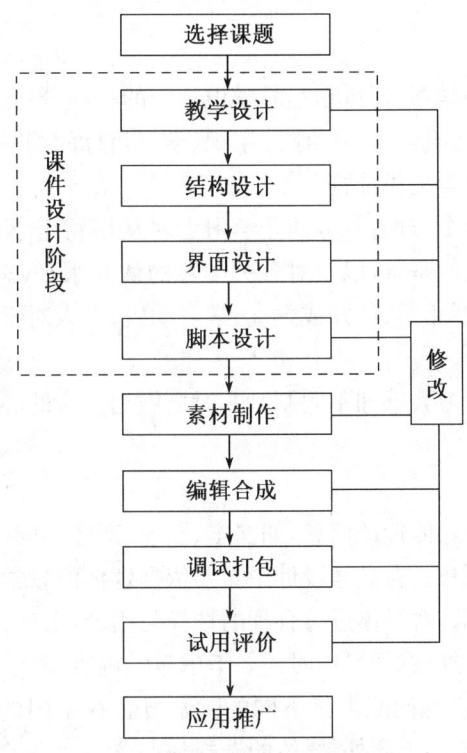

图6-1　多媒体课件设计流程

一、选择课题

选择课题是多媒体课件设计与制作的第一步,通常由教师自主决定。在制作之前,教师要充分做好选题论证工作,尽量避免不必要的投入。要选择那些学生难以理解、教师不易讲解清楚的重点和难点问题,特别是那些能充分发挥图像和动画效果的、不宜用语言和板书表达的内容,对于那些课堂上较易讲解的内容就完全没必要采用多媒体课件的方式。此外,还要考虑开发所需条件,如硬件设施、软件设施以及教师个人的计算机水平等。

二、教学设计

教学设计是应用系统方法分析、研究教学中的问题和需求,确立教学策略、教学方法和步骤,并对教学结果做出评价的一种计划过程。教学设计是课件设计最重要的一环,直接决定了课件效果的好坏、课件是否符合教学需要。多媒体课件的教学设计主要包括教学内容分析、教学对象分析、教学媒体选择等。

1. 教学内容分析

教学内容分析包括学习者应学习哪些知识、技能及态度等。教学内容分析的目的是确定学习内容的范围与深度(注重"教什么"),揭示学习内容中各项知识与技能的相互关系。

教学内容分析的表述应包括以下内容:选择的学习任务包括哪些章节?它们按怎样的顺序安排?各章节的教学目标是什么?各单元之间的联系怎样?(并列关系、前后关系还是综合关系?)

2. 教学对象分析

教学对象分析又称为学习者分析,是教学设计中的一项分析工作,目的是了解学习者的学习能力及学习风格,为教学内容的学习组织、学习目标的编写、教学活动的设计、教学方法和模式的选择与应用等提供依据。

所谓学习能力包括两个方面:一方面是学习者对从事特定学科内容或任务的学习已经具备的有关知识与技能的基础,以及对有关学习的认知水平、态度,另一方面是指学习者的心理和社会特点,包括年龄、认知成熟度、学习动机、个人对学习的期望、工作经历、生活经验、文化背景等。

所谓学习风格是指学习者感知不同刺激并对之做出反应的心理特性,例如习性、对视觉或听觉的学习偏爱等。

3. 教学媒体选择

多媒体课件通过多种媒体传递信息,如文本、图形、图像、动画、视频、声音等。每种媒体都有其长处,也有其局限性,在具体设计中需要依据媒体的教学特性,并根据教学内容、教学目标、教学对象的要求,对媒体进行合理的选择与组合,已达到优化教学效果的目的。

除了媒体本身特性之外,选择媒体时还要考虑教学内容、教学对象等外部因素。对于不同的教学内容,媒体所表现的能力是不同的。学习者在不同的年龄阶段,认知水平不同,对媒体的相容程度也不同。此外,媒体的选择还与学习者的个人偏爱有关,学习者会因心理上的、生理上的或其他原因对信息的某些特定表达形式有所偏爱。例如儿童大都喜欢鲜艳的色彩和活泼的动画。

三、结构设计

多媒体课件的结构设计是指各部分教学内容的相互关系及呈现形式、整个课件的框架结构的设计。多媒体课件的教学内容组织结构有线性结构、树状结构、网状结构和混合结构。线性结构表示学生顺序地接收信息,从一帧到下一帧,有一个事先设置好的序列。树状结构中学习者是沿着树状分支展开学习活动。该树状结构根据教学内容的自然逻辑形成。网状结构与前面两个结构不同,它允许学习者在内容单元间自由航行,没有预置路径的约束。混合结构可以让学生在一定范围内自由航行,但受主流信息的线性引导和分层逻辑组织的影响。

四、界面设计

交互界面是人和计算机进行信息交换的通道，具有良好的人机交互界面的设计不仅能有效地实现个别化教学，而且能通过人机会话引导学生思维向纵深发展，使学生在良好的心理状态下进行积极主动的学习。

1. 色彩的配置

进行课件设计时，应根据课件特点和内容的需要，对页面中对象的色彩基调、色彩布局和背景颜色做合理的安排。

2. 画面间的变换和动画

课件运行过程中，画面转换时的切换效果，对于课件的交互也能起到一定的作用。

3. 声音处理和解说词

背景音乐必须优美且与画面有关，既起到烘托、陪衬的作用，又能给人留下印象；声音必须流畅、自然，且适合计算机处理。解说词要准确、精炼，对画面做出必要的解释或说明。

五、脚本设计

多媒体课件脚本设计是根据教学内容特点与系统设计的要求，在一定的学习理论的指导下，对每个教学单元的内容和安排以及各单元之间的逻辑关系进行设计，设计出具体的表现形式，编写出讲解的文稿，要显示的文体，所使用的图形表格、图片、动画视频等，还要写出页与页之间相连接的交互方式等具体内容。脚本描述了学生将要在计算机上看到的细节，它是设计阶段的总结，也是教师制作课件的依据。

六、素材制作

多媒体信息素材包括文本、图形、图像、动画、音频和视频等内容，大部分资源可以通过购买素材光盘和从网络中下载取得。但是这些资源的初始状态并不一定适合我们的课件需要，通常需要通过专业的编辑工具进行处理。如在 Goldwave 中编辑音频素材、使用 SnagIt 处理图像素材等。素材的准备是课件制作中最烦琐的一个环节，也是一个重要的环节。

七、编辑合成

素材制作好后，选择合适的多媒体制作软件把素材按照脚本的要求进行集成，形成一个有机的整体，即课件。

八、调试打包

课件制作完成后，必须进行彻底检查，包括课件的结构、页面中的图形与文字、按钮的状态及其链接目标、声音、动画及视频影片的播放状态等，以便改正错误、修补漏洞，有时还要对课件进行文件大小、时间长度等优化。多媒体课件在制作的过程中包含多种媒体，如声音、视频、动画等，这些媒体无法直接内嵌到课件中，因此课件制作完成后，需要将课件和素材整理到一个文件夹，并生成相应的应用程序，使其在没有安装软件的计算机上正常播放，这个过程就是"打包"。

九、试用评价

在课件制作过程中，要不断地对课件进行评价和修改工作，它是课件制作过程中的重要组成部分，也是课件质量的保证。评价包括形成性评价和总结性评价，并且是面向学习资源的评价。形成性评价是在课件开发的过程中实施的评价，它为提高课件质量提供依据，目的在于改进课件的设计，使之更加符合教学的需要，便于提高质量和性能；总结性评价是在课件开发结束以后进行的评价，其目的是对课件的性能、效果等做出定性、定量的描述，确认课件的有效性和价值，为课件提供改进意见，并总结课件制作经验。在课件制作过程中，要根据评价结果合理地进行修改，以进一步提高课件质量和效果。

十、应用推广

多媒体课件经过多次修改完善后，就可以投入使用，除自己在教学中使用外，同时还可以进行交流、推广或发行。教师在实际教学中使用课件后，可能会发现这样或那样的不足，还需要不断地收集课件在教学应用中的反馈信息，不断地对课件进行修改、完善与升级，使之更加适合教学的要求，达到实用好用的目的。

第三节　利用 PowerPoint 制作课件

PowerPoint 简称 PPT，是微软公司推出的一个演示文稿制作和展示的软件，它是当今世界上最优秀、最流行，也是最简便直接的幻灯片制作和演示的软件之一。通过 PowerPoint 你可以制作出图文并茂、色彩丰富、生动形象并且具有极强的表现力和感染力的宣传文稿、演讲文稿、幻灯片和投影胶片等，可以制作出动画影片并通过投影机直接投影到银幕上以产生卡通影片的效果；还可以制作出图形圆滑流畅、文字优美的流程图或规划图。在演讲、报告和教学等场合有很大的帮助。

一、PowerPoint 2013 基础知识

PowerPoint 是目前多媒体课件开发中使用最为简单的编辑工具，其制作出的 PPT 电子演示文稿主要用于幻灯片播放。PowerPoint 主要用于制作演示型课件。演示型课件是指教师根据教学目标自行设计，在课堂上手控或自动播放的课件。下面以 PowerPoint 2013 版本为例介绍。

（一）PowerPoint 2013 的启动与退出

1. PowerPoint 2013 的启动

PowerPoint 2013 的启动方式有多种，常用的启动方式有以下两种：

（1）通过"开始"菜单启动。单击"开始"—"程序"—"Microsoft Office"—"PowerPoint 2013"，即可启动 PowerPoint 2013。

（2）利用快捷方式启动。直接双击桌面上 PowerPoint 2013 的快捷图标 ，即可启动 PowerPoint 2013。

2．退出 PowerPoint 2013

退出 PowerPoint 2013 有两种方法，一是关闭右上角关闭按钮；二是通过"文件"—"退出"命令即可退出 PowerPoint 2013。

（二）PowerPoint 2013 工作界面

启动 PowerPoint 2013 后，出现如图 6-2 所示的工作界面。

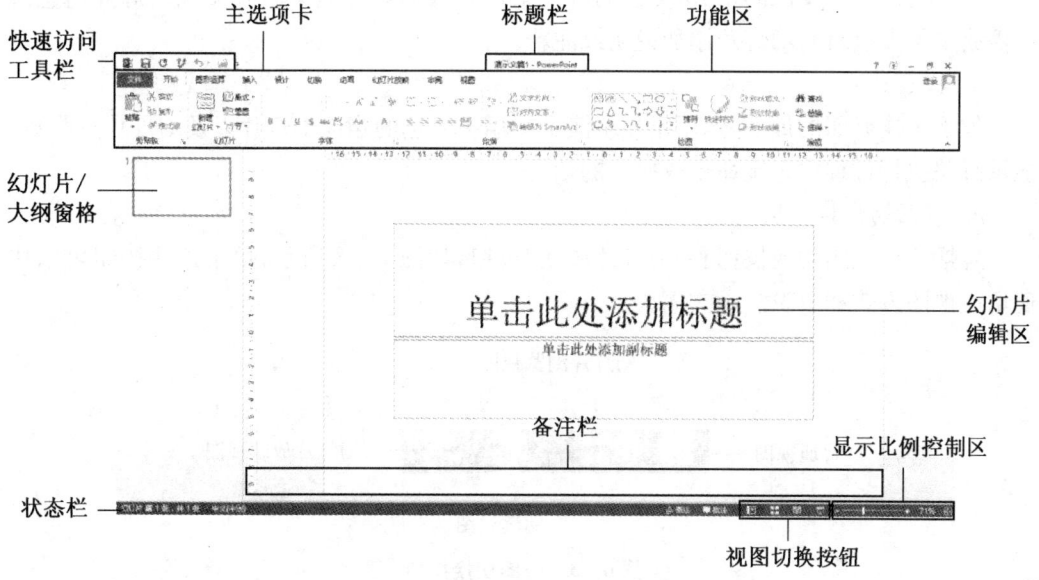

图 6-2　PowerPoint 2013 工作界面

1．标题栏

位于窗口的顶端，最左端显示程序图标，接着是快速访问工具栏，中间显示演示文稿的名称和程序名称 PowerPoint，最右侧是对窗口执行的最小化、最大化和关闭操作。

2．快速访问工具栏

最左边是 图标，接着是"保存" 、"撤销" 、"恢复" 和"拼写检查" 按钮，单击对应的按钮可执行相应的操作。

3．主选项卡

包括"文件""开始""插入"等主选项卡，单击主选项卡即可切换到相应的功能区。每个主选项卡包含多个组，每个组中又包含相关的操作命令。

4．功能区

位于标题栏下方，由主选项卡、功能区显示/隐藏按钮和帮助按钮组成。单击主选项卡可以展开该主选项卡的组和组内命令；单击"功能区显示/隐藏"按钮 ，可以选择该主选项卡中的组和组内命令；单击"帮助"按钮 ，可以查看帮助信息。

5. "幻灯片/大纲"窗格

用于显示演示文稿的幻灯片数量及位置,该窗格便于掌握整个演示文稿的结构。在"幻灯片"窗格下,将显示整个演示文稿中幻灯片的编号及缩略图;在"大纲"窗格下列出了当前演示文稿中各张幻灯片的文本内容。

6. 幻灯片编辑区

这是整个工作区的核心区域,用于显示和编辑幻灯片,在幻灯片中可以输入文字、插入图片、音视频和设置动画效果等。

7. 备注栏

位于幻灯片编辑区的下方,可供幻灯片制作者或幻灯片演讲者查阅该幻灯片信息或在播放演示文稿时对幻灯片添加说明或注释。

8. 状态栏

位于工作界面的最下方,用于显示演示文稿中所选的当前幻灯片以及幻灯片总张数,显示有关执行过程中选定命令或操作的信息。

9. 视图切换按钮区

包括3个视图切换按钮和"幻灯片放映"按钮,如图6-3所示,单击这些按钮可以快速切换视图方式和放映演示文稿。

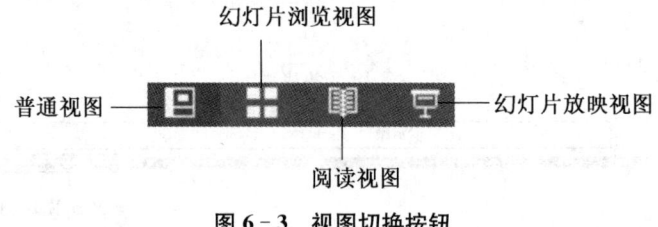

图 6-3 视图切换按钮

(1) 普通视图

普通视图是 PowerPoint 2013 的默认视图,包含幻灯片窗格、备注窗格和幻灯片编辑区。在该视图中,可以输入幻灯片内容,查看每张幻灯片的主题、小标题以及备注,并且可以移动幻灯片图像和备注页方框,或改变它们的大小。

(2) 幻灯片浏览视图

幻灯片浏览视图在窗口中按每行若干张幻灯片缩图的方式顺序显示幻灯片,以便于用户对多张幻灯片同时进行删除、复制和移动,以及方便快速地定位到某张幻灯片,还可以预览多张幻灯片上的动画。

(3) 阅读视图

阅读视图仅显示标题栏、阅读区和状态栏,主要用于阅读幻灯片中的内容,而不能编辑幻灯片的内容。

(4) 幻灯片放映视图

从当前幻灯片开始放映,全屏演示,直接观察放映中的视觉、听觉效果,实验放映操纵的过程,以便于及时修改。右击屏幕,可以通过快捷菜单控制放映,按 Esc 键,退出幻灯片放映视图。

（5）大纲视图

选择"视图"主选项卡，可见"大纲视图"。其作用主要用于查看、编辑演示文稿的文本内容。和普通视图相比，其大纲栏和备注栏被扩展，而幻灯片编辑区被压缩。

10．显示比例控制区

显示比例控制区包括"缩放级别"按钮、"放大"按钮、"缩小"按钮、"适应窗口"按钮和"调整比例"滑块。

二、演示文稿的创建与管理

演示文稿的制作是 PowerPoint 最基本的操作，包括演示文稿的创建和管理。

（一）创建演示文稿

1．创建空白演示文稿

创建一个空白演示文稿的方法有以下三种。

方法1：在软件启动时，单击"空白演示文稿"即可创建一个空白演示文稿。

方法2：软件启动后，选择"文件"—"新建"命令，在"新建"列表框中单击"空白演示稿"即可创建一个空白演示文稿，如图6-4所示。

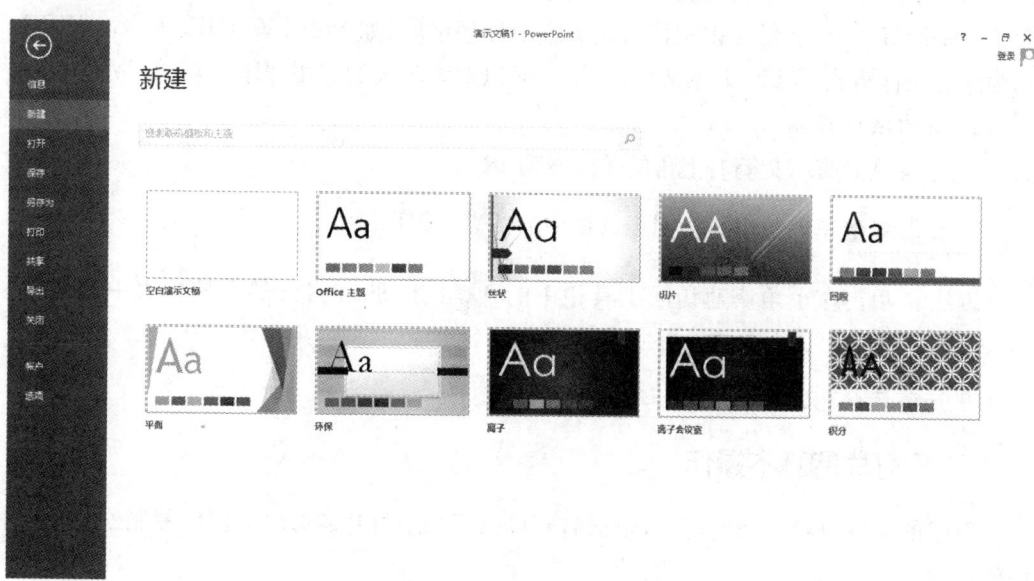

图6-4 利用"文件"命令创建空白演示文稿

方法3：按"Ctrl+N"组合键可创建空白演示文稿。

2．根据模板创建演示文稿

为了提高课件制作效率和统一幻灯片风格，可以使用系统提供的主题模板创建课件。

首先，软件启动后，选择"文件"—"新建"命令，在"新建"列表框中选择自己需要的模板，即可创建一个新的模板演示文稿，PowerPoint 2013 提供的模板如图6-4所示。然后，在创建好的模板演示文稿中，根据需要添加或修改相应的内容即可完成演示文稿的制作。

(二)管理演示文稿

演示文稿的管理包括演示文稿的打开、保存及退出。

1. 打开演示文稿

方法1：选择"文件"—"打开"命令，根据提示打开演示文稿。

方法2：在"自定义访问工具栏"中选择"打开"，将"打开"命令添加到快捷工具栏，然后单击左上角快速工具栏中的 ▢ 按钮，打开需要的演示文稿。

2. 保存演示文稿

方法1：选择"文件"—"保存/另存为"命令保存演示文稿。

方法2：单击左上角快速工具栏中的 ▢ 按钮保存。

方法3：在编辑过程中，通过按"Ctrl+S"快捷组合键，随时保存编辑成果。

演示文稿常见的保存类型有：

pptx：演示文稿，利用 PowerPoint 制作的文件称为演示文稿；PowerPoint 模板：演示文件稿模板文件，可以在创建新的演示文稿时使用；PowerPoint 放映：该格式的文件，不需要进入 PowerPoint 环境，即可直接放映；MPEG-4 视频/Windows Media 视频：在 PowerPoint 2013 中可以直接将演示文稿输出为视频；Windows 图元文件：该格式允许保存某一张幻灯片，可被任何识别该格式的应用程序读取，如 Word 等；GIF、PNG、JPEG：均为图形文件格式；RTF：大纲文件，可被任何识别该格式的应用程序读取，如 Word 等。

3. 退出演示文稿

方法1：单击演示文稿右上角的关闭按钮 ✖。

方法2：双击左上角快速访问工具栏中的 ▢ 按钮。

方法3：单击左上角快速访问工具栏中的 ▢ 按钮，在打开的下拉列表中选择"关闭"命令。

方法4：选择"文件"—"关闭"命令。

三、幻灯片的基本操作

新建的课件只有一张幻灯片，根据需要可以添加幻灯片、移动幻灯片、复制幻灯片、删除幻灯片。

1. 添加幻灯片

方法1：在"开始"主选项卡的"幻灯片"组中，单击"新建幻灯片"按钮 ▢ 添加幻灯片。

方法2：在"幻灯片/大纲"窗格，单击鼠标右键，在弹出的快捷菜单中选择"新建幻灯片"。

方法3：在"幻灯片/大纲"窗格空白处单击，然后按 Enter 键，每按一次添加一张新幻灯片。

方法4：同时按下"Ctrl+M"组合键即可添加一张新幻灯片。

2. 移动幻灯片

选中需要调整的幻灯片,按住鼠标拖动到新的位置即可,建议在幻灯片浏览视图中移动幻灯片调整顺序。

3. 复制幻灯片

当两张幻灯片部分对象相同或布局相同时,可以复制幻灯片并修改使用,这样可以提高幻灯片的制作效率。

方法1:按住"Ctrl"键,同时拖动幻灯片。

方法2:在幻灯片上右击,在弹出的快捷菜单中选择"复制幻灯片"。

4. 删除幻灯片

选中待删除的幻灯片,按下"Delete"键即可。

四、多媒体课件的制作

(一)演示文稿的初步制作

在PowerPoint中添加文字、图片、图形、音频、视频、动画等,可以增强演示文稿的表现力。

1. 添加文字

文字是课件的主要内容之一,课件中文字不要多,但要能反映主要的教学内容。在PowerPoint中添加文字通常使用文本框来实现,使用文本框可以将文本放置在幻灯片的任意位置。

(1) 输入文字

方法1:在占位符中输入文字。在多数幻灯片版式中都含有占位符,单击占位符出现光标即可输入文字。

方法2:利用"文本框"输入文字。选择"插入"—"文本框"命令 ,根据需要选择"横排文本框"或"垂直文本框",单击需要插入文字的地方,即可添加一个文本框,单击添加文字即可。

输入文字后,利用"开始"主选项卡上的"字体"组对文字进行格式化,如改变"字体""字号""颜色"等,如图6-5所示。如制作标题幻灯片,主标题格式设置字体为"叶根友特楷简体",字号96,颜色为黑色,居中对齐;副标题字体为"微软雅黑",字号40,颜色为深灰色,靠右对齐,效果如图6-6所示。

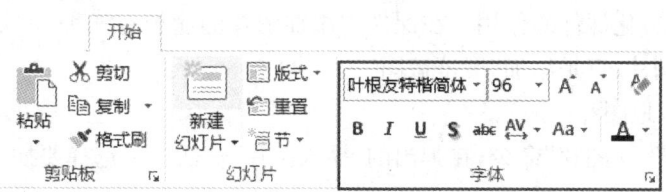

图6-5 "字体"组

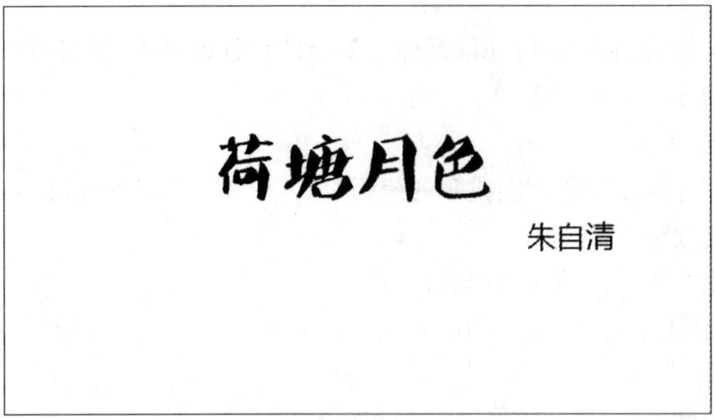

图 6-6 标题幻灯片效果

小提示：自定义字体安装方法，方法1：把字体文件复制到 C:\WINDOWS\Fonts；方法2：字体下载后解压，复制到"控制面板"—"字体/Font"文件夹，重启软件即可。

（2）插入艺术字

艺术字是使用 PowerPoint 软件提供的样式创建文本。

方法：选择"插入"—"艺术字"命令，在展开的库中选择艺术字样式，如图6-7所示。然后在出现的艺术字占位符中输入文字，并设置文字格式即可。如制作幻灯片封底页，字体与标题幻灯片相呼应，即"叶根友特楷简体"，字号96，效果如6-8所示。

图 6-7 艺术字样式 　　　　　　　图 6-8 插入艺术字效果

2. 添加图片

图片的直观、形象是文字无法代替的，在课件中添加图片不仅能有效地展示教学内容，而且还起到美化课件的作用。在课件中添加图片的途径有三种：一是添加本地图片，二是添加联机图片，三是添加"屏幕截图"。

（1）添加本地图片

选择"插入"—"图片"命令，在弹出的"插入图片"对话框中选择要插入的图片，然后单击"插入"按钮，也可以直接双击选择的图片。

添加图片后，如果需要对图片进行编辑，可以在"图片工具"—"格式"选项卡中进行删除背景、调整图片、选择图片样式等操作，"格式"选项卡如图6-9所示。

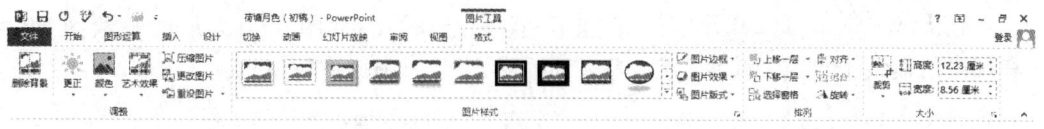

图 6-9 "格式"选项卡

（2）添加联机图片

选择"插入"—"联机图片"命令  ，弹出"插入图片"对话框，如图 6-10 所示。添加"联机图片"有两种方法，一是添加网络上的图片，二是添加云存储器上的图片。

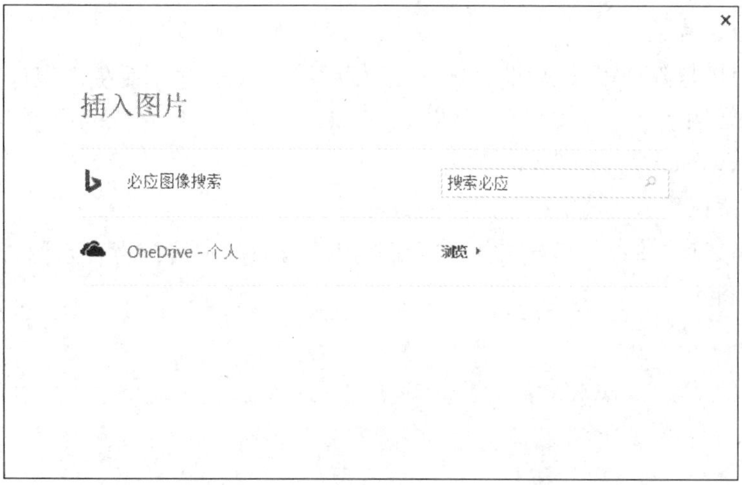

图 6-10 插入"联机图片"对话框

（3）添加"屏幕截图"

PowerPoint 2013 提供了一种新的添加图片的方法，直接截取屏幕上的图像，在截取图像时大小和尺寸随意。

选择"插入"—"屏幕截图"命令  ，单击下方的三角形，展开的对话框如图 6-11 所示，在"可用视窗"中显示当前计算机打开的文件窗口，单击图片即可插入到幻灯片中。如果要选取图片的一部分，需选择"屏幕剪辑"，此时屏幕显示为灰色，单击拖动鼠标选择要截取的区域，选中的区域恢复正常亮度显示，选择好区域后，释放鼠标，截取的图片会自动插入到幻灯片中。

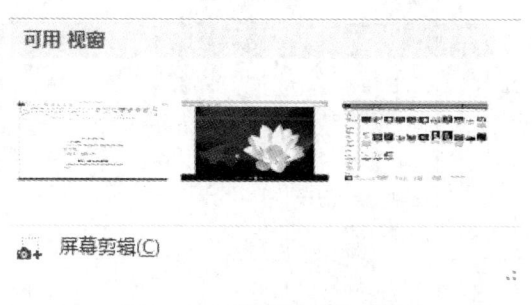

图 6-11 "屏幕截图"对话框

3. 添加图形

图形可以直观形象地表示物体的空间结构及其关系，在课件中起着非常重要的作用，尤其在数学、物理等课件中应用较多。

在 PowerPoint 2013"开始"主选项卡中,有"绘图"组,如图 6-12 所示。"绘图"组主要用来绘制线条、形状、箭头、标注等多种图形,以及对图形进行编辑。

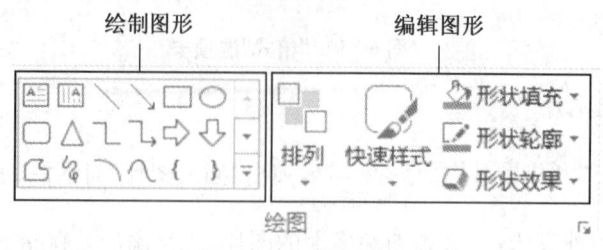

图 6-12 "绘图"组

4. 添加音频

制作课件时,除使用文字、图片之外,还可以添加声音,进一步提高课件的表现力。课件中使用的音频包括语音、音乐、效果声,PowerPoint 2013 支持的声音文件的格式有 aac、aif、mid、wma、wav、mp3、au 等。

下面介绍在演示文稿中插入声音的方法。

第一步:选择"插入"—"音频"命令,在弹出的对话框中选择声音来源,选择"PC 上的音频…",如图 6-13 所示。

图 6-13 "音频"选项卡

第二步:在弹出的"插入音频"对话框中,定位到音频位置,选择音频文件,单击"插入",如图 6-14 所示。

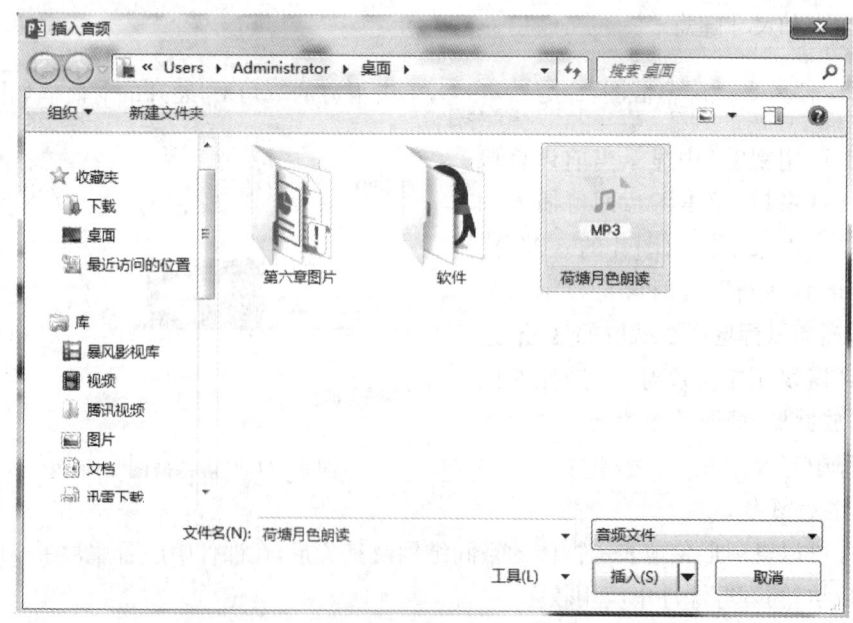

图 6-14 插入音频对话框

第三步：插入音频后，在幻灯片中出现一个喇叭形状的图标，下方还有一个工具条，如图 6-15 所示。单击"播放"按钮，音乐开始播放，单击工具条可以快进音频。

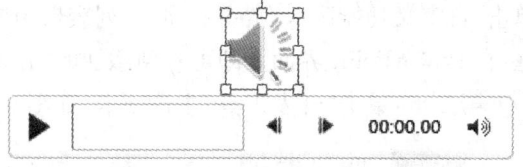

图 6-15　音频图标及工具条

小提示：在 PowerPoint 2013 能够嵌入的音频有两种类型，即 wav、MP3。其他格式的音乐，不能嵌入到 PPT 中来。那么，如果要插入的音乐不是这两种格式，就必须要进行格式转换；如果音频文件过大只能以链接的方式插入课件，为保证正常播放，需要将课件和音频保存到同一文件夹。

5. 添加视频

在课件中添加视频不仅可以丰富课件的表现形式，而且可以帮助学生多角度地理解与应用知识。

（1）插入视频

在 PowerPoint 2013 中插入视频文件的格式有 avi、mpeg、wmv、mp4、mov 等。插入视频方法与插入音频文件的方法类似，在此不再赘述。

（2）插入 Flash 动画

在 PowerPoint 2013 中插入 Flash 动画的方法有两种，一是通过插入视频的方法插入 Flash 动画，二是使用控件法插入 Flash 动画。第二种方法比第一种方法更有效，可以保证 Flash 动画的正常播放。

下面介绍使用控件法插入 Flash 动画的方法。

第一步：选择"文件"—"选项"命令，打开 PowerPoint 选项对话框，如图 6-16 所示。

图 6-16　PowerPoint 选项对话框

单击"自定义功能区",在"主选项卡"列表框中勾选"开发工具",单击"确定"按钮关闭对话框,在 PowerPoint 界面上即可看到添加的"开发工具"选项卡。

第二步:单击"开发工具"主选项卡,如图 6-17 所示。

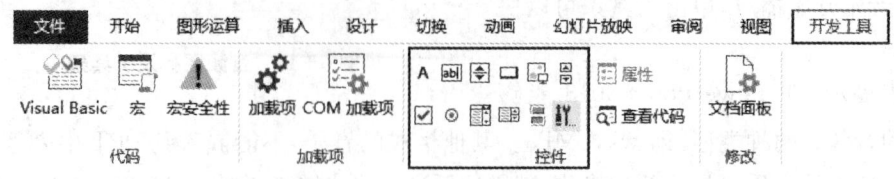

图 6-17 "开发工具"主选项卡

第三步:选择"其他控件"命令 ,将输入法切换到英文输入法状态,在打开的对话框中,按下"S"键快速定位到以 S 开头的控件,如图 6-18 所示。

图 6-18 "其他控件"对话框

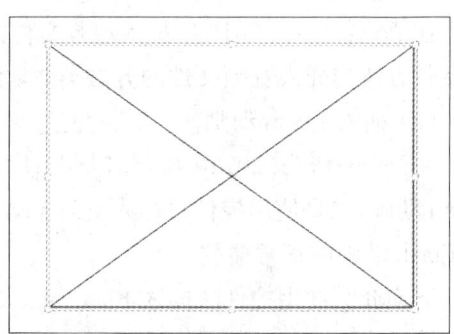

图 6-19 绘制 Flash 播放区域

第四步:选择"Shockwave Flash Object"控件,单击"确定"按钮。此时鼠标变成"+"形,在幻灯片上拖拽鼠标绘制 Flash 动画播放区域,如图 6-19 所示。

第五步:在"控件"组中选择"属性",打开属性对话框,如图 6-20 所示,在"Movie"后的文本框输入 Flash 动画的地址。

小提示:Flash 动画地址有绝对地址和相对地址。绝对地址:从盘符开始,如 G:\荷塘月色\荷塘月色.swf,当盘符改变时,动画无法播放;相对地址:直接输入文件名加后缀,如荷塘月色.swf。使用相对地址比较简单,但是要求课件和 Flash 动画保存在同一文件夹。

图 6-20 Flash 控件"属性"对话框

第六步:单击"幻灯片放映"按钮,在放映状态下观看 Flash 动画。

(二)演示文稿的美化

在完成演示文稿的初步制作后,我们发现幻灯片的背景统一为默认的白色,页面过于单调,在实际的应用中不能很好地突出主题,更不能吸引学习者的兴趣,下面我们通过母版、主题等技术来美化演示文稿。①

1. PPT 设计的黄金法则

(1) 重视 PPT 的灵魂——逻辑

在 PPT 设计中,始终坚持逻辑为先的原则,所有的设计都以逻辑为基础。逻辑可以理解成一种顺序、结构。PPT 的本质是表达思想、观点或知识,设计者必须对自己要表达的内容非常清楚,能够梳理成条理分明、简单明了的结构,并通过整体设计,用清晰的逻辑表达主题。一般建议使用思维导图设计 PPT 的逻辑结构。

(2) KISS(Keep It Simple and Stupid)准则

在 PPT 中,文字的表达尽量避免通篇陈述,一页幻灯片只讲一个重点,语言应尽量精准、简洁。

(3) Magic Seven 准则

每页幻灯片中表达的概念不超过七个,一般五个概念效果最好。

(4) 八字真言:文不如表,表不如图

能用图片就不用图表,能用图表就不用文字。相比大段的文字内容,人们更喜欢看图片、图表,好图胜千言,因此尽量将文字转换成图或表。

(5) 三不原则

每页幻灯片不超过三种色系,不超过三种字体,不超过三种动画效果。

2. 应用母版

"母版"是一种特殊的幻灯片,它能控制基于它的所有幻灯片,对母版的任何修改会体现在相应的幻灯片上,所以每张幻灯片相同的内容如背景色、字体、字号、颜色等,可以通过母版来统一制作。选择"视图"主选项卡,可以看到"母版视图"组包括幻灯片母版、讲义母版、备注母版 3 种类型,如图 6-21 所示。

图 6-21 母版视图

下面我们在幻灯片母版视图中制作封面、目录页、过渡页、正文页和封底五个页面,对演示文稿进行整体设计。

(1) 制作封面

封面是幻灯片的门面,它决定了课件给人的第一印象。封面的设计要求简约、大方,突出主标题。封面包含主标题、副标题,根据情况可以添加 LOGO、作者姓名等。封面使用的图片尽量采用真实的、清晰的、与主题贴合的图片,封面图片的颜色也尽量和 PPT 整体风格的颜色保持一致。下面介绍封面制作方法。

第一步:选择"视图"—"幻灯片母版"命令,进入母版编辑状态,如图 6-22 所示。

---

① 汪莹.新编现代教育技术应用实践教程[M].北京:中国水利水电出版社,2018:49.

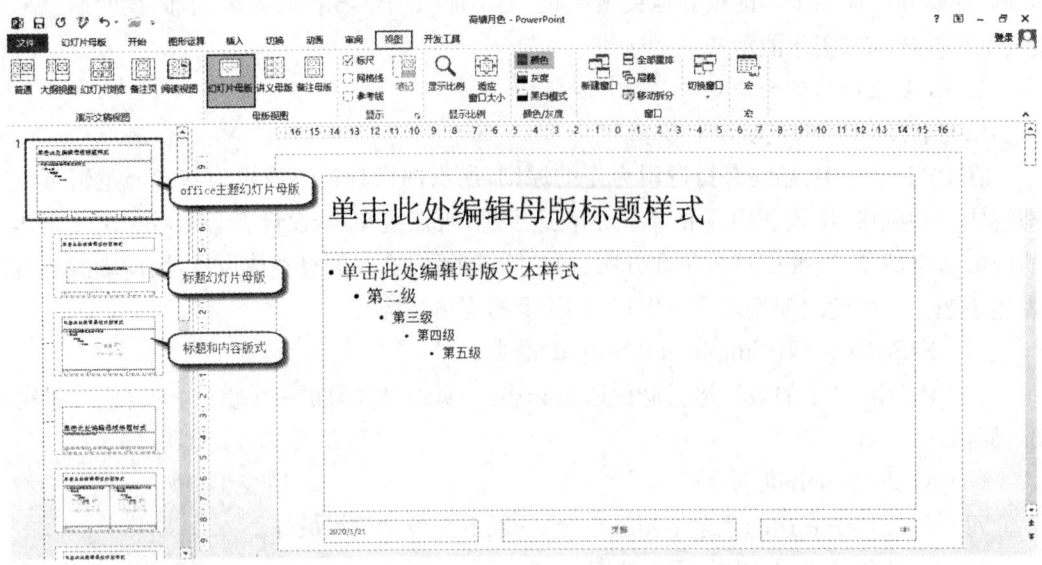

图 6-22 幻灯片母版视图

第二步:单击"标题幻灯片母版"进入标题幻灯片母版编辑状态。选择"开始"主选项卡,在"编辑"组中单击"选择"—"选择窗格",在展开窗格中单击"全部隐藏"按钮,如图 6-23 所示,隐藏所有的占位符。

第三步:在标题幻灯片母版空白处右键单击,选择"设置背景格式",在右侧的"设置背景格式"窗格,选中"图片或纹理填充"复选框,如图 6-24 所示。

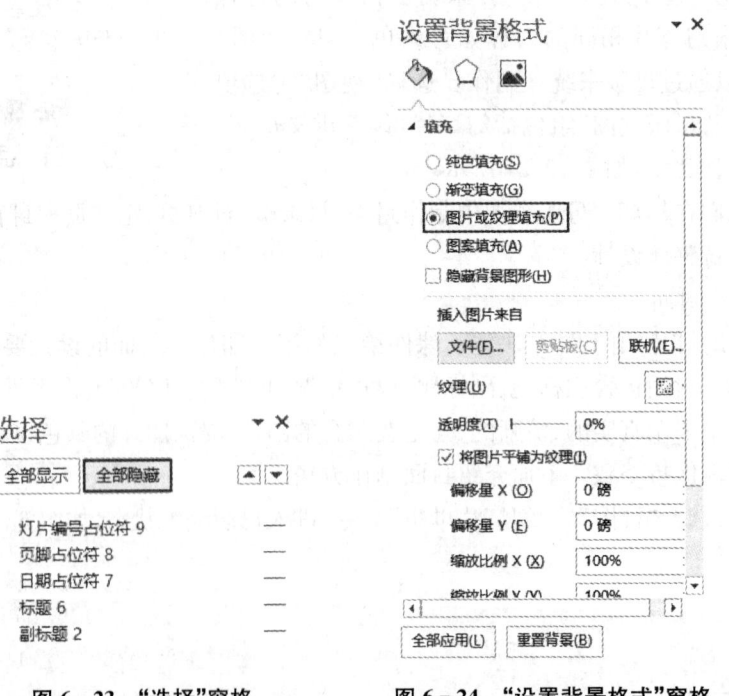

图 6-23 "选择"窗格　　图 6-24 "设置背景格式"窗格

第四步：单击"文件"按钮，在弹出的对话框中选中一张带有荷花的图片，单击"插入"按钮，如图6-25所示，选中的图片即作为幻灯片的背景。

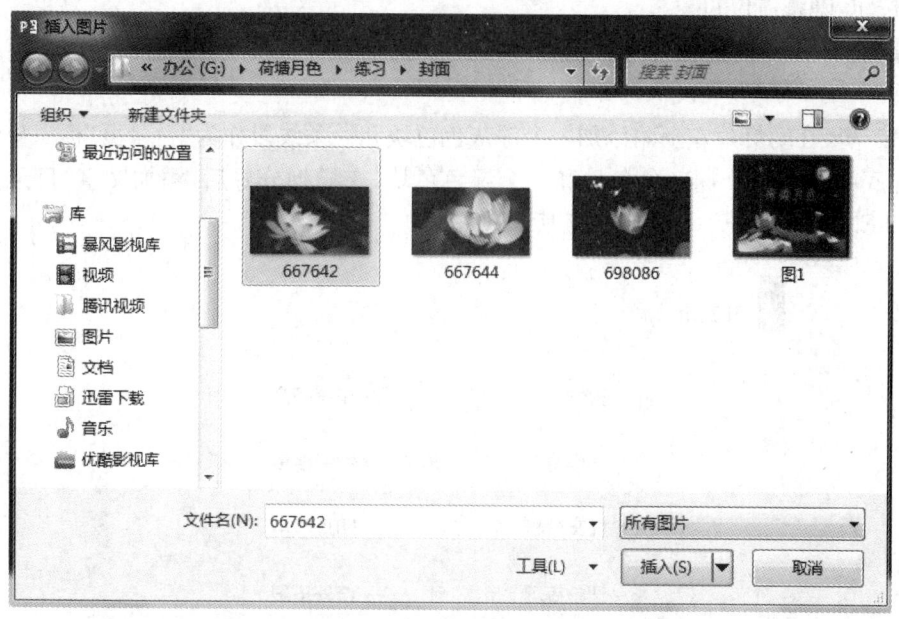

图6-25 "插入图片"对话框

第五步：输入标题"荷塘月色"，设置字体"叶根友特楷简体"，字号"96"，颜色"浅黄色"；输入副标题"朱自清"，设置字体"楷体"，字号"36"，颜色"白色"，标题幻灯片效果如图6-26所示。

图6-26 标题幻灯片效果

（2）制作目录页

目录页呈现PPT的逻辑框架，让观众可以快速了解PPT的整体结构，它是PPT中必不可少的一部分，这部分也是最考验制作者设计水平的。目录页包含要素有页面标识、目录、页码。在目录页设计中，文字在逻辑上必须是同一层级，尽量简洁明了；注意版面布局设计；可以适当使用色块、线条、图片等来美化目录。

下面我们采用文字+色块+线条相结合的方式，介绍目录制作方法。

第一步：选中"标题和内容母版"，选择"开始"—"选择"—"选择窗格"命令，单击"全部隐藏"按钮，隐藏占位符。

第二步：根据主题，确定三种主色，即灰色、绿色和橙色，设置背景色为"浅灰色"或"浅茶色"。

第三步：在幻灯片左上角添加一个深灰色色块和一条线段作为"目录页"标识位置，在幻灯片底端添加一个深灰色色块和一个绿色色块，布局划分好后，添加文字"目录页"和"CONTENTS PAGE"，如图6-27所示。

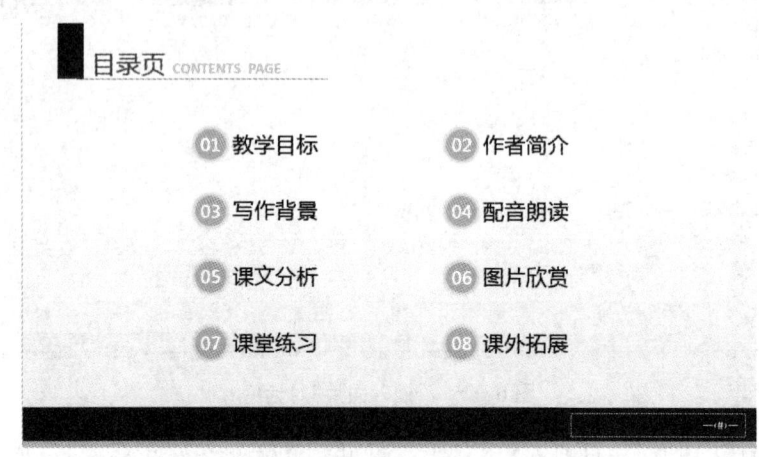

图6-27 目录页效果

（3）制作过渡页

一个PPT中往往包含多个部分，在不同内容之间如果没有过渡页，则内容之间缺少衔接，容易显得突兀，不利于观众接受。而恰当的过渡页则可以起到承上启下的作用。

过渡页的设计在字体、布局等方面和目录页一致，可以稍有变化。过渡页可以在目录页的基础上通过颜色对比的方式，展示当前课题进度，如图6-28；也可以独立设计，如图6-29所示，最好能够展示该章节的内容提纲。过渡页的制作与目录页相似，不再赘述。

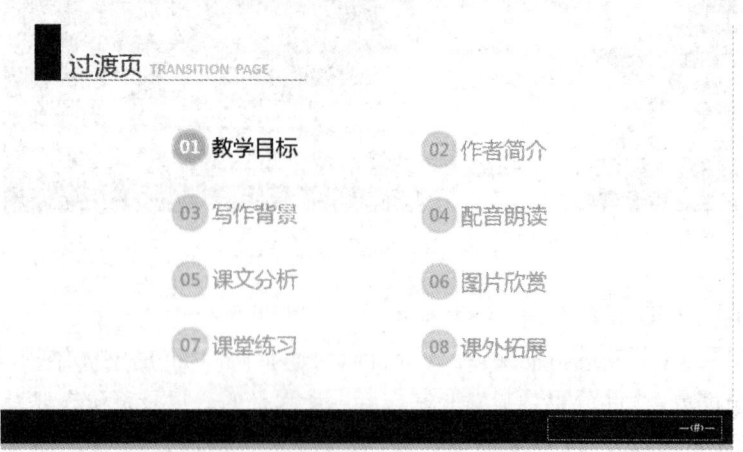

图6-28 颜色对比过渡页效果

图6-29 独立过渡页效果

(4) 制作正文页

正文页主要是划分页面布局,至少规划两级标题位置。正文页明确规定一级标题、二级标题甚至三级标题的位置,让观众能够随时了解当前内容在整个 PPT 中的位置,仿佛给 PPT 的每一页都安装了一个 GPS,这样,PPT 的受众就能牢牢地跟上 PPT 表述者的思路了。本书使用色块划分幻灯片的布局,如图 6-30 所示。

图6-30 正文页布局

(5) 制作封底

为了统一幻灯片的风格,我们需要专门设计一个 PPT 封底。封底包含的要素有致谢、作者信息、作者图片或与主题有关的图片。封底的设计风格要和封面不同,避免给人偷懒的感觉,但是在颜色、字体、布局等方面,封底要和封面保持一致。下面介绍封底的制作方法。

第一步:在幻灯片母版窗格中选中"正文页母版",单击鼠标右键,在弹出的快捷菜单中选择"复制版式",如图 6-31 所示。

第二步:删除上方的色块,同时调整下方深灰色至幻灯

图6-31 复制版式

片中间高度。插入图片和文字,最终效果如图 6-32 所示。

图 6-32　封底效果

完成整体设计后,单击"关闭母版视图"按钮 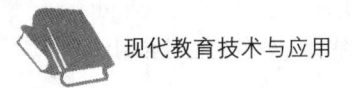,进入幻灯片编辑状态。在幻灯片上单击鼠标右键,在弹出的快捷菜单中选择"版式",在弹出的"office 主题"对话框中选择相应的版式,如图 6-33 所示。

图 6-33　应用版式

小提示:选择"文件"—"另存为"命令,设置保存类型为 PowerPoint 模板,将母版保存在"office 主题"中,即通常我们说的"模板"。

3. 应用主题

PPT 中 office 主题主要用于提供幻灯片的格式、配色方案等功能,用来快速美化和统一幻灯片的风格。主题应用方法如下。

打开课件,选择"设计"主选项卡,在"主题"组中单击"其他"按钮 ,打开"所有主题"对话框,如图 6-34 所示,从中选择某一主题即可。

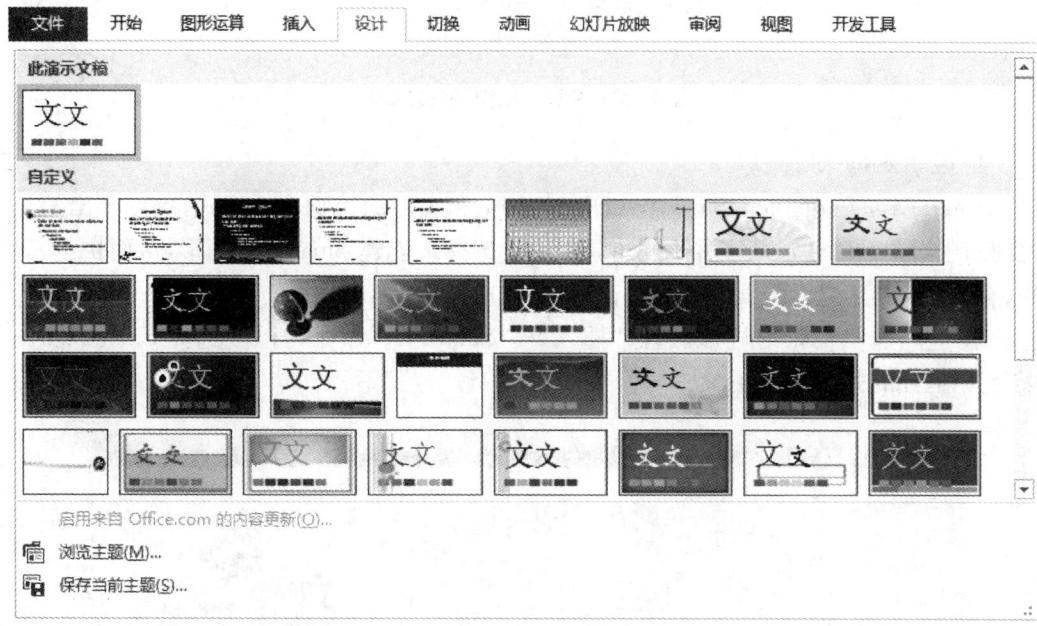

图 6-34 "所有主题"对话框

如果使用本机上的其他主题,单击"浏览主题"按钮,在弹出的对话框中选择一种主题,如图 6-35 所示,单击"应用"按钮,即可在当前演示文稿中应用新主题。

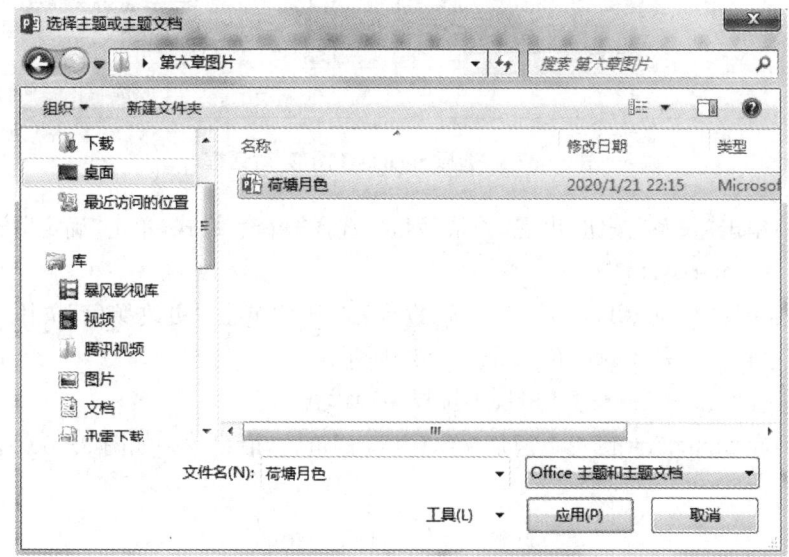

图 6-35 "浏览主题"对话框

小提示:在同一演示文稿中可以使用多个"主题"。方法是在"主题"上单击鼠标右键,在弹出的快捷菜单中选择"应用于选定幻灯片",如图 6-36 所示。

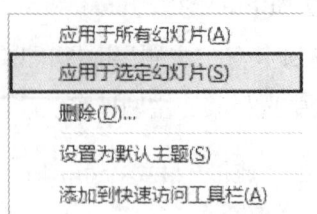

图 6-36 应用"主题"快捷菜单

4. 应用 SmartArt

SmartArt,智能图形。SmartArt 图形是信息和观点的视觉表示形式,重点突出信息之间的逻辑关系。通过从多种不同布局中进行选择来创建 SmartArt 图形,从而快速、轻松、有效地传达信息。下面介绍 SmartArt 的使用方法。

第一步:选中一张幻灯片,选择"插入"—"SmartArt"命令,打开"选择 SmartArt 图形"对话框,如图 6-37 所示。

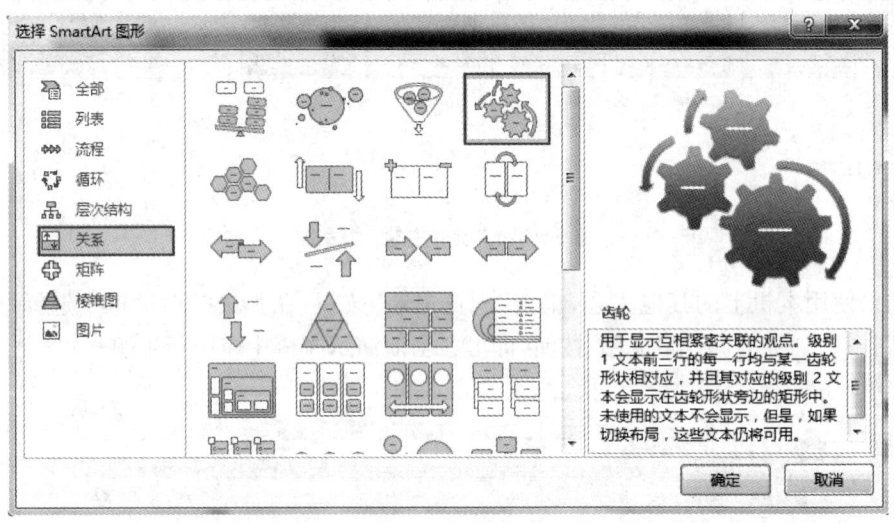

图 6-37 "选择 SmartArt 图形"对话框

第二步:单击"关系"按钮,出现"关系"列表,选择"齿轮"样式,单击"确定"按钮即可在幻灯片中插入 SmartArt 图形。

第三步:选择"SMARTART 工具"—"设计"选项卡,单击"更改颜色"按钮,在弹出的下拉列表框中选择一种主题颜色,如图 6-38 所示。

第四步:在"SmartArt 样式"组块中选择一种样式。

第五步:在 SmartArt 图形上添加文字,并调整布局,最终效果如图 6-39 所示。

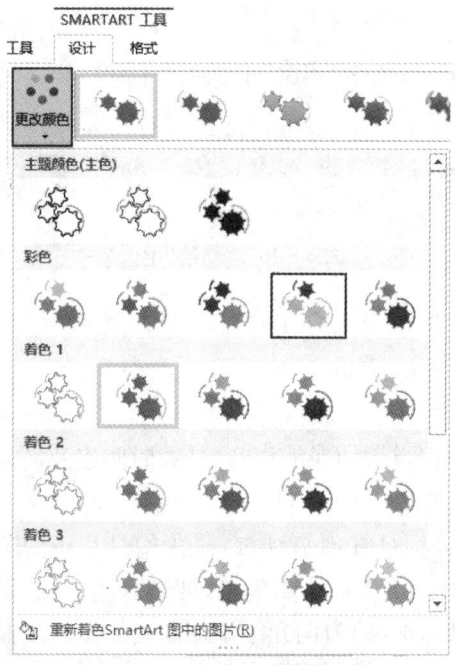

图 6-38 "更改颜色"列表框

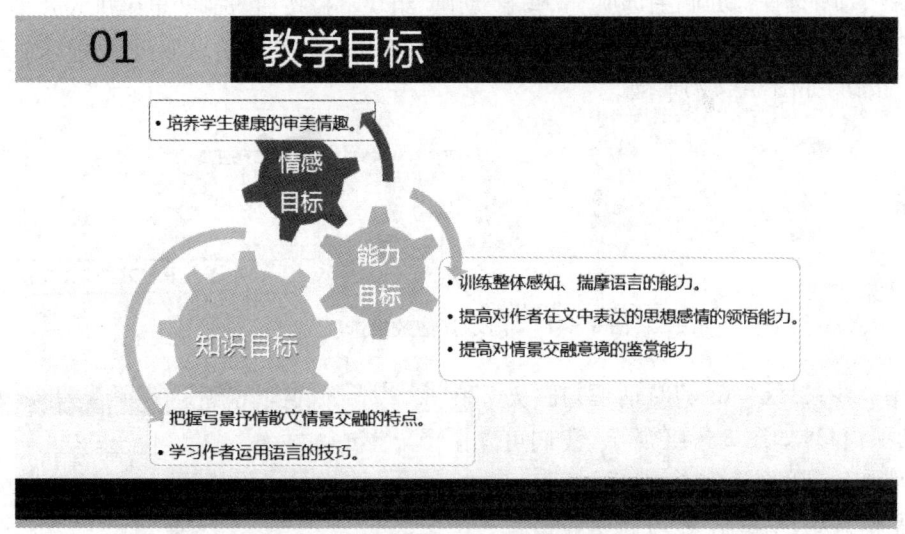

图 6-39 "SmartArt 图形"最终效果

(三) PowerPoint 动画制作

为幻灯片中的对象添加动画,可以让演示文稿更加生动活泼,还可以控制信息演示流程,突出重点内容,而且可以吸引学生的注意力,调动学生的学习积极性。

在 PowerPoint 中添加的动画类型有两种,一是幻灯片切换动画,二是幻灯片内部动画。

1. 添加幻灯片切换动画

幻灯片切换动画是指幻灯片与幻灯片之间的过渡动画,如推进、擦除、涟漪等。具体操作步骤如下。

第一步:打开演示文稿,选择"切换"主选项卡,如图 6-40 所示。

图 6-40 "切换"主选项卡

第二步:在"切换到此幻灯片"组中选择动画类型"擦除",单击"效果选项"命令,设置擦除方向。

第三步:在"计时"组中设置切换的声音、持续时间以及换片方式等效果。

2. 添加幻灯片内部动画

幻灯片内部动画也称幻灯片内页动画,是为幻灯片中的不同对象添加的动画效果。在 PowerPoint 2013 中提供了 4 种动画效果,即进入动画、强调动画、退出动画和动作路径动画。下面以添加"进入动画"为例介绍添加动画的操作步骤。

第一步:打开演示文稿,选择标题文本框。

第二步:选择"动画"主选项卡,单击"动画"组块下拉按钮,选择"更多进入效果",在打开的"更多进入效果"对话框中选择"飞入"动画,单击"动画"组块右下角的"显示其他效果选项"按钮,如图 6-41 所示。

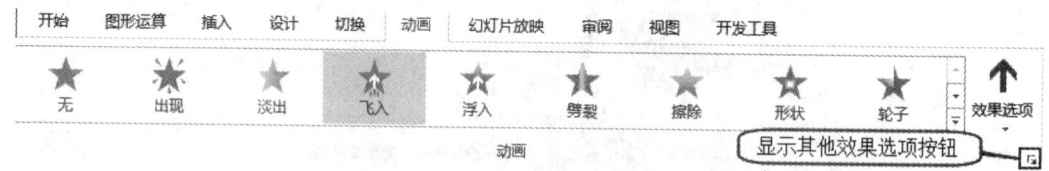

图 6-41 "显示其他效果选项"按钮

第三步:打开"飞入"对话框,在"效果"选项窗口,如图 6-42 所示,我们可以对动画出现的方向进行改动,还可以通过平滑开始、平滑结束、弹跳结束设置动画的速度。这三个是只在动画路径,比如飞入、飞出、直线移动的动画下才有的。

平滑开始:移动的速度由慢到快;平滑结束:移动速度由快到慢;弹跳结束:移动到末端的时候会弹跳一下;动画文本:设置文本出现的方式,包括整批发送、按字/词、按字母。

第四步:在"计时"窗口,如图 6-43

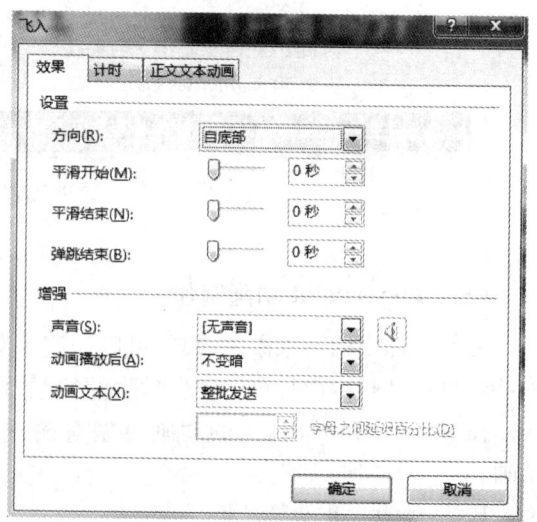

图 6-42 "效果"选项窗口

所示,设置"开始"—"上一动画之后",其他选项默认。

"开始":设置动画开始的方式,有三种方式可供选择,即"单击时""与上一动画同时"和"上一动画之后"。"单击时"即在单击鼠标时开始(进入)动画,"与上一动画同时"即在上一动画完成之前开始(进入)动画,"上一动画之后"即在上一动画完成之后开始(进入)动画。

"延迟":设置当前动画在前一动画结束多少秒后启动,单位"秒"。

"期间":设置动画的放映速度,有5种速度选择(非常慢、慢速、中速、快速、非常快)。

"重复":设置动画重复的次数,有"无、2、3、4、5、10、直到下一次单击、直到幻灯片末尾"8个选项。

"触发器":设置动画的启动方式,有"部分单击序列动画"和"单击下列动画时启动效果"2个选项。其中"部分单击序列动画"为默认选项,设置的动画效果依次播放;当选择"单击下列动画时启动效果"时,需要单击某个具体的对象启动动画。

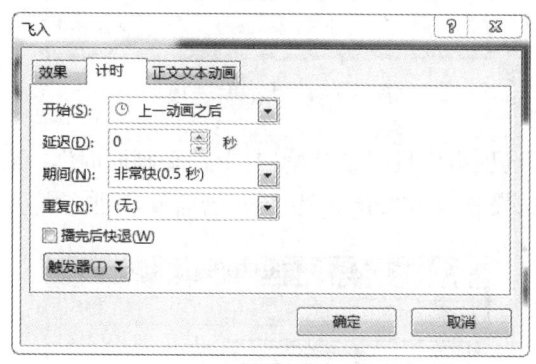

图6-43 "计时"选项窗口

小提示:在同一个对象添加多个动画效果时,第一个动画效果可以直接在"动画"组块中添加,第二个动画单击"添加效果"按钮 ,添加动画;在演示文稿中相同类型的动画可以单击"动画刷"按钮 ,复制动画。

3. 添加声音动画

在PowerPoint中不但可以设置文字、图片等动画,也可以设置声音动画。下面以为1—7张幻灯片添加背景音乐为例介绍声音动画设置方法。

第一步:在第一张幻灯片插入背景音乐。选中声音图标,单击"动画"—"动画窗格"命令,在右侧出现"动画窗格"。

第二步:在"动画窗格"中,单击"背景音乐"右侧的下拉箭头,在下拉菜单中选择"效果选项",打开"播放音频"对话框。

第三步:在"效果"选项卡中设置,"开始播放:从头开始","停止播放:在7张幻灯片后",如图6-44所示。

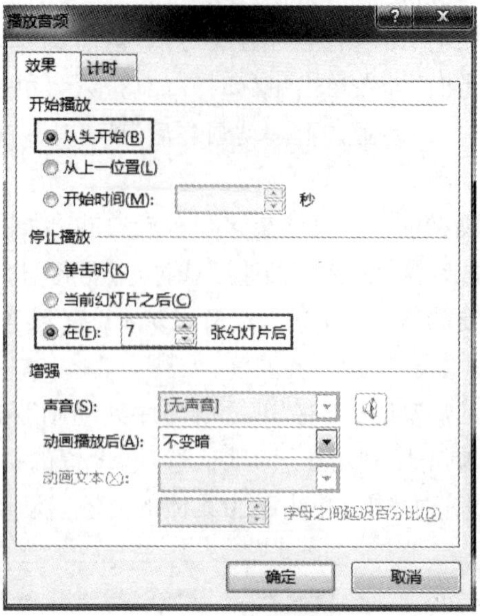

图 6-44 "效果"选项卡

第四步:在"计时"选项卡中设置,"开始:与上一动画同时","重复:直到幻灯片末尾",如图 6-45 所示。通过设置,"背景音乐"从头开始播放,7 张幻灯片播放后结束。

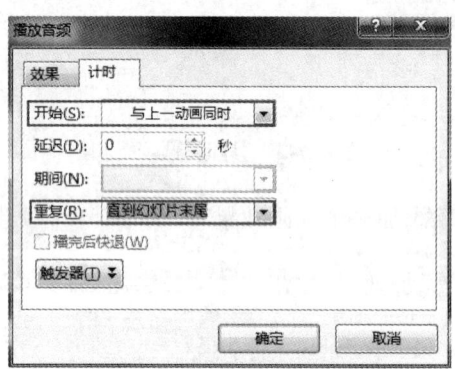

图 6-45 "计时"选项卡

(四) 添加交互设置

经过前面制作的课件可以顺序播放,如果需要根据内容跳转到特定的幻灯片,或者打开另一个程序,需要使用超链接功能和动作按钮来实现交互。

1. 添加超链接

在 PowerPoint 中将超级文本链接称之为"超链接"。在幻灯片放映时,创建了超链接的文本,当鼠标移动到这些文字上时,鼠标会变成手形,此时单击鼠标会跳到另一个文档位置,也可以跳转到硬盘、互联网等。

(1) 插入超链接

第一步:选中需要设置超级链接的文本框。

第二步：添加超级链接。方法有两种：一是单击"插入"主选项卡，选择"超链接"命令；二是在选中对象上右键单击，在弹出的菜单中选择"超链接"命令。打开"插入超链接"对话框，如图 6-46 所示。

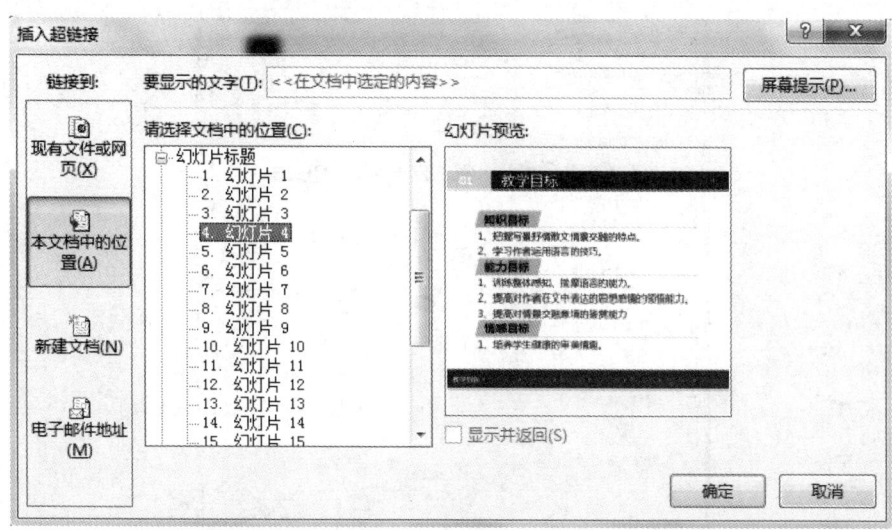

图 6-46 "插入超链接"对话框

第三步：选择超链接的目标位置。有四个选择：一是"现有文件或网页"，超链接到一个文件、一个应用程序，还可以是一个网页（前提是计算机连接网络）；二是"本文档中的位置"，超链接到同一个文件中的任一幻灯片；三是"新建文档"，超链接到一个新建的文档；四是"电子邮件地址"，在连接网络的情况下，可以超链接到"电子邮箱"中的一个邮件。

第四步：切换到放映视图，当鼠标置于超链接文本上，鼠标变成手形，单击即可链接到指定幻灯片。

小提示：设置超链接时，如果以文本为链接对象，则会改变文本的样式，破坏原有的设计，建议选择"文本框"为链接对象。

（2）编辑超链接

编辑超链接：在设置超链接的对象上单击鼠标右键，在弹出的快捷菜单中选择"编辑超链接"命令，在弹出的对话框中对超链接进行编辑。

取消超链接：在设置超链接的对象上单击鼠标右键，在弹出的快捷菜单中选择"取消超链接"命令，即可取消已经设置好的超链接。

2. 添加动作按钮

在 PPT 中实现交互功能除了超链接，还可以通过动作按钮来实现。

第一步：选择"开始/插入"主选项卡，单击"形状"，在展开的下拉列表中，在最下面出现"动作按钮"命令，如图 6-47 所示。

图 6-47 "动作按钮"命令

第二步：选择一种动作按钮，在幻灯片的适当位置拖拽出一个按钮，松开鼠标会弹出"操作设置"对话框，如图 6-48 所示。

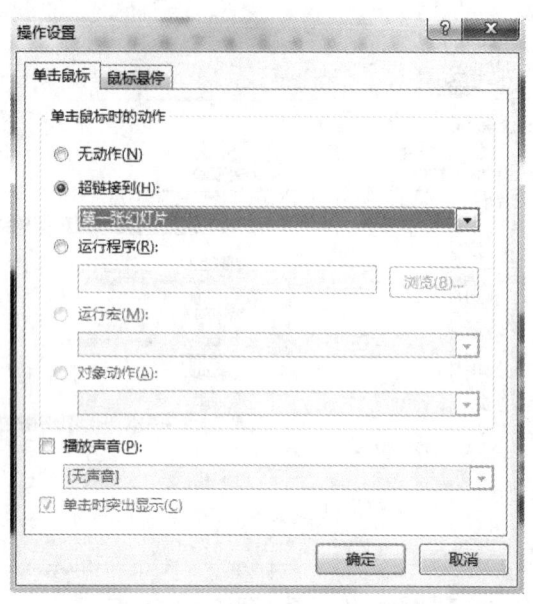

图 6-48 "操作设置"对话框

第三步：选择激活对象的方式，可以是"单击鼠标"，也可以是"鼠标移动"。

第四步：选中"超链接到"复选框，单击其下方右侧的下拉菜单按钮，在弹出的菜单中选择"幻灯片…"（也可以是 URL 或其他文件），在打开的"超链接到幻灯片"对话框中选择目标幻灯片，单击"确定"按钮回到"操作设置"对话框，再单击"确定"即可完成超链接设置。

（五）演示文稿的放映和打包

1. 演示文稿的放映

演示文稿的放映就是将幻灯片以全屏视图方式进行播放。选择"幻灯片放映"主选项卡，如图 6-49 所示。"开始放映幻灯片"组块用于设置幻灯片放映方式，包括从头开始、从当前幻灯片开始、联机演示和自定义幻灯片放映四种方式。"设置"组块用于设置幻灯片放映的具体操作，包括设置幻灯片放映、隐藏幻灯片、排练计时、录制幻灯片演示等操作。

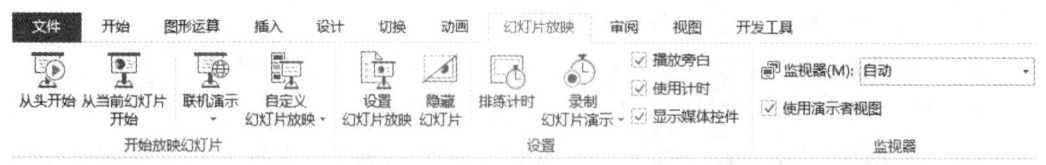

图 6-49 "幻灯片放映"主选项卡

2. 演示文稿的打包

演示文稿制作完成后，如果需要在另一台计算机上使用或上传到网上，就需要对其进行打包，以保证演示文稿能够在不同环境下正常运行。下面介绍演示文稿打包方法。

第一步:打开制作完成的演示文稿。

第二步:选择"文件"—"导出"—"将演示文稿打包成 CD"—"打包成 CD",如图 6-50 所示。

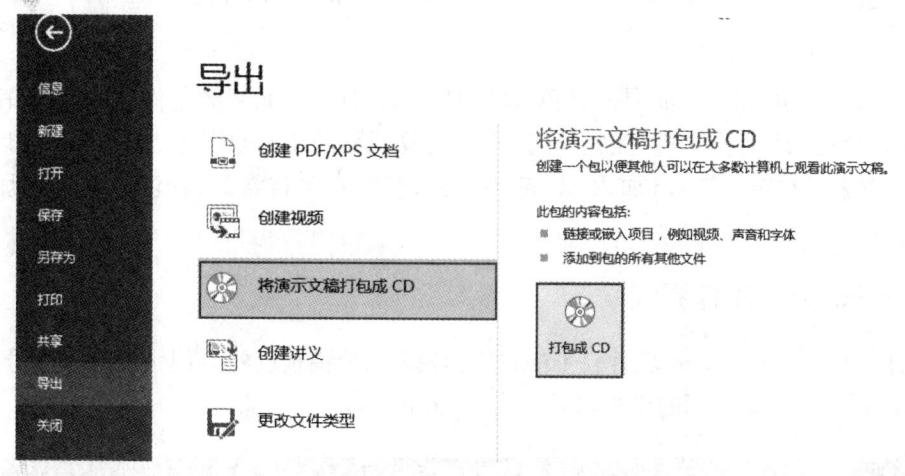

图 6-50 打包成 CD

第三步:打开"打包成 CD"对话框,在"将 CD 命名为"文本框中输入文件名。

第四步:单击"选项"按钮,打开"选项"对话框,设置"包含文件"及"隐私保护",如图 6-51 所示。单击"确定"按钮完成设置。

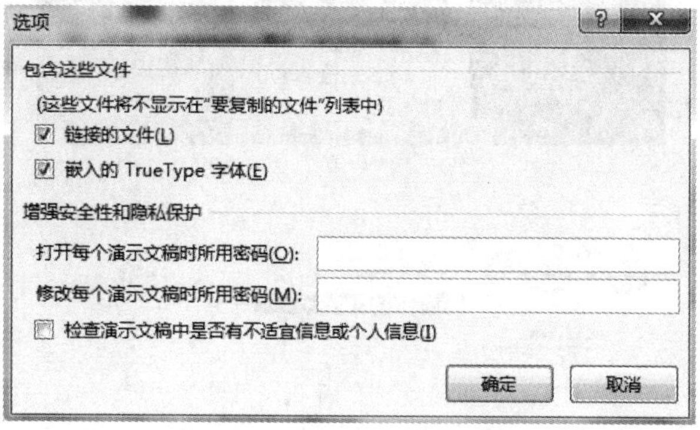

图 6-51 "选项"对话框

第五步:单击"复制到文件夹"按钮,打开"复制到文件夹"对话框,设置文件夹名称和保存位置,如图 6-52 所示。

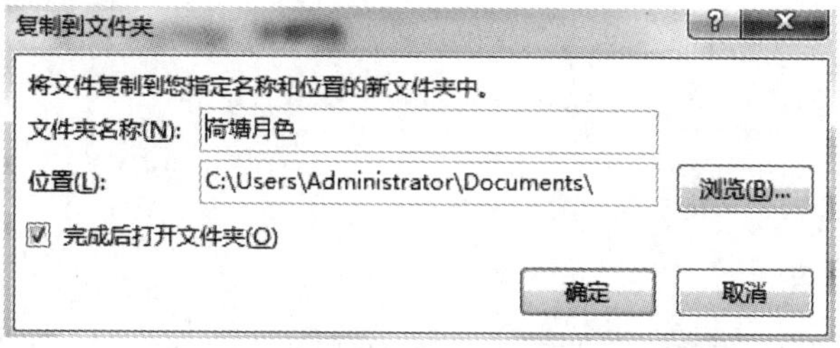

图 6-52 "复制到文件夹"对话框

第六步:单击"确定"按钮,在弹出的提示框中单击"是"按钮,即可完成打包。

第四节　利用 Focusky 制作课件

Focusky 动画演示大师是一款免费的幻灯片、微课及动画视频制作软件,可以轻松导入 PPT,所有操作即点即得,能轻松创建思维导图风格的动态幻灯片。Focusky 的切换方式模仿电影视频转场特效,加入 3D 镜头缩放、旋转和平移特效,让演示文稿更加生动形象。①

一、Focusky 工作界面

打开 Focusky,会显示软件自带的在线模板。这些模板已经分门别类,可以选择自己想要的类别,选择想要用的模板,如图 6-53 所示。

图 6-53　Focusky 首页

选择"工作总结模板"—"多彩立体工作总结",进入 Focusky 编辑界面,如图 6-54 所示。

---

① 杨上影.微课设计与制作[M].北京:高等教育出版社,2017:266.

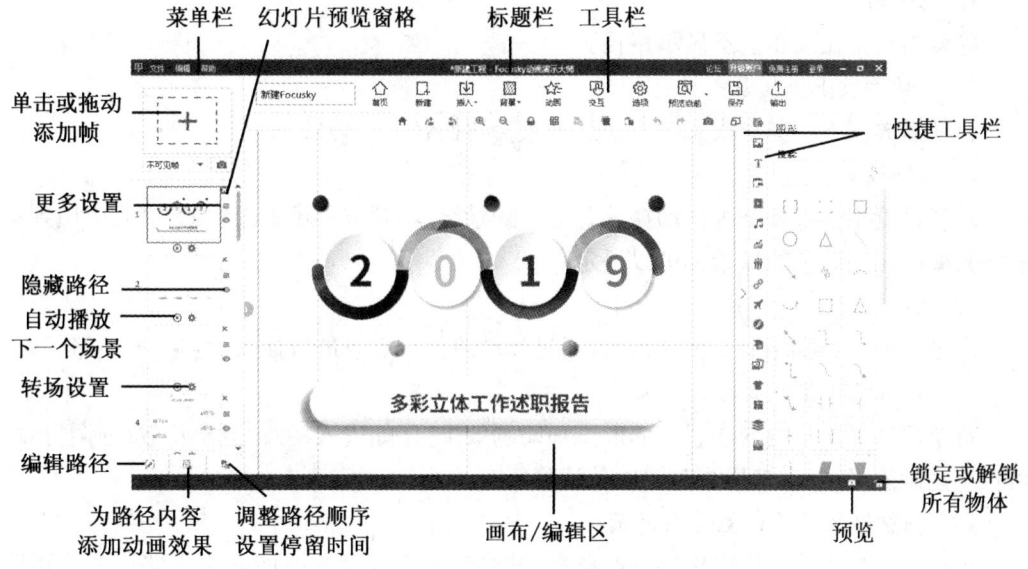

图 6-54 Focusky 工作窗口

1. 标题栏

标题栏显示当前编辑文件名称及软件名,默认文件名是"新建工程"。

2. 菜单栏

菜单栏包括文件、编辑、帮助三个菜单,用于文件与对象的编辑操作。

3. 工具栏

工具栏包括新建、插入、背景、动画、选项、预览当前、输出、保存等操作命令。

4. 单击或拖动添加帧

单击或拖动快速添加矩形窗口、方括号帧、圆形窗口和不可见帧,添加一个就代表一张幻灯片,类似于一个电影镜头。

5. 幻灯片预览窗格

幻灯片预览窗跟 PPT 一样,这里可以预览到每一张幻灯片(一张幻灯片就是一个场景)。

6. 更多设置

更多设置包括添加声音跟字幕、停留时间、备注设置,如图 6-55 所示。添加声音跟字幕可以给当前的这张幻灯片添加声音文件(*.MP3),电脑插上麦克风后可进行录音,以及可以输入字幕;停留时间指场景显示时间;备注设置相当于 PPT 中的备注栏。

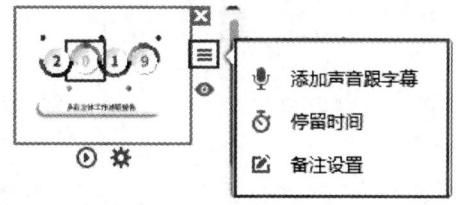

图 6-55 更多设置

7. 隐藏路径

隐藏路径是在画布上不显示路径。

8. 自动播放下一场景

自动播放到下一场景或需要手动点击才会切换到下一场景。

9. 转场设置

转场设置用于设置是否自动播放到下一场景、转场到下一场景需要的时间、应用到当前场景或应用到所有的场景都可以设定。

10. 编辑路径

点击任何一个物体加入路径列表，通过拖动路径节点以进行插入、删除、替换路径。

11. 为路径内容添加动画效果

可单击选择路径内的任意物体以添加动画效果，比如进入特效、退出特效、强调特效。可预览动画效果，自定义播放时间以及清除所有动画。

12. 调整路径顺序设置停留时间

可以在幻灯片路径栏中拖动修改路径的顺序，也可拖动缩略图自定义路径顺序跟路径播放时间。如果时间小于或等于 0，路径将采用默认的播放时间 4 秒。

13. 画布/编辑区

画布也是工作区域，可缩放、旋转、添加物体、设置主题、路径编辑等。

14. 预览按钮

可预览演示文稿发布后的效果。

15. 锁定或解锁所有物体

当演示文稿的多个物体被锁定时，一个一个地解锁会比较烦琐，可通过"解锁所有物体"键来解锁。

16. 快捷工具栏

包括水平工具栏和垂直工具栏。水平工具栏显示常用的操作命令，如旋转、缩放、复制、粘贴、撤销、添加当前窗口到路径、显示比例等；垂直工具栏显示在 Focusky 中插入的对象，如图形、图片、文本、内容布局、视频、音乐、超链接、特殊符号等。

二、制作方法

（一）新建文件

打开 Focusky 软件，单击"新建工程项目"按钮，打开"新的空白项目"对话框，选择布局、设置路径数量及背景颜色，如图 6-56 所示，单击"创建"按钮进入编辑界面。

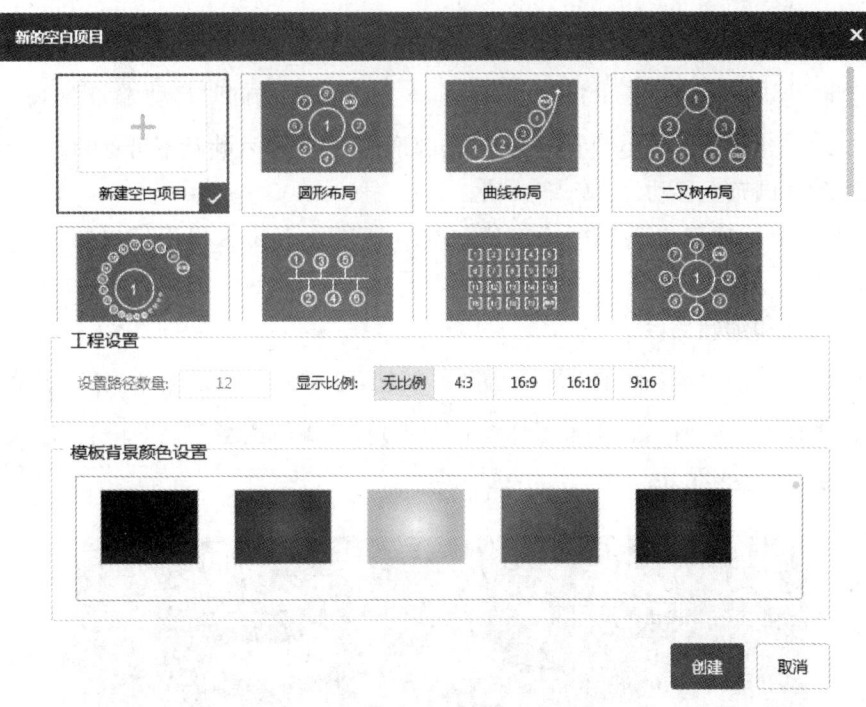

图 6-56 "新的空白项目"对话框

(二) 选择背景

选择"背景"工具命令,单击 3D 背景、图片背景、视频背景或背景颜色按钮,在打开的下拉列表中选择一种背景,如图 6-57 所示。

图 6-57 设置背景

(三)添加帧

第一步:单击工作窗口左上角"＋"按钮 ，创建帧的同时自动添加路径。

第二步:创建帧的形状类型有矩形窗口、圆形窗口、方括号帧及不可见帧。

第三步:在画布上移动、旋转、缩放帧。

第四步:选择"快捷工具栏"—"角色"命令,在角色人物上单击即可将其添加到场景中。

(四)添加和编辑路径

选中元素,单击元素右侧的"添加到路径"按钮,这时元素就添加到帧里,也就自动创建了路径,如图6-58所示。单击工作窗口左下角的"编辑路径"按钮 ,进入编辑路径模式,移动帧号调整路径。

图6-58 添加到路径

(五)添加动画效果

选中添加动画的帧,单击工具栏的"动画"选项,进入动画编辑窗口,单击"添加动画"选项,弹出"选择一个动画效果"对话框,如图6-59所示,为对象选择一个动画效果。

在动画窗格设置动画效果。完成动画设置,单击"退出动画编辑"按钮,退出动画编辑状态,如图6-60所示。

单击"进入特效"按钮 ,打开"选择一个动画效果"对话框;单击"点击进入动画效果"图标 ,选择动画进入方式;单击"预览"图标 ,预览动画效果;单击"更改动画效果"图标 ,更改为另一种动画效果;单击"动画设置"图标 ,设置动画时长及延迟。

图 6‑59 添加动画效果

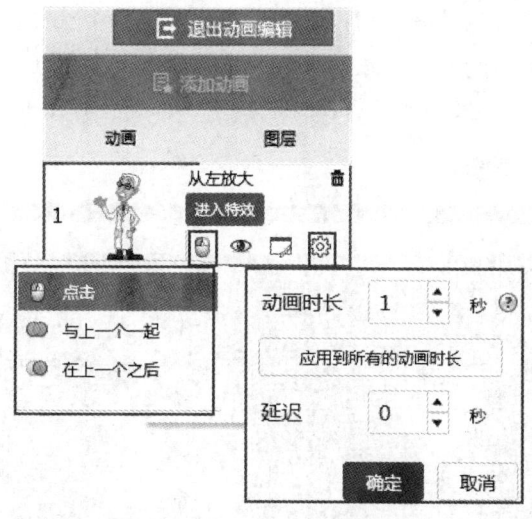

图 6‑60 设置动画效果

(六) 调整顺序

单击左下角的"调整路径顺序,设置路径播放时间"按钮 ,进入"自定义路径"对话框,拖动幻灯片可以调整顺序,同时设置幻灯片的"播放时间"。设置完成单击"保存"按钮退出编辑,如图 6‑61 所示。

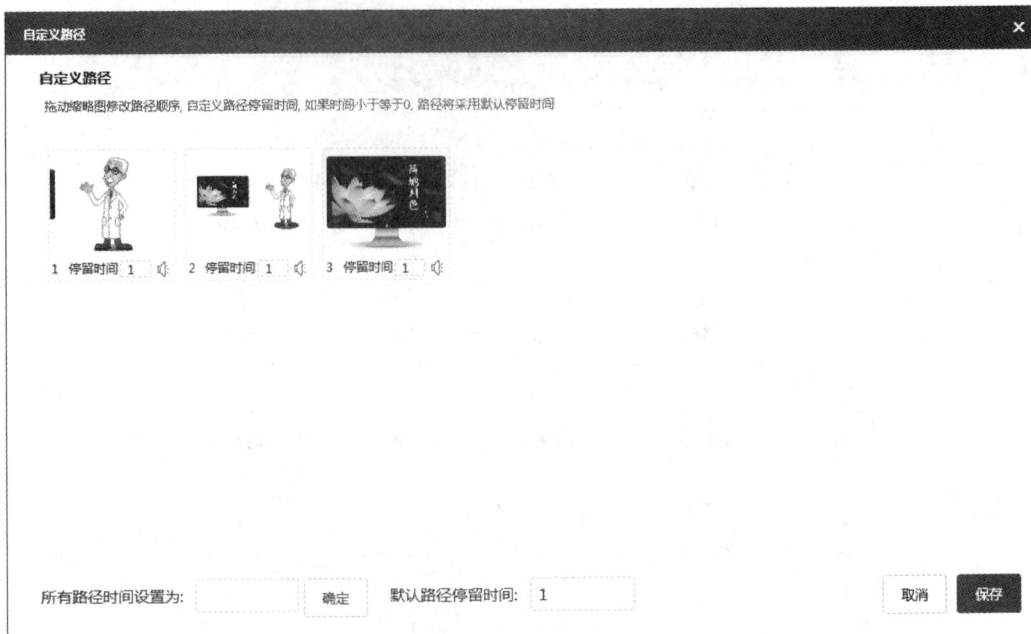

图 6-61 "自定义路径"对话框

(七) 添加声音和字幕

添加声音:选择"插入"—"声音"命令,在弹出的对话框中选择声音文件。

添加字幕:选择"更多设置"—"添加声音和字幕"命令,如图 6-62 所示,单击"选项"按钮,设置字幕的字体、字号、颜色等,再单击"新增字幕",在弹出的对话框中输入字幕,完成后单击"退出录音模式"。

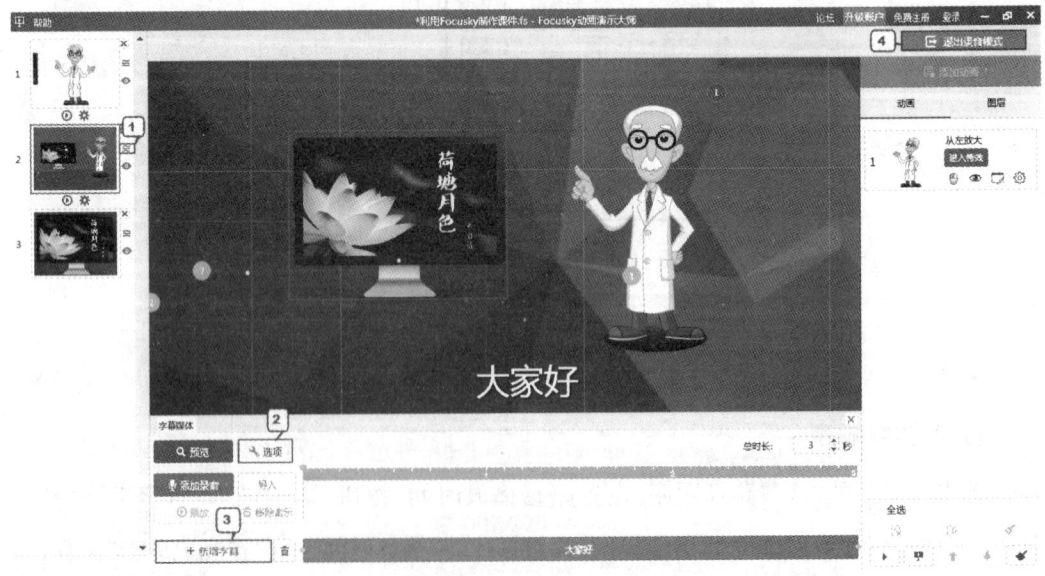

图 6-62 添加声音和字幕

(八) 输出

选择"输出"命令,打开"输出 Focusky"对话框,如图 6‑63 所示,选择一种输出类型,按提示操作即可。

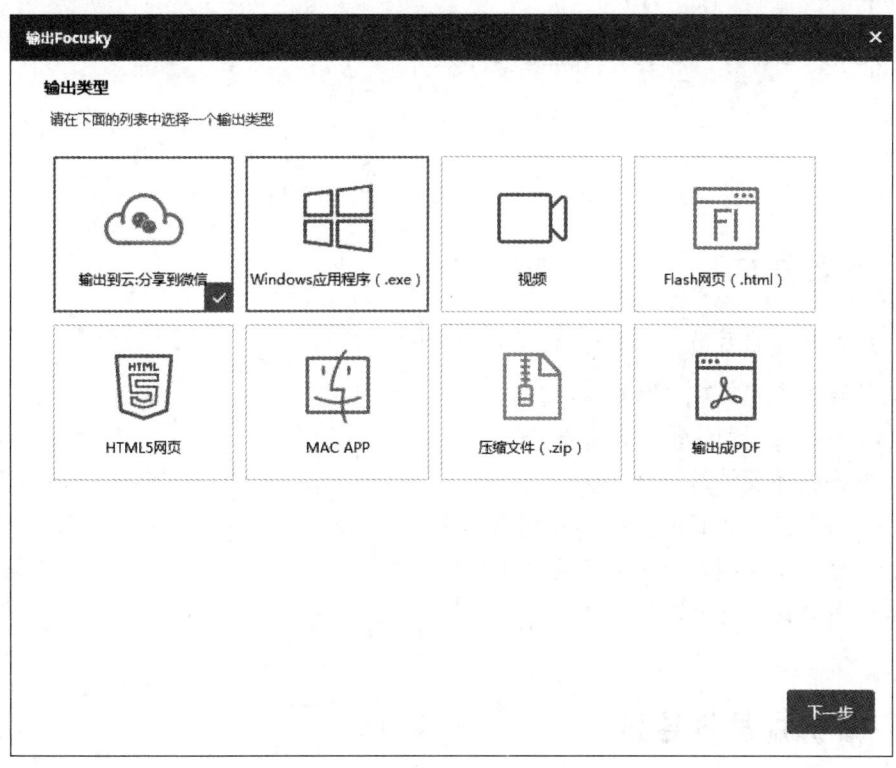

图 6‑63 "输出 Focusky"对话框

[思考与练习]

1. 多媒体课件包含哪些构成元素?
2. 简述多媒体课件的设计原则。
3. 简述多媒体课件的设计流程。
4. 创建一个新的演示文稿的方法有哪些?
5. 简述利用 PowerPoint 制作多媒体课件的步骤。
6. 选取小学课本上的一个课题,利用幻灯片母版进行整体设计。
7. 利用 PowerPoint 动画特性制作一个滚动图片动画。
8. 在 PowerPoint 中为多张幻灯片添加背景音乐。
9. 使用 PowerPoint 中的触发器控制声音的播放。
10. 将已经制作好的课件进行打包。
11. 使用控件法在 PowerPoint 中插入 Flash 动画。
12. 利用 Focusky 制作动画型课件。

第七章
微视频设计与微课应用

 学习目标

1. 理解微视频与微课的概念。
2. 掌握微视频设计与制作的流程。
3. 了解微视频制作的几种常用方式。
4. 掌握微课设计的一般过程。
5. 掌握录屏软件 Camtasia Studio 的使用方法。
6. 了解微课视频录制常见问题的原因及处理办法。
7. 了解微课的教学应用。

 知识点思维导图

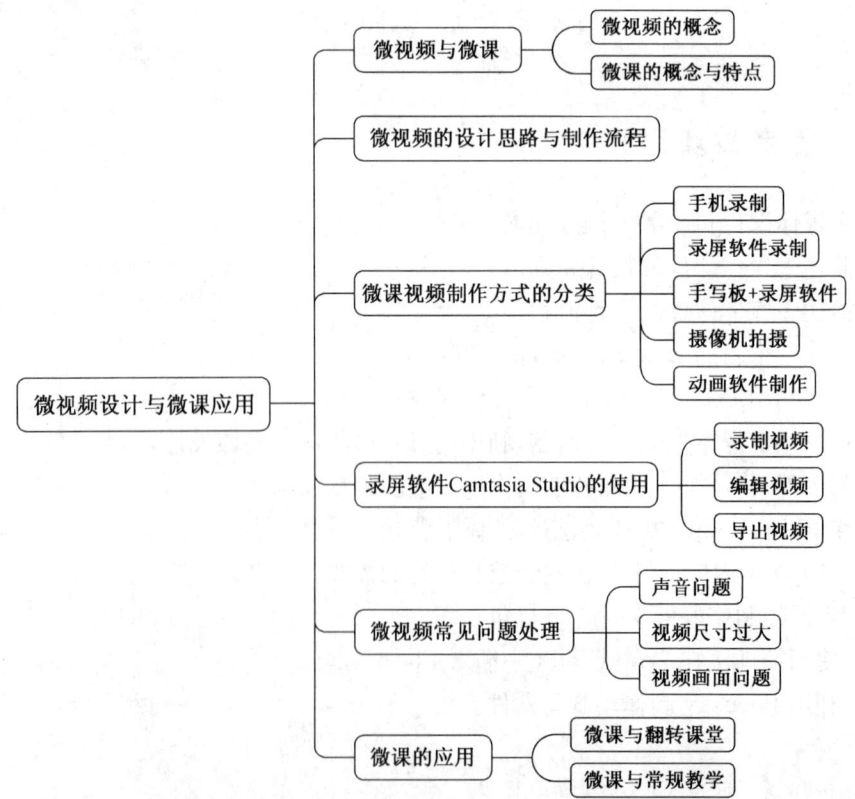

随着信息化时代到来,网络通信技术发展日新月异,各种移动终端成为学习者自主学习的主要工具,移动学习和泛在学习渐成主流。为适应时代发展,很多领域的名词加上了"微"字,如微信、微博、微商、微电影、微小说、微盘等等,教育也面临着"微"的同化。传统的以 45 分钟为单位的课堂实录存在着资源粒度过大过长、资源主题和特色不够突出等问题,而以短小精悍的教学视频为呈现形式的微课,正在影响着我国教育教学改革的发展趋势,成为日渐成熟的新型教育教学资源。由此,"微课"出现在大众面前并掀起了在线教育的新革命。

微课的核心成分是微视频,因此微视频的设计与制作就显得十分的重要。微课的本质是课,微视频是与其相关的课程与课堂架构下的核心组成部分与核心资源,从某种意义上讲,微课视频的质量将对微课的应用产生决定性的影响,没有微视频无从展开微课、翻转课堂,本章将对微视频设计、制作及微课的应用等相关问题进行说明。

第一节 微视频与微课

微课(Micro-lecture)产生的主要背景是源于对我国多年教育信息化发展过程中,基于单元或课时(40—45 分钟)为主的"大而全"资源建设模式的一种"修正和反思"①。微课作为目前"微"教学模式的代表,其雏形最早出现于美国北爱荷华大学 LeRoy A. McGrew 教授所提出的 60 秒课程(McGrew,1993)。而现今广受关注的"微课程"概念是由美国新墨西哥州圣胡安学院的高级教学设计师、学院在线服务经理 David Penrose 在 2008 年提出的②。Penrose 认为微型的知识点(Knowledge Burst)在相应的作业与讨论的支持下,能够与传统的长时间授课取得的效果媲美。微课在国内最早出现是在 2010 年,由广东教育局的胡铁生提出。随着国内微课应用的不断深入,出现了很多相关的概念,微视频、微课视频、微课、微课程、微课群等,尤其是微视频、微课、微课程相互套用。本教材中,对微视频和微课做严格区分,微课是一种教学形态,而微视频是一种教学资源、一种视频形式的教学资源、一种微课中应用的视频资源,是微课中的核心资源。

一、微视频的概念

教学视频是一种重要的教学媒体资源,20 世纪 90 年代以前在教学中应用的视频主要是以模拟信号形式记录、以录像带形式出现的视频,通过录像机及电视机进行视频教学。由于录制教学视频需要专业化的设备,且录制流程烦琐,一般需要经过选题、文字稿本、分镜头稿本、拍摄准备、拍摄、后期录音及字幕处理等环节,通常所录制的视频时间都比较长,主要用于表达相对完整的可视化教学内容,比如教师比较熟悉录制优质课。但对视频的小型化处理,也并非没有触及。1989 年,万明高、朝桂荣提出了对一般教学片应当

---

① 梁乐明,曹俏俏,张宝辉. 微课程设计模式研究——基于国内外微课程的对比分析[J]. 开放教育研究,2013(1):65-73.

② 焦建利. 微课及其应用与影响[J]. 中小学信息技术教育,2013(4):13.

发展小片(约 3—5 分钟)在课堂教学中穿插播放的想法。90 年代后,我国电教界已明确将"片断性内容"电视教材作为电教教材的一种类型。可见"片断性内容"的短小教学视频在国内 90 年代初已被提出。在《现代汉语词典》中,"微"既有"细小、轻微"的意思,又有"精深奥妙"的解释,代表着简洁、快速、浓缩和高效。正如"微"是互联网产物的标识一样,微课视频则是多媒体技术、网络技术和移动通信技术紧密关联的一种特定概念,它与微课紧密相连。其主要特性一方面表现在内容记录时间短的特性上(一般 5—8 分钟),另一方面表现在流媒体数字化存储特性上(rm、flv、mp4 等)。

微课视频是支持移动学习和泛在学习,时间一般在 5—8 分钟、表达一个明确主题的流媒体格式的数字化视频。微课视频是微课的核心资源,是展开微课必不可少的前提条件。

二、微课的概念与特点

(一) 什么是微课

1. 微课的概念

关于什么是微课,目前国内并无统一的说法,不同研究者有不同的认识,表 7-1 列举了部分具有代表性的观点。

表 7-1 微课的概念

概念提出者	主要观点
胡铁生 (2010)	微课是微课程的简称,它是以微型教学视频为主要载体,针对某个学科知识点(如重点、难点、疑点、考点等)或教学环节(如学习活动、主题、实验、任务等)而设计开发的一种情景化、支持多种学习方式的微型在线视频网络课程。
焦建利 (2013)	微课是以阐述某一知识点为目标,以短小精悍的在线视频为表现形式,以学习或教学应用为目的的在线教学视频。①
黎加厚 (2013)	微课是指时间在 10 分钟以内,有明确的教学目标,内容短小,集中说明一个问题的小课程。②
百度词条	微课是指以视频为主要载体,记录教师在课堂教育教学过程中围绕某个知识点或教学环节而开展的精彩教与学活动全过程。
教育部全国高校教师网络培训中心	"微课"是指以视频为主要载体,记录教师围绕某个知识点或教学环节开展的简短、完整的教学活动。

综合各家观点不难发现,微课是一种时间短、内容少、以具体知识点为目标、以视频为载体的新型教学资源。关于微课和微课程目前有两种观点,一种认为微课就是微课程的简称,另一种观点认为微课和微课程是两回事。本书对此不做详细区分,认为微课程包含微课。

---

① 焦建利. 微课及其应用与影响[J]. 中小学信息技术教育,2013(4):13.
② 黎加厚. 微课的含义与发展[J]. 中小学信息技术教育,2013(4):10.

2. 微课的资源构成[①]

微课的资源构成可以用"4+1"来描述,如图7-1所示。

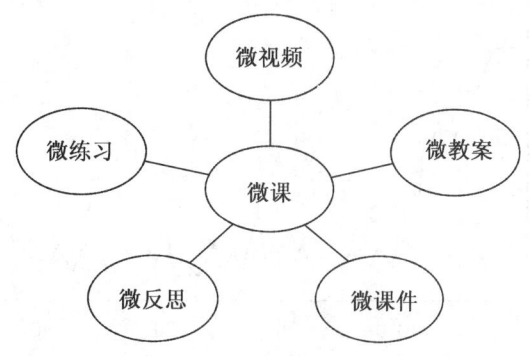

图 7-1　微课的资源构成

"1"指的是微课最核心的部分——微视频。一般为 5 分钟左右,最长不宜超过 10 分钟,这段视频应能集中反映教师针对某个知识点、具体问题或教学环节而开展的精彩的教与学活动过程,教学形式和教学活动地点可以灵活选择,不一定局限在教室或课堂上。

"4"是要提供 4 个与这段教学视频(知识点)相配套的、密切相关的教与学辅助资源,即微教案(或微学案)、微课件(或微学件)、微练习(或微思考)、微反思(或微反馈),这些资源以一定的结构关系和网页的呈现方式"营造"了一个半开放的、相对完整的、交互性良好的教与学应用生态环境。"微教案"是指微课教学活动的简要设计和说明。"微课件"是指在微课教学过程中所用到的多媒体教学课件等。"微反思"是指执教者在微课教学活动之后的体会、反思、改进措施等。"微练习"是根据微课教学内容而设计的练习测试题目,以检测学习者利用微视频进行自学的效果。

(二) 微课的特点

课通常指课堂教学,按节来计数,一节课解决一个或几个知识点,课是一种完整的教学活动。课堂教学的基本要素包括教师、学生、教学目标、教学内容、教学策略、教学评价及反馈与互动等。任何一堂课必定有与之对应的课时教学目标,围绕教学内容等制定教学策略,通过教学策略展开的师生之间高度参与的反馈互动的完整的教学活动过程才能称之为课。课的本质是教与学的活动过程,微课的本质是教学活动,微课也是课,是一种比以节为单位的课堂教学更小的教学活动,其运行环境是需要核心资源微课视频支持的互联网络。

微课具有以下几个特点:

1. 短

微视频的时间较短。教学视频是微课的核心内容。根据中小学生的认知特点和学习规律,"微课"的时长一般为 5—8 分钟,最长不宜超过 10 分钟。1996 年,印第安纳大学的两位心理学教授曾经做过实验,研究表明在一节 40—50 分钟的课中,学习者前十分钟注

[①] 宋星. 高校微课开发与建设研究[M]. 成都:电子科技大学出版社,2017.

意力最为集中,随后注意力开始下降①。如图 7-2 所示。微课的时间如果过长,学生很难保持高度集中的注意力,学习效果就会大打折扣。

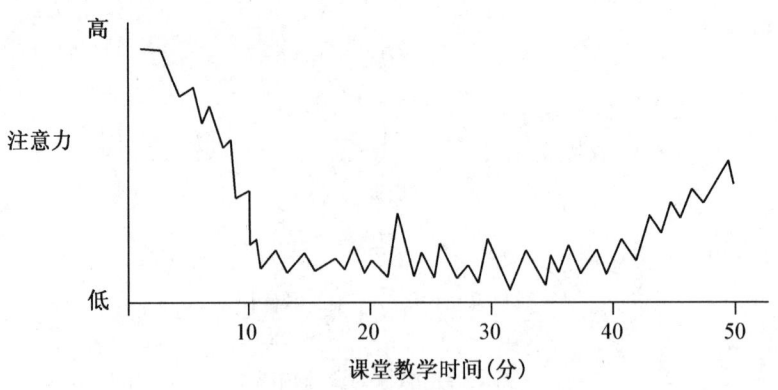

图 7-2 注意力的十分钟法则

2. 小

"小"可包含两层含义:一是微课的内容少,二是资源容量小。对于较宽泛的传统课堂,微课教学主题聚焦,教学目标明确,更适合教师的需要。一个微课一般只介绍一个知识点,如重点、难点、疑点、考点、易错点等。这对学习者来说有一个很大的好处:很容易找到自己感兴趣的视频,对于不明白的地方可以反复观看,短时间可以完成一个相对完整的知识点的学习。

一个微课包含的资源一般为几兆到几十兆,便于网络传播,适合在各种移动终端上进行在线自主、碎片化学习。视频格式须是支持网络在线播放的多媒体格式(如 rm,wmv,flv 等),师生可流畅地在线观看视频,查看教案、课件等辅助资源;也可灵活方便地将其下载保存到终端设备(如笔记本电脑、手机、MP4 等)上实现移动学习,非常适合于教师的观摩、评课、反思和研究。

3. 精

微课的"精"体现在三个方面:内容精炼、设计精细、活动精彩。微课对每个环节进行精准、细致的划分,在较短的时间内,用有趣的活动、生动的讲解、精美的画面呈现教学内容,激发学生的学习兴趣。

4. 学

微课的服务对象是学生。微课的草根化使得教育进入一个"人人为师、人人为学"的时代,促使师生关系发生了较大的变化。一方面,教师是课程的研发者。课程研发的目的是将教学内容、教学目标、教学手段紧密地联系起来,是"为了教学、在教学中、通过教学",而不是去验证理论、推演理论,所以,这决定了研发内容一定是教师自己熟悉的、感兴趣的、有能力解决的问题。另一方面,学生不仅是微课的学习者,也可以是开发者。

---

① 萨尔曼·可汗著,刘婧译. 翻转课堂的可汗学院[M]. 杭州:浙江人民出版社,2014.

第七章　微视频设计与微课应用

一个小学生的大举动[①]

当很多一线教师还不知道怎么制作微课时,一个10岁的孩子已经利用妈妈的手机录制了上千节微课。他就是湖南省株洲市银海学校的学生邹昊格。

他录制的微课内容非常丰富,包括读书、说书、说数学、说语文、说英语、爱科学、习作、朗诵、荐书、快乐假期、说变形攻略、祝福、成长收获……每个分类中又分为多篇,形式有文字、视频、动画、网页等。他的微课采用了多种信息技术:草料二维码、荔枝FM、秒拍、易企秀、初页、卡妞微秀、小影、美篇、趣配音……

他的二维码的内容在不断地增加中,现在已经增加到四年级的内容了。

这样的例子,在这个学校及其他地方还有不少。

就如杜威所说:"今天,如果还像昨天我们被教授的那样去教学的话,那么,我们就掠夺了我们的孩子的明天。"

▶ 扫描目录页二维码查看"昊格的微课"。

可汗学院的创始人——萨尔曼·可汗

图7-3　萨尔曼·可汗

萨尔曼·可汗1976年出生于美国路易斯安那州的新奥尔良市,毕业于麻省理工学院;在麻省理工学院学习的四年里,他一口气拿下了数学学士、电气工程与计算机科学学

[①] 从网红少年邹昊格说起. http://blog.sina.com.cn/s/blog_4c7923320102wzj1.html.

士及硕士学位。毕业后,可汗进入波士顿一家公司任对冲基金分析师,这是一份和教育毫不相关的工作。

2004年,萨尔曼的表妹纳迪娅在六年级结束时,参加了一次数学摸底考试,结果考得很糟糕。这就意味着她会被分到数学慢班,后果就是她在八年级时不能学习代数课程,十二年级时不能学习微积分课程,大学就不能选她喜欢的医学专业,无疑会错过很多机会。幸运的是,她的"数学天才"表哥帮助了她。可汗通过打电话、雅虎聊天软件、互动手写板等工具,帮助表妹解决数学中的疑难问题。后来纳迪娅重新参加了数学摸底考试,并取得了优异的成绩。最终表妹如愿考上了美国一个医学院。

很快,他的侄子、外甥、外甥女也要跟他学数学,一时间可汗忙不过来了。后来他听从朋友的建议,将数学辅导材料录制成视频,放到YouTube网站上,方便更多的人学习。当时YouTube网站上放的视频大多是娱乐相关的内容,网站限制了上传的视频长度不能超过10分钟,所以可汗一开始录制的数学教学视频就得控制在10分钟以内,也就是我们今天所说的微课。视频获得了很大的反响。可汗的视频都是用手写板+录屏软件录制的,边讲边写,类似于教师在黑板上板书。

2006年可汗创建了可汗学院,一个非营利性的机构,免费向全球学习者提供优质学习资源。2009年,可汗辞去了分析师这份工作,全心全意投入教育行业。到目前为止,可汗已经录制了4 800多节视频,他的团队也在不断壮大。2014年1月,YouTube网站上的"可汗学院频道"吸引了163.3万订阅者,观看次数超过了3.55亿次。可汗已经成为教育领域的超级巨星。

第二节 微视频的设计思路与制作流程

微视频是微课的核心资源之一,用来解决难点、重点、疑点的一种视频形式的教学资源,并服务于微课。为了在极短的时间内将知识点加以呈现,就需要将基于一节课的知识进行提炼,用精确的语言、合理的画面将知识阐述清楚,力争用最少的时间将问题说明清楚,因此,其不是将长时课(40—45分钟)的视频进行的片段截取,而需要经过精心的教学设计,并按可操作的制作流程加以制作。

一、微视频的设计思路

(一) 精准选题

制作微视频前,首先便是进行选题。微课是服务于学习者的,选题要根据学生的需求进行。选题角度一般是教学内容中的重点、难点和教学过程中发现的易错点等,这些往往是初学者较难理解和掌握的知识点。首先,这类选题容易挖掘,易形成较为系统的知识体系;其次,教学内容中的重难点和易错点大都是考试的核心内容,将这些内容录制成微课视频,可以供学习者反复观看以达到掌握知识点的目的。

在选题时还要注意要对相关的知识点进行科学的分析和处理,使它们更符合学生的认知规律,减轻学生的认知负荷,使得微课能够被重复利用。比如学生的需求涉及的内容比较多,难度比较大,教师要进行知识点的梳理,制作若干个相关微课以满足不同学生的需要。比如小学语文修辞部分,老师可以将常见的修辞手法分别录制成一个微视频,如比喻、拟人、排比、对比等,形成系列微课。此外,微课视频制作需要投入人力、物力,甚至财力,因此精准选题是关键。

(二) 优化设计

1. 内容丰富充实

微课视频内容不是把课本内容搬到电脑上,不是教师的照本宣科,而是表现了教师对所讲解内容的构思与创意。教师要充分了解学生的特点,要知道学生更喜欢哪种教学方式和策略,学生可能会对哪些知识点理解不透,如何讲解能促进学生的理解,采用何种方式能有效地激发学生的学习兴趣等。教师可依据自身对教学内容的独特理解,延伸知识点,拓展知识面,增加新的内容。所以,微课视频蕴含了教师的创意,是对教学资源的丰富。

2. 结构清晰明了

从结构上来说,每一个微课视频都是完整教学设计的精彩呈现。完整的微课视频包括片头、引入、讲解分析、小结、片尾等环节。

微视频的片头信息应能够给学习者提供关于该微视频的基本信息,包括课题名称、学科、版本、章节、主讲人、主讲人单位等。引入环节起到激发学生学习兴趣、使学生明了学习内容的作用;讲解分析环节重点分析、讲解知识要点,使学生体验思维过程;小结环节将主要内容进行简要梳理,帮助学生构建知识结构。

(三) 精心制作

优秀的微课视频不仅具有独特、巧妙的内容设计和完整的结构,而且讲究细节,使得学生更加乐于借助微课视频进行自主学习,提高学习的积极性和效率,达到高效学习的目的。

录制微课视频时,不仅要注意声音的音调高低、画面的清晰度,还应注意录制时的语气是否符合"一对一"教学的情境,录制时投入的情感是否合适。应当根据不同的微课类型和实际教学需要,选取合适的录制方式;构思好微课的动画效果方案,必要时重新录制,对比选择效果最好的。

(四) 视频的设计原则[①]

1. 适度分解原则

知识有层级和大小之分,微课程并不意味着课程内容的绝对微小,而应该是一种相对概念。有的知识点虽然属于复合知识,但是并不代表需要再分。微型化的划分依据得视知识本身的性质(如难易、结构等)、学生能力(包括先前技能和接受能力)、时间、教师设计的课程载体、教学目的而定,这是经验的逐渐积累和灵活应用的过程。

2. 实用性原则

简单实用原则就是说设计微课件时要从学习者本身出发,针对不同学科的培养目标进行。针对学习中的某个知识点,比如学习中的重点、难点、疑点、扩充点等,并且要考虑

---

① 宋星.高校微课开发与建设研究[M].成都:电子科技大学出版社,2017.

通过移动客户端学习的利与弊,设计出界面简单、操作方便、实用性强的微课件。

此外还要求在微课件开发过程中所用技术也要简单易用。设计微课件的目的是降低课程设计的门槛,不是为了追求技术,使用简单易学容易上手的技术,让大多数教师都能简易方便地投入到微课件的设计和制作。

3. 自主学习原则

微课件的学习是一种集合了移动学习、泛在学习的非正式学习模式,因此不能依赖于学习者自身强烈的学习动机,设计者应该考虑怎样获取和抓住学习者的学习动机和学习兴趣,设计相关的学习、活动、资源,帮助学习者提高学习品质、提高学习者的自信心、提高学习者自主学习的能力。

4. 系统性原则

教师可以选择实际教学中的某一门课程进行系统性的开发,这既有利于学生系统地学习,也有利于教师针对一门课程集中精力进行研究开发,从而形成一门课程的系统微课程,为其他专业微课程的开发提供基础和借鉴,如果各方面都成熟稳定了,可以进而推广至其他学科,以至于在学校全面铺开。

5. 界面设计原则

一个便于学习者学习的微课件界面,要提供给学习者赏心悦目、轻松愉快的学习情境。因此,在界面设计方面一要保持界面的简易原则,注意微课件的界面所包含的文字、图形、按钮等元素的大小尺寸、含义、位置等要合理,二要注意不宜使用过多的颜色,避免视觉的疲劳,所使用的颜色要很好地区分层次性。

6. 移动优先原则

移动设备在学生自主学习时有着不可替代的巨大作用,很多家庭都有电脑,很多学校也建设了供学生使用的计算机网络教室。并且我国也进入上网速度更快的5G时代,智能手机的广泛使用,使得微课的传播途径变得更加多元,人们不仅可以通过电脑,还可以通过手机来观看微课视频内容。因此在微课件制作过程中,不论是从素材资源的呈现格式,还是容量大小,都应当优先考虑以移动设备作为载体的可行性。

二、微视频的制作流程

微课视频的设计原则决定了其短小、精悍,而且主要是为解决教学中的重点、难点、疑点而制作。其设计与制作不可随心所欲、粗制滥造,更需要用户精心谋划。从知识重点与难点解决的构想到可视化的视频,微课视频的设计与制作应遵循一般的流程。由于根据制作工具的不同,制作微课视频有多种方式,其设计与制作过程也不完全一致,如比较传统的摄像机拍摄方式制作的微课视频,其设计与制作过程可分为稿本创作阶段、计划准备阶段、前期拍摄阶段、后期制作阶段和审片评价阶段,类似于电视教材的制作方式;而录屏软件录制的微课视频,其可能涉及课件的准备,也可能不涉及课件。因此,具体到某种方式制作的微课视频,其设计与制作的流程会有所不同。但从总体上讲,可以分为准备阶段、录制阶段、后期处理阶段等三个阶段①。

---

① 胡铁生."微课":区域教育信息资源发展的新趋势[J].电化教育研究,2011(10):61-65.

(一)准备阶段

准备阶段又可分为确定选题、教学设计、准备素材与录制工具。

确定选题是准备阶段的第一个环节,是微课视频设计与制作的第一步,也是关键的一步。它反映了微课视频是关于什么内容的,关系到微课视频的核心理念。微课视频不同于传统的课堂教学实录,不能简单地认为微课视频是一堂录像课的缩小版,微课视频不能完全取代课堂教学过程的完整呈现,故不是所有的教学内容都适合通过微课呈现。所以,教师先要重视微课视频的选题,只有选好了题,教师才能"借题发挥"。选题的形成本身也是一个研究的过程,既需要教师具有丰富教学经验的积累,又需要教师具有敏锐的洞察力和预见性。如果选题过于简单,可能出现"兜圈子"现象,将简单的问题复杂化;选题也不能太复杂,否则在有限的时间内会因讲述不清而影响教学效果。因此在教学实践中,选择常见的、典型的知识点进行设计,内容尽量少而精。

教学设计是准备阶段的第二个环节,可以从宏观和微观两个方面进行说明。一个微课视频,解决的是一个知识点,从课程的角度上讲,一个微课视频对学生的学习帮助将十分有限,只有将若干知识点、重点、难点开发成微课视频系列,才能成为真正意义上的学习资源,这就需要从宏观上进行整体性的教学设计。而对于一个具体的微课视频,可以称为微观层面的教学设计。教学设计是微课视频内容组成的核心要素之一。如果说课堂上展现的是教师的行为和机智,那么这些行为和机智背后的深层次思考则体现在教学设计中。换言之,一部精彩的电影首先得有精彩的剧本,优秀的微课视频同样离不开优秀的教学设计。教学设计是根据教学和教学对象将教学各要素优化安排,形成教学方案的过程。一般的微课视频要包含引入、讲解、小结三部分,三部分最终表现出的形式和效果,即引入主题要迅速、讲解要条理清晰、小结要对讲解内容做归纳。对教学设计的结果,可以通过微课视频设计脚本来体现,微课视频设计脚本的样式如表 7-2 所示。

表 7-2 微课视频设计脚本

微课视频设计脚本					
说明: (1) 内容设计是指要讲授的内容。 (2) 活动设计包括提问、练习、模拟操作、讨论、设计等多种让学生动脑、动手参与的互动活动设计。					
教学流程	内容设计	活动与评价	解说词(音效)	预计时间	备注
引入					
讲解					
小结					

准备素材与录制工具是准备阶段的第三个环节。从选用制作工具角度上,制作微课视频的方式有多种,本教材在随后的制作方式中列出了手机录制、录屏软件录制、手写板+录屏软件、动画软件制作、摄像机拍摄等五种方式,更复杂的还会涉及混合制作方式。由于制作方式不同,其素材与录制工具的准备不完全相同,尤其在硬件设备上存在较大差距。比如,录屏软件录制 PPT,素材准备方面就需要准备 PPT 课件、硬件方面准备录音

话筒、软件方面准备录屏软件等；而通过摄像机拍摄，就需要准备与教学过程相关的教学材料、设备、教师、学生、场地以及摄像机、后期编辑软件等。这时，教师需要根据制作方式来灵活准备素材和录制工具，以达有的放矢之目的。

（二）录制阶段

微课视频设计与制作的第二阶段是录制阶段，在确定选题、教学设计、准备素材与录制工具等准备阶段后，就进入录制阶段。比如采用摄像机拍摄方式制作微课视频，这一阶段就是完成现场录制任务，在专业摄影人员的安排与指挥下，由教师完成知识点的讲解、演示、示范等，或在学生的参与下完成上述任务；而录屏软件录制则由教师本人操作录屏软件，完成知识点内容的讲解。无论采用哪一种方式，录制阶段完成的都是原始状态的材料，由于在录制过程中教师讲解时出现口误、讲解不规范、操作失误等，有时可能会出现多次录制同一内容的情况。总之，录制的原始材料不会作为直接提供给学生使用的微课视频，需要经过后期的加工处理。

（三）后期处理阶段

录制原始材料之后，需对其进行加工和修改，诸如内容的准确化、技术的精致化、去除可能分散学生注意力的因素、语言表述（包括口头表述和书面表述）的更加规范化等。如果声音较大或较小，则需重新调适，噪音较大的地方要去除噪音。根据需要增加字幕、片头和设定不同视频片段间的转场效果、增加音效等等。这样一个微课视频可以说已经初步成型了，但这并不是这个工作的结束，一个好的微课视频还需要经过学生的检验。微课视频作为教学的载体，它服务于学生学习的需要，因而它需要得到学生的认可，组织学生观看一定要注意被选学生的代表性，尽可能涵盖各类学生，根据学生的意见与建议对微课视频做出适当的修改与调整，此外，特别强调的是，微课视频的研制不是一蹴而就的工作，教师还可以根据教学结果不断地加以完善。

第三节　微课视频制作方式的分类

目前录制微课的方式很多，根据所用工具或技术的不同可以分为手机＋白纸、录屏软件录制、手写板＋录屏软件、动画软件制作、DV 录制等多种方式。每种方式都有其优缺点，可根据微课内容、工具的易得性等角度选择适合自己的录制方式。

一、手机录制

使用手机摄像头录制视频，操作简单、生成方便、传播快捷、成本较低。根据微课的主题进行简单的教学设计，只要将待录制的内容置于摄像头的视野中，如白纸、课本的典型例题、试卷上的错题、实验仪器、手工作品等，主讲人边讲边操作，营造出一对一讲解的氛围，学习者比较容易跟上讲解人的思路。

除了利用手机录制书写内容外，也可以利用手机录屏来录制微课视频，此时用户需要下载一个手机录屏软件，如手机录屏大师，并将需要讲解的内容准备成 PPT，然后进行录制即可。用这种方式录制时,需要注意的问题是在开始录屏前,一定要把用户的各种软件先关闭,比如 QQ、微信等,以免录制微课时出现信息提示音,影响最终录制效果。

下面将分别介绍用"手机+白纸"方式以及手机录屏软件录制微课的要求和操作过程。

(一)"手机+白纸"录制微课

这种方式和后面讲的"可汗式微课"类似,画面中主讲人不出镜,只呈现主讲人的讲解和书写过程,内容从无到有、一步步呈现,非常适合理科如数学、物理、化学等习题的讲解。当然,文科也可以用,如汉字和英文单词的规范化书写。

1. 环境要求

地点可以随意选择,如办公室、卧室,但要求环境安静。

2. 物品准备

智能手机(分辨率较高的)、手机支架、白纸、粗细不同的笔,如图 7-4 所示。

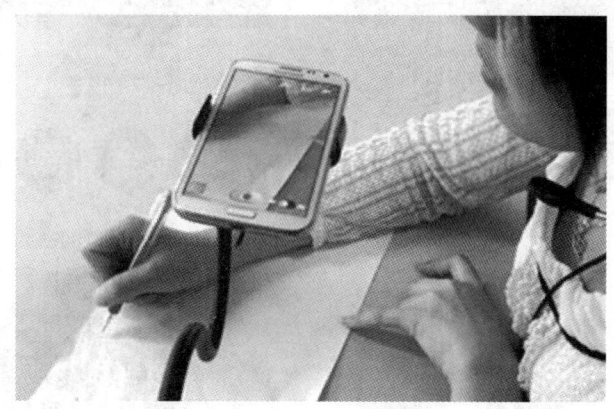

图 7-4 手机+白纸方式录制微课

3. 操作要领

① 手机固定在手机支架上,并将支架固定于写字桌的左边或前边,以免书写时拳头遮挡书写内容。② 手机距离白纸的高度要调整合适,过高会将桌面上的物品显示到画面中,过低则只能显示白纸的一小部分区域,书写内容不能全部呈现在视频中。③ A4 纸张可以手动画个定位框以辅助录制,通过手机摄像头观察白纸能呈现在取景框中上下左右四个点的位置,书写时不越过这些录制边界。④ 保持坐姿,头不能太低,以免遮住摄像头。

注意事项:① 由于使用手机拍摄存在着一些不可控因素,如手机拍摄画面的像素、声音的质量、拍摄过程中画面的稳定性、手机拍摄画画的其他设备的显示比例,均会对微课视频质量产生影响。② 手机要横向进行录制,如果竖屏录制,可能会出现视频画面向左或向右旋转 90 度,视频画面比例和方向不合适。③ 教师手上尽量不要有装饰物,比如戒指、指甲油,以免干扰学生注意力。

▶ 扫描目录页二维码,观看"手机加白纸录制微课.mp4"。

(二)"手机+录屏软件"录制微课

利用手机录屏方式可以录制手机上的一切操作,包括在线视频、PPT、手机软件操作等。下面以录制 PPT 为例介绍手机录制微课的过程。

第一步:下载手机录屏软件,如录屏精灵、录屏大师、Ev 录屏等。这些软件大多可以开启悬浮窗,方便用户在操作其他软件时快速打开录屏功能,下面以录屏精灵为例介绍手机录屏,如图 7-5 所示。

小提示:录制 PPT 建议采用横屏录制。

第二步:打开手机上的 WPS Office 软件,打开自己做好的课件,如《安全教育》。点击屏幕下方工具栏中的"播放"按钮,上下滑动以确认 PPT 播放正常。

注意:WPS 播放 PPT 时,上滑表示播放上一个动画,下滑表示播放下一个动画。

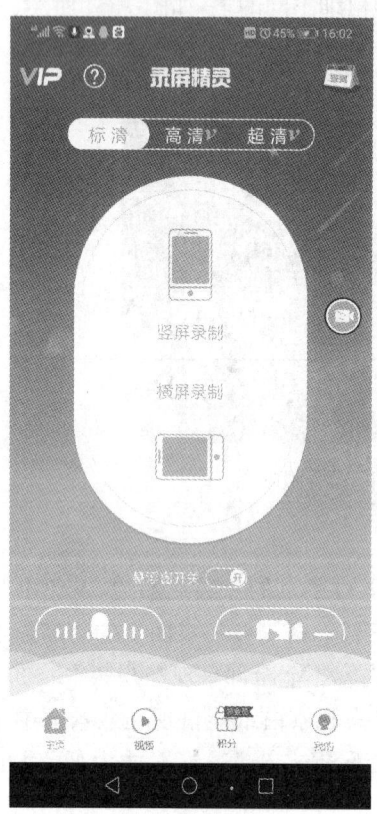
图 7-5 录制设置

图 7-6 播放幻灯片并开始录制

第三步:将幻灯片切换到第一页,点击下方的播放按钮;然后点击浮动窗上的"录制"按钮,开始录制,如图 7-6 所示。接下来开始一边播放 PPT,一边进行讲解。手机会自动将屏幕上的 PPT 图文、动画和你的声音录制进去。

第四步:讲解完成后,同样点击浮动窗上的"停止",再次点击小圆圈点击"主页",回到录屏精灵的"视频"界面。选中刚才录制的视频,可以对开头和结尾部分进行剪辑(注意:只能剪辑连续的片段)。

第五步:录制完成后直接生成视频,也可以进行编辑。点击"剪辑"可以保留一个连续的片段。通过"多段剪辑"可以保留多个片段,选中一个区间后点击右下角的"添加",再选择第二个片段,以此类推可以添加多个片段,如图7-7、图7-8所示。

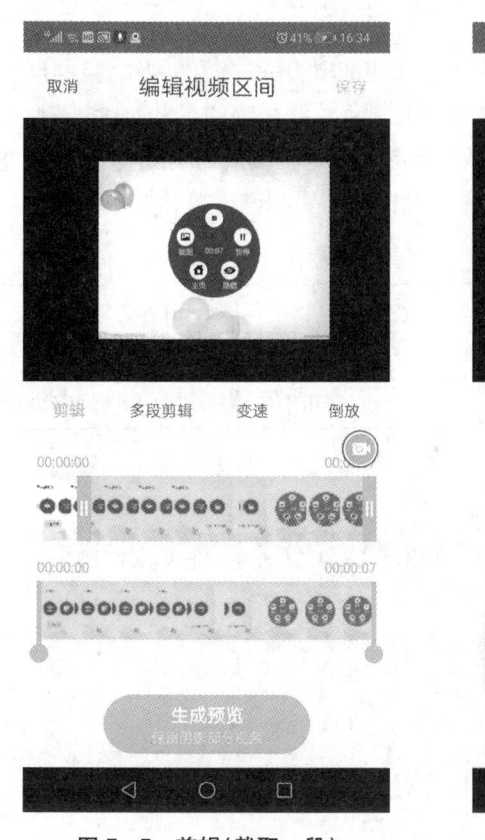

图7-7 剪辑(截取一段)　　图7-8 多段剪辑(保留多段)

二、录屏软件录制

使用录屏软件可以录制教师在计算机上的讲解、分析、演示过程等,这种方式通常用于录制 PPT 的播放和讲解以及计算机软件的操作过程等。屏幕录制软件的作用就是将在计算机画面中出现的内容全程记录,教师操作什么,计算机屏幕录制什么。如当教师操作 PPT 的演示讲解,录制出来的就是 PPT 的演示;教师讲解计算机软件的操作过程,其录制出来的就是一个软件的使用说明;教师配合手写板进行内容的呈现,其录制出来的就是一个教学过程中板书的详细过程。同时,可以根据教学的要求录制教师声音和录制计算机自带的声音,像 Camtasia Studio 还可以支持画面编辑、字幕增加、音效添加等。利用录屏软件录制的微课视频,画面稳定,同时不再出现教师的形象,学生的注意力可以更好地集中于知识本身。其使用方便,为广大教师所使用,教师个人即可完成微课视频的录制。

(一) 设备配置

1. 硬件

计算机一台、具有录音功能的耳机。

2. 软件

录屏软件（Camtasia Studio、Snagit、超级录屏等）、PPT 或其他软件。

(二) 准备工作

这种情况常见于利用录屏软件全屏录制 PPT 的讲解和播放。当电脑的屏幕分辨率比较高，如 1 600 * 900 或者 1 366 * 768，全屏录制会导致视频的尺寸过大，不便于微课视频进行网络传播。处理的办法是录制 PPT 前要调整电脑的屏幕分辨率。视频宽高比常见的有 4∶3 和 16∶9 两种比例，录制微课前可根据需要调整屏幕分辨率。

表 7 - 3 调整屏幕分辨率

视频宽高比	屏幕分辨率	视频适用情况
4∶3	1 024 * 768	适用于各种分辨率的普屏和宽屏显示器
16∶9	1 280 * 720	只适用于各种分辨率的宽屏显示器

具体调整方法：

1. Windows 10 操作系统

在桌面空白处单击右键→点击"显示"→找到"显示分辨率"即可进行调整。

2. Windows 7 操作系统

在桌面空白处单击右键→点击"屏幕分辨率"，即可进行调整。

(三) 制作流程

1. 前期准备

选定教学主题，搜集教学材料和多媒体素材，制作微课件。

2. 录制视频

打开录屏软件，戴好耳机并调整好话筒的位置和录音音量；打开之前做好的课件，从第一页开始播放，此时开始录屏。教师边播放 PPT，边讲解课件内容。

3. 后期编辑

对录制的微课进行后期编辑和美化。

小提示：① 在播放的过程中鼠标可以适当指引以引起学习者对某个内容的关注，但不要一直晃动鼠标。② 面对小学生，建议 PPT 内容丰富，用鲜明的色块装饰文字；多图少字，满屏的文字会让学习者很快失去学习兴趣。③ 讲解要避免照本宣科，语调要富于变化，具有较强的亲和力。

三、手写板 + 录屏软件

这种方式录制的微课也被称为"可汗式微课"。手写板（图 7 - 9）作为一种外接设备，接入计算机后，在绘图软件中，利用手写板设备上提供的电磁感应笔进行绘画或写字，当录屏软件启动后，在手写板上的绘制过程会被同步反映到计算机的绘图软件中，其过程相当于教师在黑板上书写与作图，当一屏写完后，再写另一屏，通过后期处理，将教师完整的推导过程加以呈现。当然，手写板加录屏软件录制，也并非完全局限于自然学科，人文学科中同样可以采用，如小学语文中汉字的笔画、书写规则的讲解等，如图 7 - 10 所示。

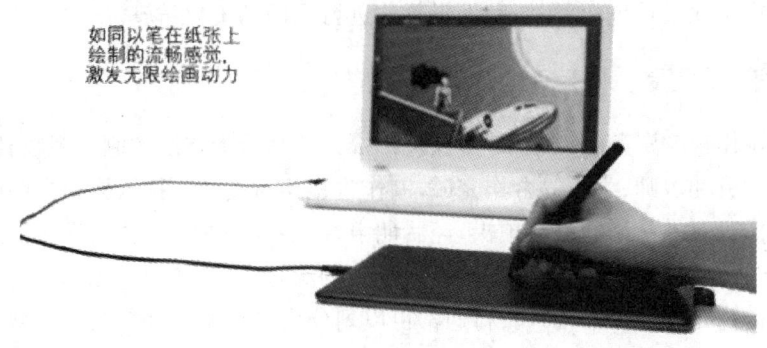

图 7-9 手写板

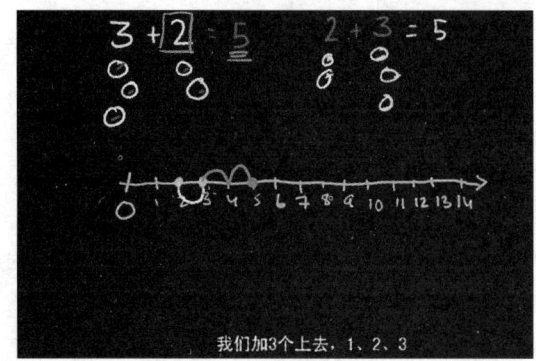

图 7-10 手写板+录屏软件录制微课视频

(一) 设备配置

1. 硬件

计算机、手写板(或交互式白板)、带话筒的耳麦。

2. 软件

录屏软件;演示软件(如 PowerPoint、画图软件、绘图软件、几何画板等)。

(二) 准备工作

1. 音量调节

录制前确保麦克风音量足够大。详细设置请参考本章第五节内容。

2. 安装驱动

查看手写板的说明书,是否需要安装手写板的驱动程序。可从配套光盘或者官网上下载配套的驱动程序。

(三) 制作流程

1. 前期准备

选择微课主题,进行详细的教学设计,形成微教案。

2. 录制视频

在电脑上连接手写板及配套的专用笔等,使用录屏软件录制教师的声音和演示过程。

3. 后期编辑

为增强视频效果,可以利用视频编辑软件进行后期的美化编辑。

四、摄像机拍摄

在所有制作视频资源的方式中,摄像机拍摄方式是最为传统的制作视频教材的方式,需要由摄像人员和教师、学生等合作完成,制作过程相对复杂。拍摄方式主要由专业人员通过专业摄像机对教学活动进行拍摄,经后期声音、字幕等处理后作为视频资源供教学使用,这种方式录制的微课视频会出现教师或学生的影像,由于专业人员及设备的加入,其画面的质量得到充分保障。视频教材通常可以划分为讲授型、表演型、示范型、图解型、综合型等五类。

(一)设备配置

数码摄像机、黑板、粉笔、其他教具。

(二)制作流程

1. 前期准备

选择微课主题,进行详细的教学设计,形成教案。

2. 录制视频

利用多媒体教室展开教学过程,用数码摄像机实时记录课堂教学中教师、学生、板书、多媒体教学信号等教学实景画面。

3. 后期编辑

利用视频编辑软件对视频进行后期的剪辑和美化。

图 7-11 摄像机拍摄微课

五、动画软件制作

对于各种视听信息冲击早习以为常的当今学生而言,无论是手机拍摄、录屏软件录制、手写板加录屏软件录制的微课视频,从视频画面效果上讲,大量同类风格微课视频,使学习者有一定程度的审美疲劳,造成微课视频支持学生学习的效果受到一定的影响。而动画软件制作的动画则具有优美的动态画面,常以卡通形象出现、画面具有较强的视觉冲击力,容易被学生接受。比如在公开课领域有重要影响的 TED 视频、凤凰视频中就有一些专门的通过动画软件制作的微课视频。

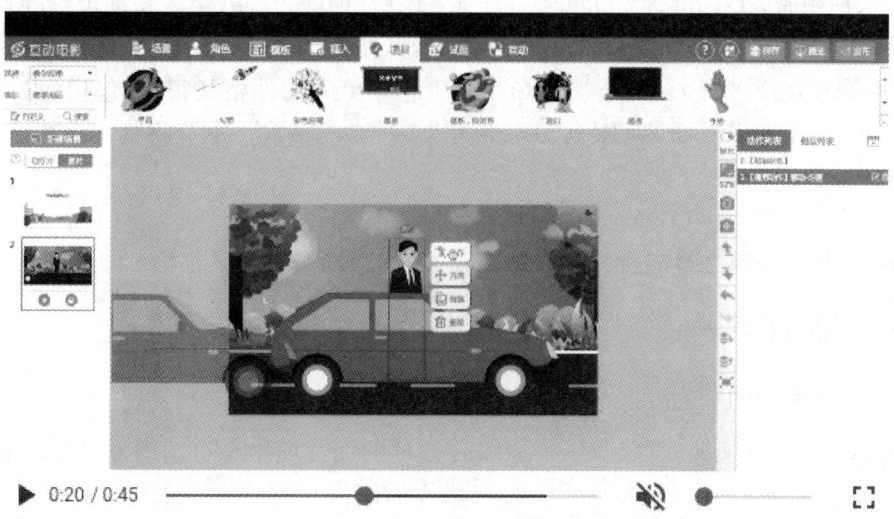

图 7‑12 利用优芽交互电影制作微课

（一）设备配置

硬件：计算机一台、具有录音功能的耳机。

软件：动画制作软件，如 Flash、Focusky 或在线微课编辑软件优芽（http://www.yoya.com）等。

（二）制作流程

1. 前期准备

选择微课主题，搜集素材，进行详细的教学设计，形成微教案。

2. 制作动画

根据前期的教学设计，利用动画制作软件完成各场景的制作，设置各元素的动画效果。

3. 生成视频

测试动画效果，生成视频。

4. 配音

为视频配音，利用视音频混流完成微课视频的制作。

第四节　录屏软件 Camtasia Studio 的使用

制作微课视频的方式依据其使用工具的不同，我们做了如前所述的分类。其中计算机录屏方式为教师所普遍使用，因其具有使用工具相对简单、教师可独立完成、制作的视频质量相对较高、实用性强等特点。而其中的录屏软件 Camtasia Studio（以下简称 CS）是众多录屏软件中的佼佼者。CS 是美国 Tech Smith 公司出品的屏幕录像和编辑的软件套装,软件提供了强大的屏幕录像(Camtasia Recorder)、视频的剪辑和编辑(Camtasia Studio)、视频播放(Camtasia Player)等功能,能在任何颜色模式下轻松地记录屏幕动作,包括影像、音效、鼠标移动轨迹、解说声音等等,另外,它还具有即时播放和编辑压缩的功能,可对视频片段进行剪接、添加转场效果。它输出的文件格式很多,包括 MP4、AVI、WMV、M4V、CAMV、MOV、RM、GIF 动画等多种常见格式。本节将具体介绍该软件的使用方法。

▶ 扫描目录页二维码进行 Camtasia Studio 8.4 软件下载。

一、录制视频

(一) 录制 PPT

计算机上安装 CS 软件后,PowerPoint 软件的加载项中会自动增加录屏功能,如图 7-13 所示。

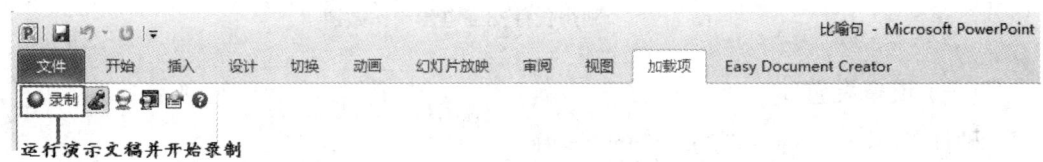

图 7-13 PowerPoint 加载项

操作过程:

第一步:启动 PPT 2013 并打开课件(以"比喻句.pptx"为例),切换到"加载项"选项。

第二步:选择麦克风和摄像头,这样就能录音和摄像。

第三步:单击【录制】按钮会自动播放幻灯片,并进入录制状态。

第四步:单击右下角的【开始录制】按钮开始录制,此时就可以一边播放课件,一边讲解,录制结束后按 ESC 键弹出对话框,单击【停止录制】会提示保存文件,保存文件为"比喻句.camrec"。

小提示:利用 PPT 录制微课也可以不借助其他任何软件,在 PPT 2010 及以上版本中,可以勾选【幻灯片放映】中的【播放旁白】【使用计时】功能,单击 [排练计时] 即可戴上耳机边讲解边播放,播放完点击【文件】→【导出】(或【发布】)→创建视频,即可生成微课视频。

(二) 录制电脑屏幕

第一步:启动 CS 软件,进入其工作界面。

第二步:点击【屏幕录制】,弹出录制窗口,如图 7-14 所示。

选择区域:

- 全屏幕:录制整个屏幕。启用这个模式会看到整个屏幕边缘有绿色的虚线,这就是屏幕录制的范围。
- 自定义:这是可以自由选择区域,选择之后会出现一个范围框,按住鼠标左键可以

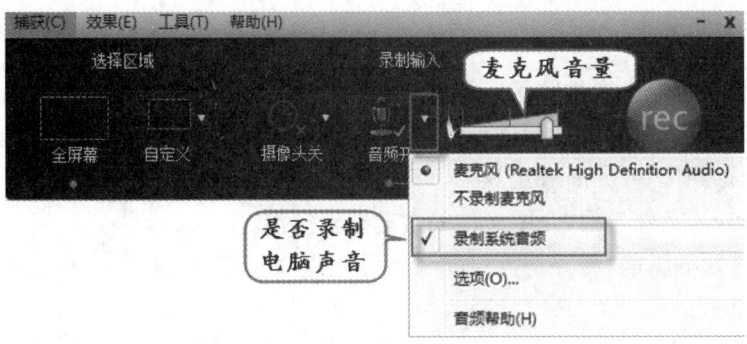

图 7-14 屏幕录制窗口

自由拖动选区,也可以设置录制范围大小,高度和宽度在右侧会有显示数字。

录制输入:

- 摄像头:电脑若安装有摄像头,点击此处可以切换摄像头的开/关状态。
- 音频:插入耳机后,单击此处可以切换麦克风的开/关状态,默认为"音频开"。点击【音频开】右边的三角符号,可以选择是否录制电脑声音,如图 7-14 所示。

第三步:根据录制需要设置好录制区域和输入设备后,单击 rec 按钮后会有三秒的等待时间,三秒后开始录制视频,也可以最小化录制窗口,开始录制时借助快捷键 F9 启动录制功能。

小提示:录制过程中借助快捷键可以让你事半功倍:F9:播放/暂停;F10:停止。

第四步:按下 F10 停止录制,这时会自动出现视频预览窗口,如图 7-15 所示。

保存并编辑:保存并立即进入编辑状态,系统会生成"camrec"格式的文件,将其存入用户指定的目录。

生成:不需要编辑,保存"camrec"格式的源文件后直接进入【生成视频】界面。

删除:如果对于录制效果不满意,选择此项将删除刚才的录制。

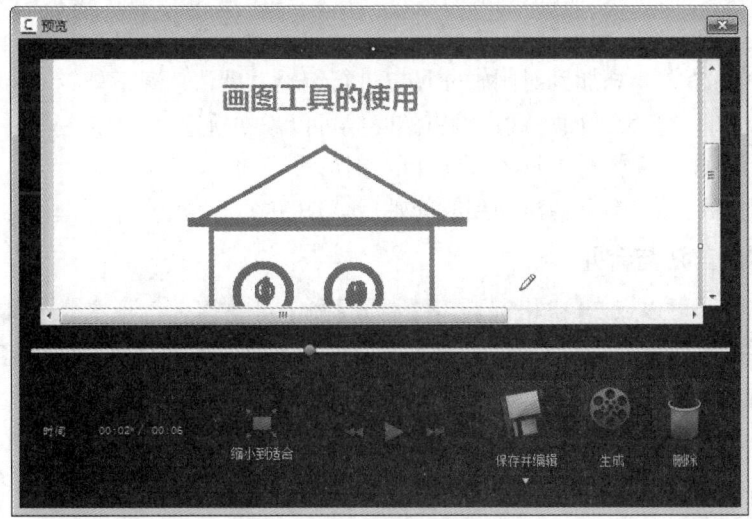

图 7-15 预览窗口

二、编辑视频

录制过程中难免会产生解说错误、操作演示失误或者等待时间较长等问题,为保证微课视频内容的正确,需要对视频进行剪辑处理,删除不希望学习者看到的视频片段。利用 CS 对视频进行美化,可提高视觉效果,有助于学习者的自主学习。下面将以前面录制的"比喻句.camrec"文件为例,介绍文件的常见编辑操作。

在进行视频编辑前,需要将需要的材料导入媒体到剪辑箱中。Camtasia Studio 界面如图 7-16 所示。

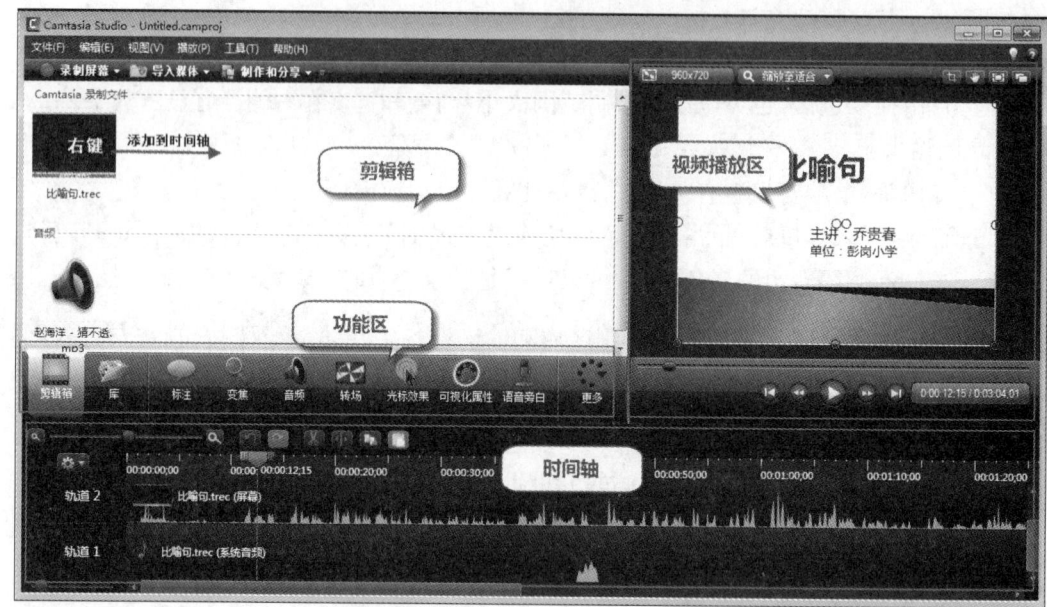

图 7-16 Camtasia Studio 主界面

- 剪辑箱:点击【导入媒体】可将编辑视频所需要的资源导入剪辑箱。剪辑箱中可导入三类资源:视频(camrec 录制文件、mp4/wmv 等格式的视频)、图像、音频。剪辑箱中的文件需要编辑时,右键单击剪辑箱中的文件,选择【添加到时间轴】。
- 时间轴:资源要添加到时间轴才可以进行编辑。默认情况下轨道 2 和轨道 1 对应于视频的声音和画面。进行编辑的时候可以添加轨道。
- 功能区:视频编辑时进行各种功能的切换。
- 视频播放区:视频资源添加到时间轴后,可以进行播放、暂停等操作。

(一) 视频剪切与合并

导入视频后,可以点击【空格键】或者【播放】按钮对视频进行预览。当播放到某段讲解、操作有误或者停顿时间过长,需要剪去这段内容。轨道 1 和轨道 2 的内容是声画同步的,因此删除操作要同时对两个轨道进行,操作如下:

第一步:鼠标单击轨道 2,按住【Ctrl】或者【Shift】键单击轨道 1,确保两个轨道都被选中。

第二步:播放视频,当播放到要剪切的开始位置时,按下【暂停】键,单击 对视频进行第一次分割。

第三步:继续播放视频,播放到结束处暂停视频,单击 进行第二次分割。那么这段视频就被独立出来,选中之后按下 即可剪去这部分视频。如图 7-17 所示。

提示:也可以根据轨道 2 的波形进行快速锁定要删除的区域。如果要删除的部分是没有声音的,拖动播放头左右的绿色和红色滑块,选择这段内容,然后点击 也可删除这部分多余的视频内容。

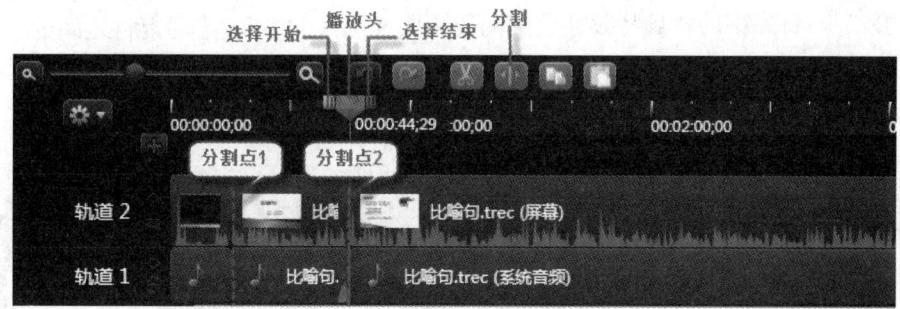

图 7-17 分割视频

相反,若需要将多段录制的视频合并成一段,可以利用 Camtasia Studio 进行合并。操作步骤如下:

第一步:将要合并的视频导入到剪辑箱,并导入到时间轴。

第二步:调整好播放的先后顺序,可对视频进行剪辑。

第三步:导出视频。

(二) 添加标注

该功能可以为微视频增补关键词、重要提示信息。操作过程如下:

第一步:播放到需要添加标注的位置,暂停视频,切换到【标注】选项卡,如图 7-18 所示。

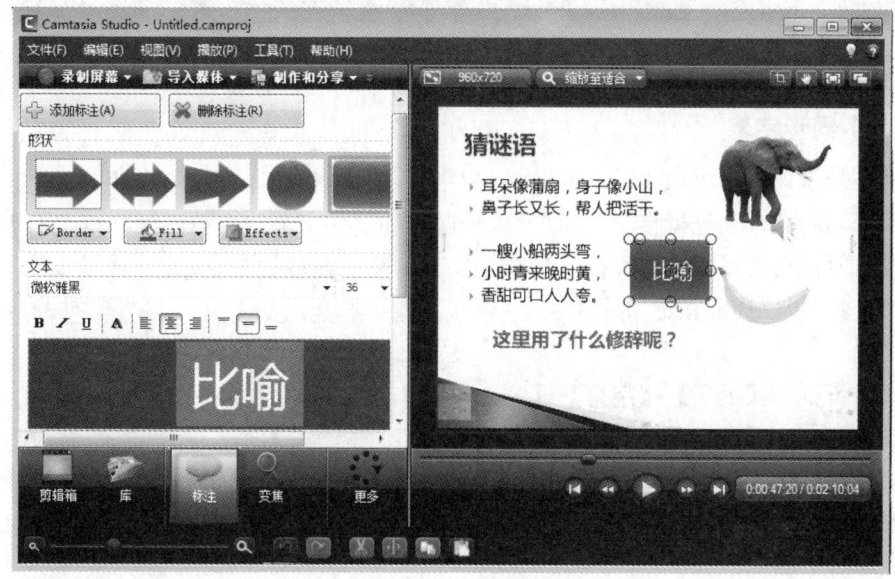

图 7-18 添加标注

第二步:选择合适的形状,并输入文本信息。

第三步:调整显示属性,如标注的文本颜色、大小、背景色、标注在视频中的位置等。

(三) 添加转场效果

同一轨道上的视频、标题剪辑及图片等两段内容之间可以添加过渡特效,以免切换过于生硬。操作方法如下:

第一步:单击【更多】,选择【转场】,打开转场库。

第二步:将库中的转场特效拖放到两段视频或图片的中间,拖动素材之间的转场可修改过渡时间,如图7-19所示。

小提示:一段视频内部不可以添加转场,若要转场可将视频进行分割。

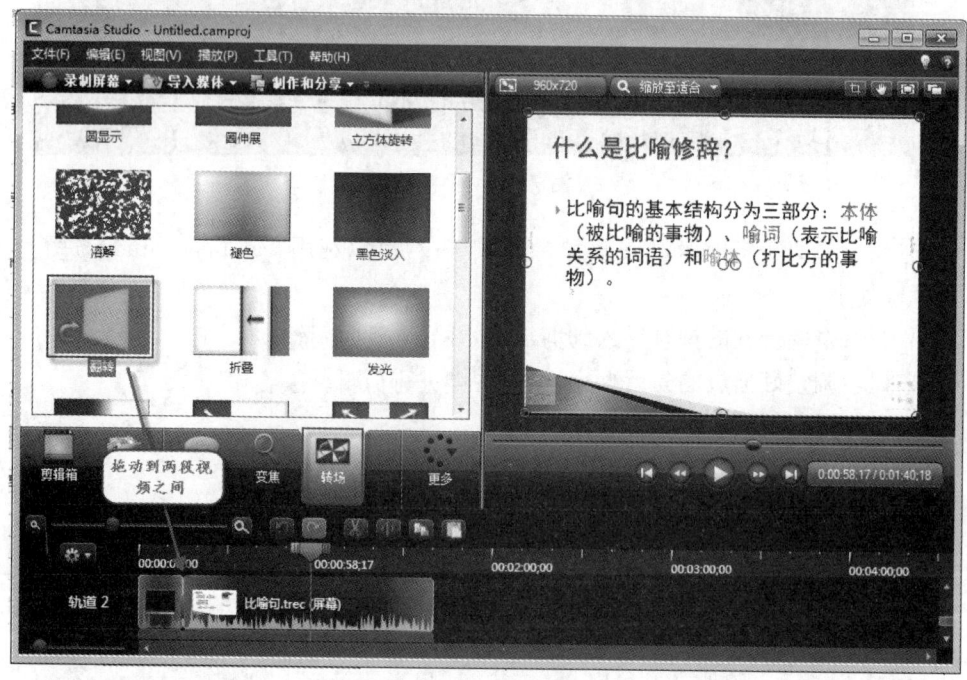

图7-19 转场效果

(四) 同步字幕

字幕是微课中不可缺少的一部分,课堂中某些环节需要添加文字说明,以帮助学习者更有效地利用微视频进行自学。CS可以轻松添加这些字幕。逐行添加字幕费时费力,利用【同步字幕】功能可以快速而准确地添加字幕。操作步骤如下:

第一步:可以提前在记事本中将需要的字幕文本全部准备好,每句话之间用【空格】分割。

第二步:单击【更多】→【字幕】→【添加字幕】,可将字幕文本全部复制过来,若文本过多,也可多次点击【添加字幕】,分多次复制。

第三步:单击【同步字幕】,开始同步。此时从头开始播放视频,我们只需要认真听,讲解到哪句话就单击该字幕文本前面的空格处,将每行字幕对应到相应的时间点,如图7-20所示。

第四步:同步完毕,单击【停止同步】,即可完成字幕的同步。

可在【全局设置】中设置字幕的字体、大小、背景颜色等属性。

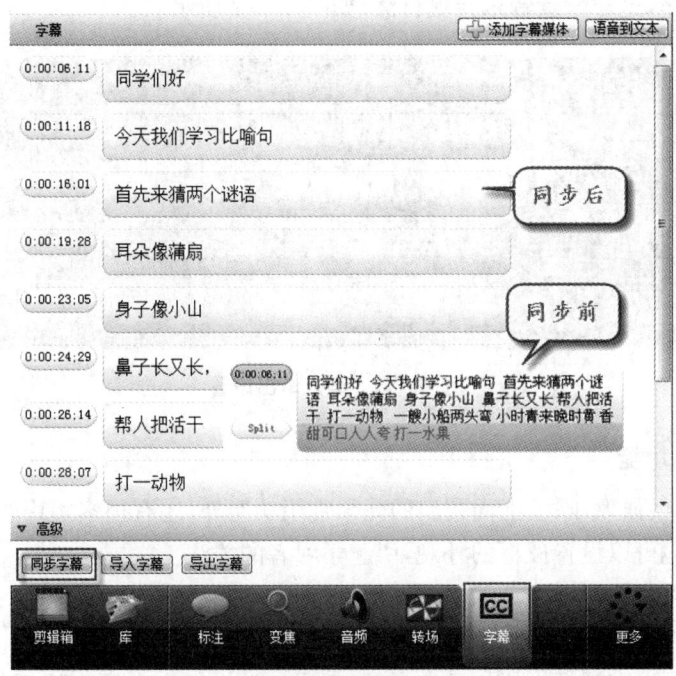

图 7‑20　同步字幕

(五) 音频设置

切换到【声音】选项,可以对微视频的声音进行设置。如图 7‑21 所示。

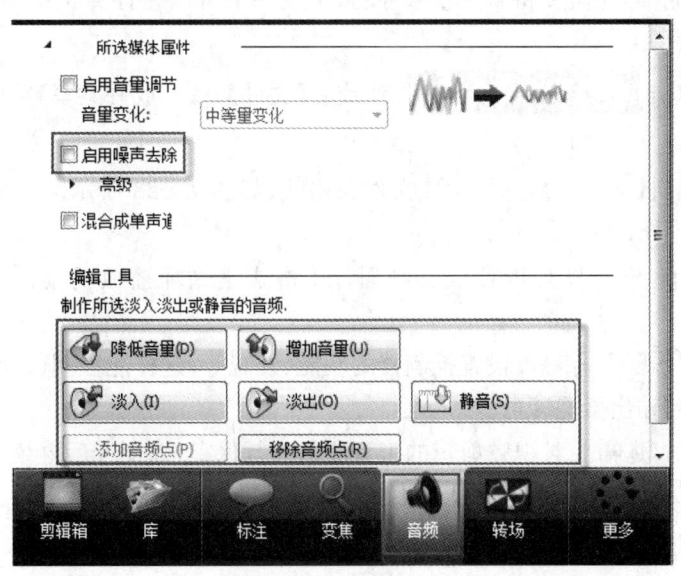

图 7‑21　声音设置

【降低音量】和【增加音量】:对音量进行降低和调高。默认是对整个声音轨道进行设置,也可以选中某段声音,单独对某段声音进行设置。

【渐入】和【渐出】:一般用于设置背景音乐,可以选中开头几秒进行渐入,结束前 3—5 秒进行渐出操作,这样背景音乐会更自然,如图 7-22 所示。

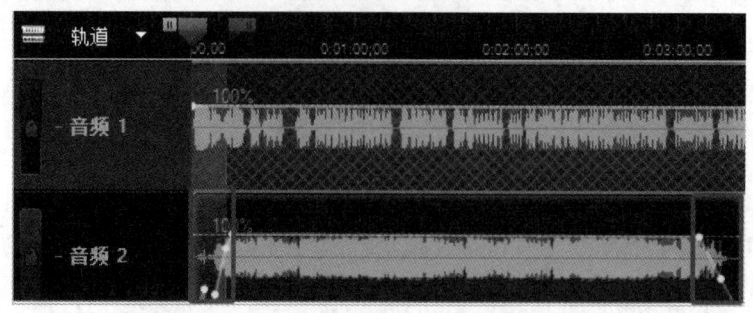

图 7-22 渐入渐出设置

(六) 其他功能

CS 的功能很强大,除了上面列出的几个常用功能外,还有很多实用的功能:

【光标效果】可以设置鼠标的外观,引起学习者的关注。

【缩放】可以根据视频强调的内容不同进行适时缩放焦点。

【测验】可以为微视频添加交互式习题。

【画中画】可以在视频中添加已有视频,新添加的视频会在原有视频的右下角一小窗口播放。

三、导出视频

视频编辑完毕,还需要将微课视频导出,生成一个可以在计算机中播放的视频文件。操作步骤如下:

第一步:点击 **生成并共享** 按钮或者【文件】→【生成并共享】菜单项,选择【自定义】。

第二步:单击【下一步】,选择生成文件的格式,如图 7-23 所示。视频文件建议选择 mp4 格式或者 wmv 格式。

小提示:mp3 格式只有声音没有画面;gif 格式是循环播放的动图,没有声音只有画面。

第三步:单击【下一步】可设置控制器的功能、外观等,这样能控制微课的播放,最后连续单击【下一步】输出微课即可。

视频导出后,还需要对视频剪辑的工程项目进行保存,以便今后继续在此基础上进行编辑。单击 Ctrl+S 或单击【文件】→【保存项目】可将项目文件保存起来。项目文件的后缀名为"camproj"。

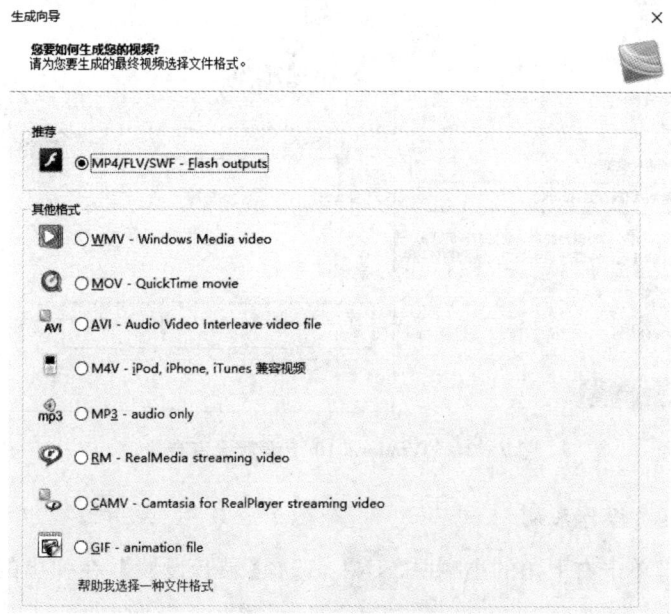

图 7‐23　选择文件格式

第五节　微视频常见问题处理

微课录制过程中,有时候会因为设置不正确,导致最后录制的微视频效果不佳,影响学习者观看。常见的问题有视频没有声音或声音太小、噪音大、视频画面尺寸太大、画面颠倒等问题。

一、声音问题

录制微课,要求环境安静,以免将嘈杂的背景声音录制到视频中。除此之外,还可能出现没有声音或者声音很小的问题,一般是因为麦克风设置的问题。解决声音问题的方法之一是录制前提前调整麦克风音量,录制视频前需要先检查麦克风是否启用,麦克风音量是否够高。

（一）录制前调整麦克风音量

插上耳机或话筒后,一定要调增录音音量到合适大小,否则录制的微课视频中可能会出现声音很低甚至静音的情况,影响学习者的观看。下面将以 Windows 7 和 Windows 10 为例,介绍调节麦克风音量的方法。

1. Windows 10 操作系统

第一步:右键单击桌面右下角的小喇叭,选择【打开声音设置】。

第二步:在弹出的对话框中点击输入设备下方的【设备属性】,注意【禁用】前面不能打钩。如图 7‐24 所示。

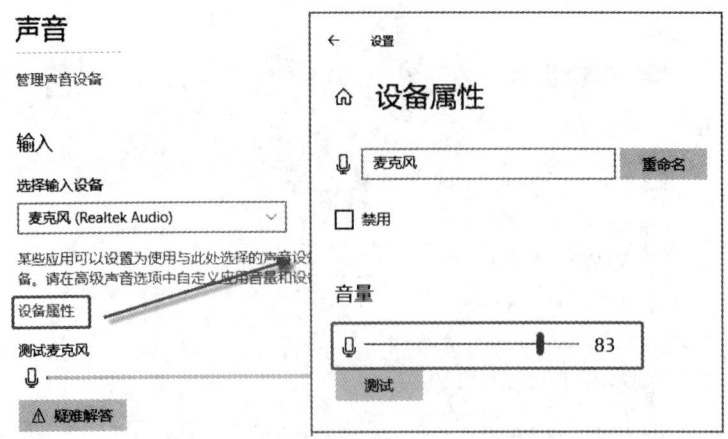

图 7-24　Windows 10 下设置录音音量

2. Windows 7 操作系统

第一步：右键单击右下角的小喇叭　　，选择【录音设置】，在弹出的对话框中双击【麦克风】，如图 7-25 所示。

提示：如果该对话框中未显示麦克风，说明禁用了该设备。可以在当前窗口空白处右键选择【显示禁用的设备】，然后在麦克风上右键【启用】即可。

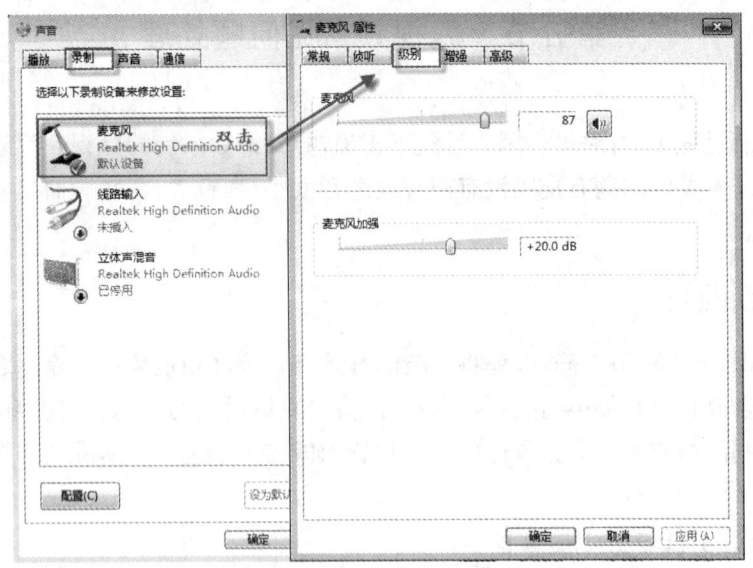

图 7-25　Windows 7 下设置录音音量

第二步：点击【级别】选项，调整麦克风的音量，也可以调整【麦克风加强】。

小提示：麦克风音量调到 90 左右即可，如果过高，则噪音会比较明显，甚至出现爆破音。

（二）重录声音并进行配音

如果视频仅仅是声音有问题，又没有条件或不想重新录制视频，也可以重新为视频配音。不过此方法需要配音人对视频内容非常熟悉。方法如下：

第一步：打开 Camtasia Studio 8 软件，导入需要的视频到时间轴。

第二步：选择【语音旁白】功能，勾选【在录制过程中静音扬声器】，如图 7-26 语音旁白设置所示。这样做的目的是可以边观看视频边配音，播放的声音不会被录音。

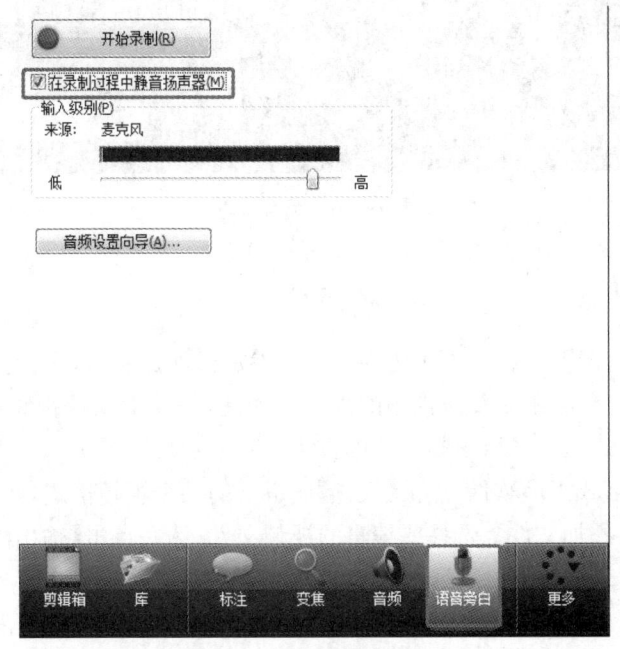

图 7-26　语音旁白设置

第三步：点击【开始录制】，开始配音。配音结束，点击【停止录制】，此时会弹出对话框【旁白另存为】，保存文件，如图 7-27 所示。

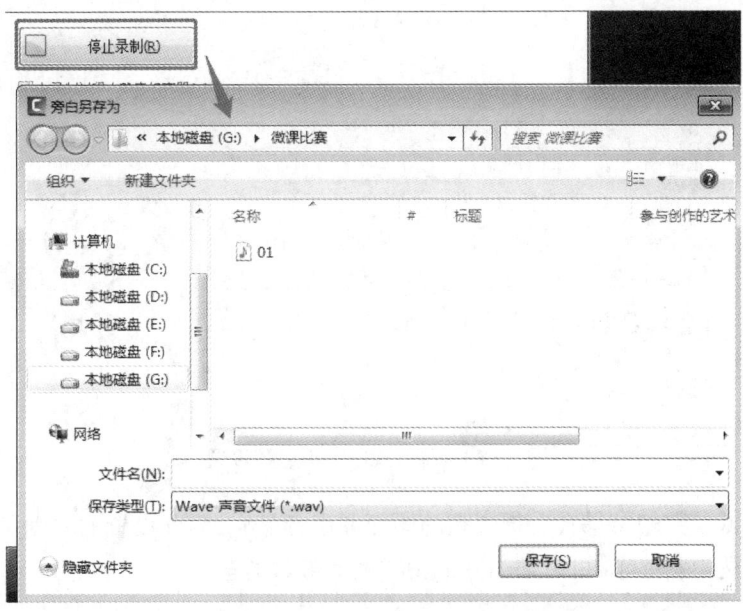

图 7-27　停止语音旁白

第四步:试听配音和画面是否同步,不满意,则可重新进行语音旁白;确认满意后,可将轨道1中的原声设置为静音,并将视频导出。如图7-28所示。

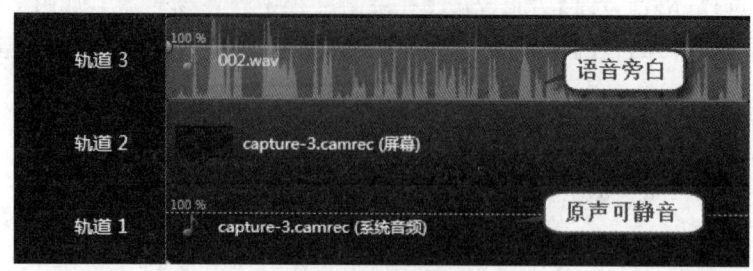

图7-28 配音设置

二、视频尺寸过大

微课视频如果体积过大,不便于传播。比如参加微课比赛时,平台会对上传视频做出限制;某些社交软件也会限制传送视频的大小。为此,需要对微课视频做进一步的转换。下面将介绍利用格式工厂降低视频尺寸的方法。

第一步:打开格式工厂软件,点击【视频】面板下的某个视频格式,如MP4。

第二步:点击【添加文件】,选择要编辑的视频文件;然后点击【输出配置】,如图7-29所示。

第三步:在【输出配置】窗口中降低【屏幕大小】、比特率以及音频的采样率和比特率。

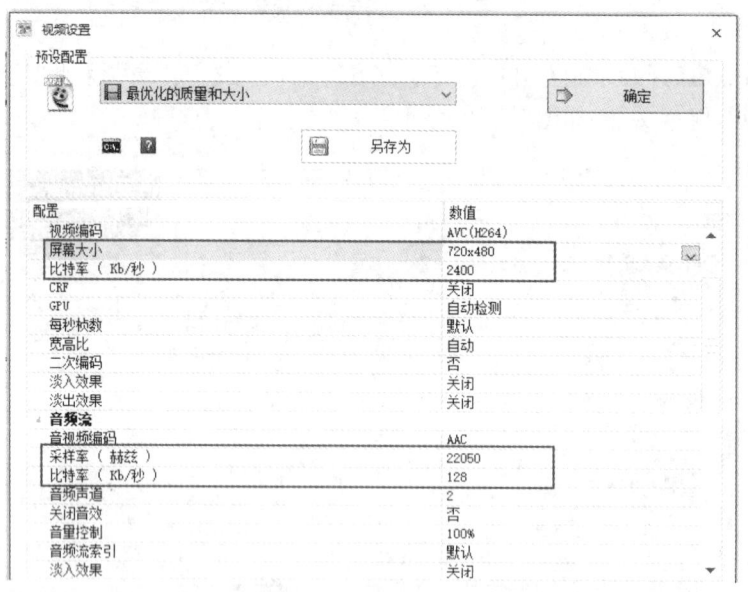

图7-29 降低视频大小参数设置

提示:降低参数的结果会有损视频的画面和声音品质,因此设置的原则是先降低屏幕大小,如果还达不到要求,可以适当降低图中其他参数的值。

三、视频画面问题

微课视频的画面不能正常显示常见于手机录制视频,由于录制视频时手机角度问题,导致视频画面旋转 90 读或 180 度。图 7-30 是由于手机竖屏录制;图 7-31 出现的情况是因为虽然手机横屏录制,但是方向放反了。

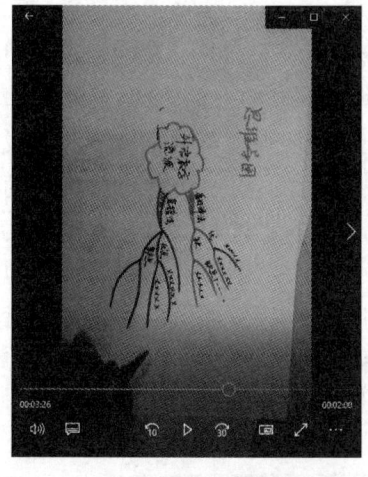

图 7-30　常见问题 1 画面旋转 90 度

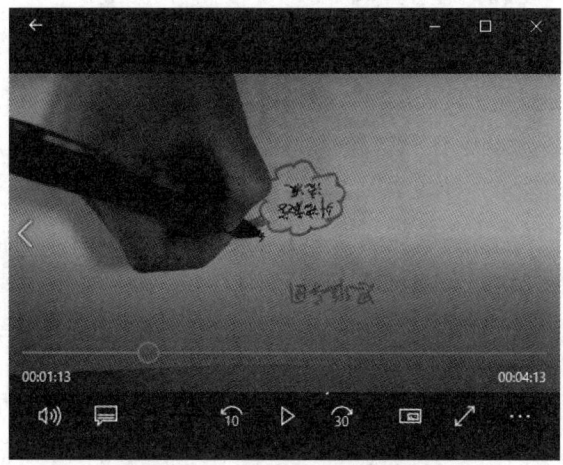

图 7-31　常见问题 2 画面颠倒

利用格式工厂可以轻松搞定这些问题。操作步骤如下:

第一步:打开格式工厂软件,点击 ,添加视频文件后,点击【输出配置】。

第二步:在【输出配置】窗口最下面的"高级"选项中,根据视频画面出现的问题进行设置。

问题 1 画面 90 度旋转,需要将屏幕向左旋转,设置如图 7-32 所示;问题 2 画面颠倒,需要设置"上下颠倒:是;左右颠倒:是",方可把画面切换回正常状态,参数设置如图 7-33 所示。

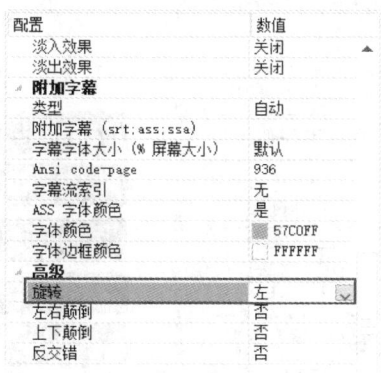

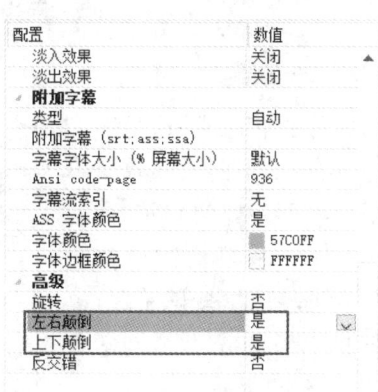

图 7-32　"问题 1 画面旋转 90 度"解决办法　　图 7-33　"问题 2 画面颠倒"解决办法

除此之外,格式工厂软件还可以进行视频/音频/文档等格式转换及视音频合并、剪切、混流、画面裁剪、录制视频、下载视频等,本文不再赘述。

第六节 微课的应用

一、微课与翻转课堂

微课在实际教学中经常会和翻转课堂相结合。翻转课堂译自"Flipped Classroom"或"Inverted Classroom",也可译为"颠倒课堂",是指重新调整课堂内外的时间,通过教师创建视频、学生在家中或课外观看视频中教师的讲解,回到课堂上师生面对面交流和完成作业的这样一种教学形态。这与传统教学有很大的不同。传统教学主要是以教师的主动讲授和以学生的被动反应为主要特征,教师往往注重通过语言的讲述和行为的灌输来实现知识的传授,在教学过程中教师的主导地位倾向突出,而学生的主体地位却被习惯性地忽视。而翻转课堂是将知识传授和知识内化两个过程发生的地点翻转过来,从认知负荷的角度来说,学生课前接受学习和训练,在翻转课堂教学模式的知识内化阶段,也就是在教师对学生进行第二次知识传递时,可以有效降低内在认知负荷,达到更好的学习绩效。

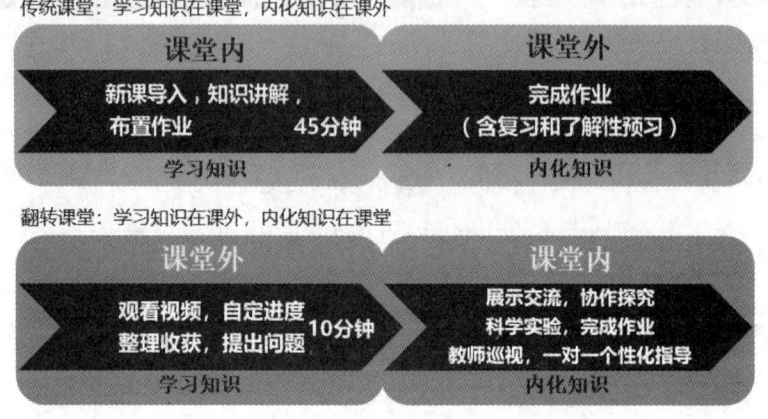

图 7-34 翻转课堂与传统课堂的对比①

(一)翻转课堂实施过程

如何实施翻转课堂,这是一个开放的命题,相信不同教师教授不同课程都会有不一样的翻转方法。结合国内一些专家学者的研究和笔者自身的翻转课堂教学实践,提出如下"四环节五步骤",供初学者参考,如图 7-35 所示。

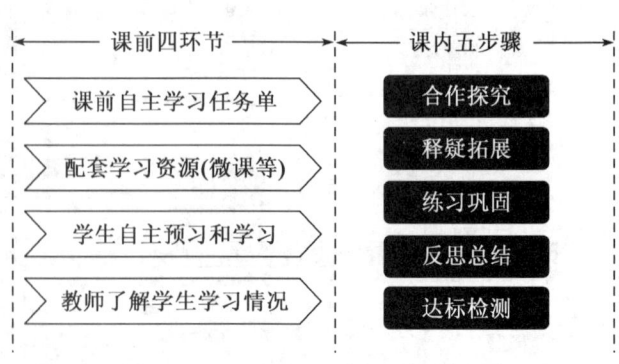

图 7-35 翻转课堂实施过程

---

① 汪琼. 翻转课堂教学法[EB/OL]. https://www.icourse163.org/course/PKU-1001967013.

1. 课前四环节

课前自主学习任务单：教师在深入研究教材内容和学生知识基础的情况下，以备课组为团队，集体制作导学案。至少提前一天下发给学生。学案要有发、有收、有评。

配套学习资源（微课等）：教师深入研究教材内容和教学大纲（课程标准），明确学生必须达到的目标，以及视频最终需要呈现的内容，根据教学要求制作微视频。微视频原则上不超过15分钟，最好是10分钟以内。通过网络学习平台或者QQ群、微信群提前一到两天发给学生。

学生自主预习和学习：学生在独立预习教材的基础上，运用手中的手机或平板电脑下载教师的教学视频和导学案，开始课前学习；登录平台完成预习自测题；组内互助解决个人独立学习时产生的学习问题；组内不能解决的学习问题由组长记录后交给科代表，科代表整理好后上传至服务器。

教师了解学生学习情况：教师通过软件平台及时了解学生预习、学习情况，调整课堂教学进度、难度，制定个别辅导计划，增强课堂教学的针对性。

2. 课内五步骤

第一步：合作探究。组内不能解决的疑难问题，课堂上由组间互助合作解决。

第二步：释疑拓展。全班学生都不能解决的学习问题，由教师在课堂上解决；根据本班学生的实际学习情况，教师进行适度拓展和延伸。

第三步：练习巩固。学生完成平台上或其他资料上的相关练习，以巩固所学知识。

第四步：反思总结。对本节内容进行知识归纳或方法梳理。

第五步：达标检测。无论是常规教学还是翻转课堂，最终都是要完成教学目标。教师通过课堂提问、测验等方式检测是否达成教学目标，并做下一步的反思和调整。

（二）理性认识翻转课堂

翻转课堂成为国内外教育工作者关注的热点，但是对它的认识不少人存在偏差，有人夸大了翻转课堂的作用，认为它是解决传统教学问题的灵丹妙药；由于微视频作为课前预习的重要资源，也有人只见数目不见森林，将翻转课堂等同于微视频。在此，结合专家的观点，对"翻转课堂不是什么"这一问题进一步澄清：

翻转课堂不是在线视频的代名词。翻转课堂除了教学视频外，还有面对面的互动时间，与同学和教师一起发生有意义的学习活动。

翻转课堂不是视频取代教师，而是对教师提出了新的、更高的要求，包括信息技术能力、课堂组织能力等。

翻转课堂不是学生无序学习，而是让学生对自己学习负责的环境。

翻转课堂不是让整个班的学生都盯着电脑屏幕。

翻转课堂不是学生在孤立地学习，而是教师、家长和学生之间形成学习的共同体。

拓展阅读 7-3

微课与翻转课堂

在美国科罗拉多州落基山的一个山区学校——林地公园高中,教师们常常被一个问题所困扰:有些学生由于各种原因,时常错过正常的学校活动,且学生将过多的时间花费在往返学校的巴士上。这样导致很多学生由于缺课而跟不上学习进度。

直到有一天,情况发生了变化。2007年春天,学校的化学教师乔纳森·伯尔曼(Jon Bergmann)和亚伦·萨姆斯(Aaron Sams)开始使用屏幕捕捉软件录制 PowerPoint 演示文稿的播放和讲解声音,他们把结合实时讲解和 PPT 演示的视频上传到网络,以此帮助课堂缺席的学生补课,而那时 YouTube(全球最大的视频浏览、上传、分享网站)才刚刚开始。

更具开创性的是,两位教师逐渐以学生在家看视频听讲解为基础,节省出课堂时间来为在完成作业或做实验过程中有困难的学生提供帮助。不久,这些在线教学视频被更多的学生接受并广泛传播开来。由于很多学生在每天晚上 18 时至 22 时之间下载教学视频,以至于学校的视频服务器在这个时段经常崩溃。"翻转课堂已经改变了我们的教学实践。我们再也不会在学生面前花费 30 分钟—60 分钟来讲解。我们可能永远不会回到传统的教学方式了。"这对搭档对此深有感触。两位教师的实践引起越来越多的人关注,以至于经常受到邀请向同行介绍这种教学模式。他们的讲座已经遍布北美,逐渐有更多的教师开始利用在线视频在课外教授学生,回到课堂时间则进行协作学习和概念掌握的练习。

二、微课与常规教学

除了用于移动学习和翻转课堂,微课也可以简单地作为视频教学资源供教师在课堂讲授中使用。微课时间短、目标明确、讲解精炼、认知负荷小。基于微课的这些特点,我们可以依据传统课堂的教学需求,借助于丰富的网络资源,将微课与传统教学相结合,以达到最佳的教学效果。

对于一些教学重难点、疑点、易错点等知识点,仅仅依靠教师课堂讲授,还会有不少学生难以在有限的时间内掌握这些内容。教师可以搜集或者自己录制微视频及相关预习材料,有效帮助学生进行课前预习。学习者可以根据自身情况,合理利用视频,可以反复观看、暂停视频思考问题,可以快进以跳过已经熟练掌握的内容。

在课堂教学中,对于一些抽象难以理解的知识点,教师可以借助微课点拨教学难点,对典型例题做引导。尽管微课时间很短,但是教师一定要认真筛选,找准微课与课堂教学的切入点。比如在讲授小学数学"追击和相遇问题"问题时,将文字、图像、声音融为一体,将抽象问题形象化,符合小学生的认知规律。

此外,微课在一定程度上还可以降低教育的地区差异,实现优质教育资源的共享。通过全国各地多年的微课比赛,目前已经积累了很多优秀的微课,其中不乏名校的教学名师参与制作的微课。通过观看名师制作的微课,可以感受到名师的教学智慧。优秀的微课在内容和形式上都会别具一格,往往比教师仅仅靠传统方式更生动、形象。课堂中根据需要播放优秀微课,可以减轻老师的负担、加深学生的印象。

[思考与练习]

  1. 微课的"微"包含哪些内涵?

  2. 微课由哪几部分资源构成?

  3. 微课常见的制作方式有哪些?如何选择合适的录制方式?

  4. 微课视频的设计与制作分为哪几个阶段,为什么?

  5. 请选取小学语文、数学或英语的一个知识点,选择两种不同的方式录制一段 3—5 分钟的微课视频,并利用 Camtasia Studio 软件增加解说词。

  6. 你在录制微课视频的过程中遇到过哪些问题?试着寻找出现问题的原因,并和你的同伴讨论解决的办法。

第八章
信息技术与教育教学深度融合

 学习目标

1. 理解信息技术与教育教学深度融合的概念、内涵、基本属性和基本途径。
2. 初步具备应用移动学习系统开展移动学习的能力。
3. 熟悉常用的混合式教学方式。
4. 熟悉 MOOC 平台的发展及基本组织形式。

 知识点思维导图

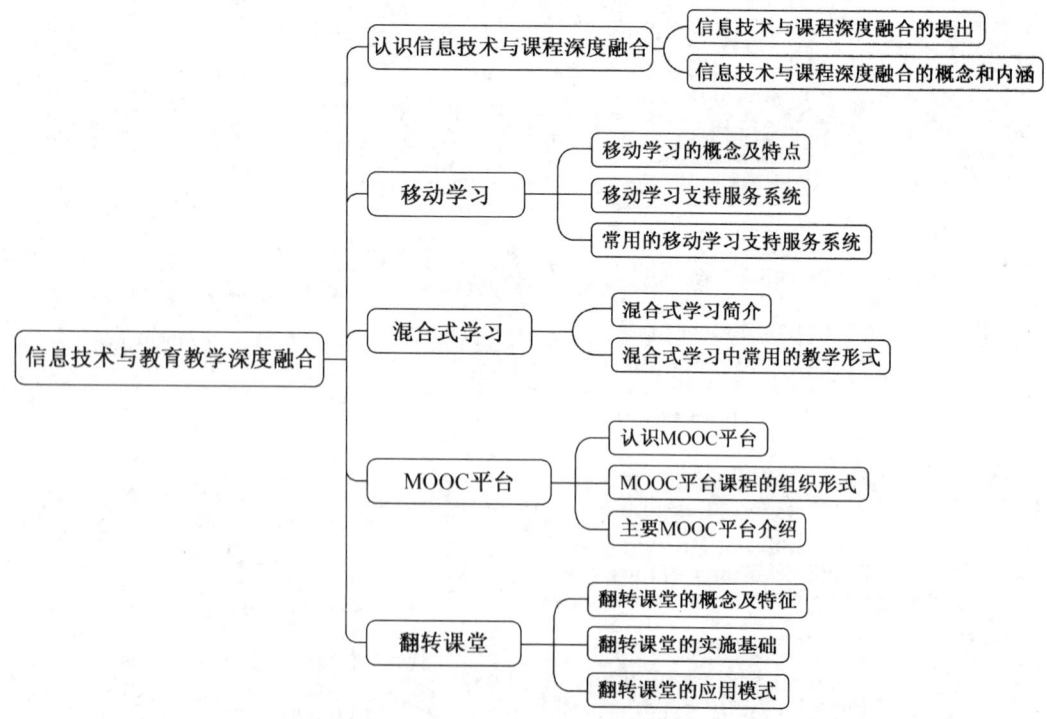

自 20 世纪 90 年代,以多媒体计算机与网络通信为标志的信息技术日益广泛地应用

到社会各个领域,对其产生了革命性的重大影响。但是,令人遗憾的是,信息技术在教育领域中所发挥的作用成效并不显著。世界著名的乔布斯之问——"为什么计算机改变了几乎所有领域,却唯独对学校教育的影响小得令人吃惊!"从全球范围来看,教育信息化的进程,已经进入一个全新的从关注建设到关注应用的深入发展阶段——信息技术与课程深度融合。本章将重点关注什么是信息技术与课程融合,以及基于对信息技术与课程融合的理解和研究现状,介绍能有效开展信息技术与课程融合的教与学形式。

第一节 认识信息技术与课程深度融合

信息技术对教育发展具有革命性的影响,这一命题已经成为当下教育界的共识。为促进教育生产力的显著提高,挖掘信息技术在教育领域中的应用潜力,在我国,一场信息技术与教育教学深度融合的改革大幕已悄然拉开。

一、信息技术与课程深度融合的提出

(一) 国家教育政策的要求

以教育信息化带动教育现代化,是我国教育事业发展的战略选择。为更好地推进落实《国家中长期教育改革和发展规划纲要(2010—2020年)》关于教育信息化的总体部署,教育部于2012年颁布了《教育信息化十年发展规划(2011—2020年)》。该规划第一次提出了信息技术与课程融合的概念,并明确指出"探索现代信息技术与教育的全面深度融合,以信息化引领教育理念和教育模式的创新"。为落实中央有关教育信息化的战略部署和教育信息化目标任务,全面深入推进教育信息化工作,教育部于2016年6月颁布的《教育信息化"十三五"规划》,提出了坚持融合创新的工作原则,指出要"将信息技术融入教学和管理模式创新的过程中,以创新促发展,推动教育服务供给方式、教学和管理模式的变革"。2017年1月颁布的《国家教育事业发展"十三五"规划》也提出要"全力推动信息技术与教育教学深度融合,利用信息技术提升教学水平、创新教学模式"的目标。2018年,教育部发布的《教育信息化2.0行动计划》,是加快教育现代化和教育强国建设的又一纲领性文件。这是顺应智能环境下教育发展的必然选择,是充分激发信息技术革命性影响的关键举措,也是加快实现教育现代化的有效途径。

从信息技术与课程融合概念的提出,到通过信息技术与教育教学的深度融合推动教育信息化,再到关于信息技术教育深度应用的行动指南,可以看出,信息技术与教育教学的深度融合已是国家意志的体现,是当下我国教育信息化发展的核心目标。倡导信息技术与教育教学的深度融合,是希望找到一种全新的、能实现教育信息化宏伟目标的有效途径与方法。

(二) 我国信息技术与课程结合的新阶段

技术与教育教学天然具有不可分割的关系,特别是信息技术在教育领域中的应用,对改善教学环境,优化教学方法,提升教学效果,起到了重要的推动作用。诚然,如蒋鸣和教

授所说,信息技术作为一种新的教学手段整合与现有的课程似乎已"走到了尽头",尽管在课堂上可以把技术的丰富性展示得淋漓尽致,但课堂并没有发生本质的变化,也很少有证据证明学生的思维和探究能力确实有了显著的提高①。

参考世界范围内信息技术与教育的发展,结合我国信息技术在教育教学中的应用情况来看,信息技术与课程相结合大致经历了三个阶段:计算机辅助教学、信息技术与课程整合和信息技术与课程融合。在计算机辅助教学阶段,由于教学环境中的信息化程度较低,教师和学生的信息意识和能力普遍较低,计算机在教学中主要作为教师教学的辅助工具出现。随着信息技术的不断发展和普及程度的提升,信息技术在教育教学领域当中发挥着越来越重要的作用。在信息技术与课程整合的第二个发展阶段,信息技术在教育领域中主要起到构建新型教与学环境、改变传统的教学理念和方法及提升教学效果的作用,信息技术在教育领域中的应用目标是变革传统的教学结构。当下,我国教育信息化进入了新的发展阶段,信息技术与教育教学融合的核心要求是融合与创新,要求信息技术融入课程学习的各个环节,实现学校教育系统尤其是课堂教学结构的根本性变革,改变以往一刀切的以教师为中心的传统教学模式为以学生为中心的资源极大丰富的个性化数字化学习模式②。因此,信息技术与课程融合是信息技术在教育教学领域中应用从量变到质变的必经阶段和关键过程。

(三) 社会变革浪潮的推动

在教育领域中应用信息技术已经成为当今教育发展的主要趋势,各种信息技术手段的教学应用日趋丰富和深入。

社会发生一次转型,教育也会随之发生范式的转变。著名社会学家阿尔文·托夫勒(Alvin Toffler)认为③,人类社会引起各部分发生巨大范式变革的浪潮主要有三次,分别是农业革命、工业革命和信息革命。当下我们正在经历的信息革命将社会从"大机器制造时代"转向"知识劳动时代"。促使教育范式发生转变的根本原因在于,社会对人才的需求发生了本质的变化。机器大工业时代的社会呈现出标准化、统一化、对手关系、科层组织、独裁专权、中央集权、被动服从、专业服务和门类化(劳动分工)等特征,与之不同的知识劳动时代,社会呈现出定制化、多样化、合作关系、团队组织、共享领导、自主履责、主动创新/自我指导、自我服务和整体化(任务统筹)等特征。这种变化将导致社会对人才需求的变化。在知识劳动时代,劳动的重心从体力劳动为主转化为脑力为主,学生的教育需求也随之发生相应的变化,突出知识性、复杂性、系统思考、多样化技能、合作和创新等特征。

因此,在教育需求转变的驱动下,那些更能保证每一个学生都能发挥出自己的潜能,能培养系统思维、问题解决、多元技能发展、合作和主动创新的教育模式,更具有现实意义和竞争力。在这样的教育理念的支撑下,课程学习更关注学生个体的学习需求。在信息

---

① 蒋鸣和.融合重构拓展——信息技术环境下的课程创新[J].中小学信息技术教育,2007(7):5.
② 杨宗凯.解读教育信息化十年发展规划——兼论信息化与教育变革[J].中国教育信息化,2014(11):4.
③ [美]查尔斯 M.赖格卢特,詹妮弗 R.卡诺普著,方向译.重塑学校——吹响破冰的号角[M].福州:福建教育出版社,2015.

时代范式下,技术已经改变了工业生产的许多领域,也必然会极大地促进教育的蓬勃发展。其中,数字技术和手持式材料起着核心作用。根据查尔斯在他的《重塑学校——吹响破冰的号角》一书中所描述的,学习和技术的关系在信息时代环境下更密切,以后学生将在"个性化综合教育系统"的支持下完成学习,在这个学习系统中技术具有如下四个核心功能,即记录学习进度、规划学习蓝图、提供学习指导和评估学习效果。而且这四个技术功能密不可分,记录学习进度工具会自动为制定学习计划的工具提供信息,制定学习计划的工具又可以确定相应的教学工具。评估过程则融入教学工具的运用中,得出的反馈数据又被追踪记录的工具保存下来,根据这些反馈信息又可以制定新的学习计划。

可以看出,在信息时代,信息技术为学习服务的理念越来越清晰。信息技术被融入课程学习的方方面面,在这个系统中,学生、教师和家长都可以非常清晰和客观地查看学生的课程学习进展、学习程度和动态变化的学习计划。

二、信息技术与课程深度融合的概念和内涵

(一) 信息技术与课程融合的概念

信息技术与课程融合,也称信息技术与课程的深层次整合。我国著名教育技术学者何克抗教授提出,所谓信息技术与课程的深层次整合,就是通过将信息技术有效地融合于各学科的教学过程,来营造一种信息化教学环境,实现一种既能充分发挥教师主导作用又能突出体现学生主体地位的以"自主、探究、合作"为特征的新型教与学方式,从而把学生的主动性、积极性、创造性较充分地发挥出来,使传统的课堂教学结构发生根本性变革——由"以教师为中心"的教学结构转变为"主导—主体相结合"的教学结构①。

(二) 信息技术与课程融合的基本属性

信息技术与课程融合包含三个基本属性,分别为营造信息化教学环境、实现新型教与学方式和变革传统的课堂教学结构②。三个基本属性是彼此相关和逐步递进的关系,是认识、理解和把握信息技术与课程融合确切内涵的核心抓手。

1. 营造信息化教学环境

这是信息技术与课程融合的基本内容。基于现代信息技术营造的新型信息化教学环境应具备以下功能:实现真实情境的创设、提供必要学习资源的支持、支持多种教与学模式的实施。这里的学习资源不只是指支持教学目标达成的各类丰富的学习内容直接相关的材料,同时也应是支持学生学习过程的认知工具,如探究工具、协作交流工具和情感体验与内化工具等。

2. 实现新型教与学方式

新型教与学方式的突出特征是真正意义上的"自主、探究、合作",在信息技术的支撑下,能更大程度地激发教师的教和学生的学,体现出主动性、积极性和创造性。教师对教学方式有更多的自主选择权和更灵活的设计与组织能力,支持以思想创新、能力提升和素

---

① 何克抗. 信息技术与课程深层次整合理论[M]. 北京:北京师范大学出版社,2008.
② 何克抗. 如何实现信息技术与学科教学的"深度融合"[J]. 教育研究,2017(10):89-91.

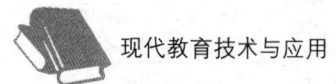

养发展为主要目的的探究式教学活动的实施,倡导和创建师生之间和学生之间跨班级、跨校、跨区域的更大范围的合作机制。

3. 变革传统的课堂教学结构

这是信息技术与课程融合的整体目标。课堂教学是学校教育的主阵地,是学校教育最重要、最核心的内容,课堂教学结构就是学校教育系统的主要结构。利用信息技术实现教育系统的结构性变革,就转化为对课堂教学结构的颠覆性改变。结合我国教育的实际,这个颠覆性改变就是将教师主宰课堂的"以教师为中心"的传统课堂教学结构,改变为既能充分发挥教师主导作用,又能突出体现学生主体地位的"主导—主体相结合"的教学结构。这是信息技术与课程融合的实质与落脚点,也是"深度融合"的确切内涵。

(三)信息技术与课程融合的基本途径

从根本上变革传统课堂教学结构,并在此基础上实现学科教学质量的显著提升,是贯彻实施信息技术与课程深度融合的过程。实现信息技术与课程的深度融合的基本途径包含以下三个环节:

1. 深刻认识课堂教学结构变革的具体内容

教学系统包含四个基本要素,分别是教师、学生、教学内容和教学媒体,整个教学系统是这四个要素相互联系、相互作用的体现。因此,课堂教学结构的变革不能是抽象的、空洞的,应该落实到对课堂教学系统四个要素的地位和作用的改变上。

教师由课堂教学的主宰和知识的灌输者转变为课堂教学的组织者和指导者,学生自主建构意义的帮助者和促进者,学生良好情操的培育者。学生由知识灌输的对象和外部刺激的被动接受者,转变为信息加工的主体、知识意义的主动建构者和情感体验与内化的主体。教学内容要由单一依赖一本教材,转变为以教材为主并有丰富的信息化教学资源相配合。教学媒体要由只是辅助教师突破重点、难点的形象化的教学工具,转变为既能辅助教师的"教",又能促进学生自主的"学",从而使学生得到更丰富、有效的认知探究工具、协作交流工具及情感体验与内化工具的支持。

2. 实施能有效变革课堂教学的创新"教学模式"

促使"课堂教学结构变革"目标真正落到实处,关键在课堂。老师和学生在课堂教学中按照什么样的模式开展教与学,是促使息技术与课程深度融合目标达成的关键。在实践中探索出一套符合我国国情,适合我国教育教学实际情况的行之有效的融合创新教学模式,而不是生搬硬套国际上流行的做法,是当下信息技术与课程深度融合的首要任务。

3. 开发出相关学科丰富的学习资源

开发出相关学科丰富的学习资源,是实现信息技术与课程深度融合的保障。何克抗教授指出,不同的学科应有针对性地重点开发不同的学习资源。人文与社会科学类的学习资源开发的重点是各种扩展阅读材料,自然科学类的学习资源开发的重点是不同学科的建模软件、仿真实验、制表工具、各种VR与AR软件以及交互性课件等,外语学科应重点开发与社会现实及大自然密切相关的"扩展听、读材料"。

第二节　移动学习

20世纪末,利用移动通信设备开展学习活动的研究开始兴起,短时间内移动学习成为远程教育和数字化学习领域的研究热点。特别是近年来,随着智能手机等移动通信设备的普及和碎片化学习理念的发展,移动学习必将成为学习的一种重要且常见的手段,同时也为教师开展信息技术与教育教学的深度融合提供新的思路。

一、移动学习的概念及特点

(一) 移动学习的概念

移动学习,英语称为 Mobile Learning,简称 M-Learning。随着移动互联网向各行各业的持续渗透,智能手机和平板电脑等移动智能终端和 Wi-Fi 的大普及,更贴近现代人碎片化学习需求的移动学习,正在成为一种席卷全球的新的学习革命。Dye 等人对移动学习的定义是,移动学习是一种在移动计算设备帮助下的能够在任何时间、任何地点开展的学习,移动学习所使用的移动计算设备必须能够有效地呈现学习内容并且提供教师与学习者之间的双向交流。因此,移动学习是一种依托无线移动网络、国际互联网和多媒体技术的新型学习方式,教师和学生可以使用移动设备开展更为方便灵活的实现交互式的教学活动。

(二) 移动学习的特点

移动学习是利用移动通信设备和无线通信网络获取教育信息、教育资源和教育服务的一种新型学习方式,与其他形式的学习比较,Klopfer 等指出移动学习具有灵活便捷性、社会交互性、情境性、联通性和个性化等特点。

1. 灵活便捷性

移动设备或接收端通常体积较小,易于携带且种类繁多,学习者可以借助移动设备的强大功能真正实现一对一的课堂教学,在任何时间和任何地点,获取所需资源,以便开展不同目的和不同形式的学习。不受课堂时间安排的限制,不受学习环境的约束,学习者可以以自己喜欢的姿势和状态开始学习。

2. 社会交互性

与传统课堂教学的提问和讨论等互动形式不同,在移动学习环境下,支持学习者在需要时与老师和学习伙伴开展交流。随着信息技术的发展,大数据支持更大范围和更深度的人与人之间的交互,学习者更容易找到志趣相同的学习伙伴,也能更大范围地听到不同的声音。

3. 情境性

学习是学习者基于一定的社会文化情境,在与学习环境的互动中自我建构意义和身份的活动。在移动学习模式下,学习者可以携带移动设备在真实或仿真环境中进行体验式学习,有助于学习者形成背景性经验,从而促进知识的理解和运用。学习者也更容易开展基于个人学习需求基础上的沉浸式的学习,是我要学而非老师要求我学。

4. 联通性

移动学习的联通性主要体现在两个方面,即学习资源的联通性和学习过程的联通性。学习资源的联通性,指在移动学习中学习资源基于移动互联网发布,学习资源具有分散性和丰富性,搜索技术和大数据关联技术,可以帮助学习者快速建立零散知识之间的联结。学习过程的联通性是指,在移动学习中,学习动机具有自发性,学习者更容易产生主动的思考,从而更好地调动学习者内部原有的认知结构,在原有知识和新知识之间建立关联。境脉学习理论指出,大脑本能地在境脉中搜寻意义,即学习者从所处环境中搜寻新信息与其内部世界之间发生意义或看似有用的关系。在移动学习环境下,学习情境更丰富,学习资源更多样化,学习链接更容易获取。

5. 个性化

在移动学习模式中,学习者根据自己个性化的学习需求,制定自己的学习计划和要达到的学习目标,自由选择学习内容,自己控制学习的进度、安排学习时间和地点。

二、移动学习支持服务系统

(一)移动学习支持服务系统的定义

学习支持服务是由学校或其他教育机构提供给学习者的多种形式的支持服务,包括师生面对面教学、利用媒体技术实现的双向通信交流为主的各种信息的、资源的、人员的和设施的支持服务的总和。移动学习服务支持系统简称移动学习系统,是利用无线移动通信网络技术和无线通信设备获取教育信息、教育资源和教育服务的系统。通常,可以使用的无线通信设备有智能手机、PDA、平板电脑以及其他便携式通信设备。学生可以通过移动终端设备,完成入学注册、选课、课程学习、在线测试、师生交互等,支持学生随时随地完成学习任务。

(二)移动学习支持服务系统的基本功能

移动学习系统不是将基于 Web 的网络教育资源简单地移植到移动终端上,它是一个基于多用户的,集教务管理系统、课程学习系统、考核系统、教学支持服务系统等子系统于一身的,含有多种功能模块的综合性系统①。

1. 教务管理系统

主要面向学生,为学生提供课程基本信息、学生注册和选课情况管理、学习成绩查询、发布公告等服务。

2. 课程学习系统

提供教学材料,主要有视频(含录播和直播视频)、文档、图片、音频等形式。主要包括查看课程公告、完成课程学习、在线提问等交互功能。

3. 考核系统

主要包括编辑和发布测试、实施在线测试、文件提交、答案查询、查看测试报表等功能。

---

① 郑炜,齐幼菊,厉毅.移动学习系统在远程教育中的构建与应用[J].中国远程教育,2012(3).

4. 教学支持服务系统

主要包括解答在线提问、用户名和密码管理、自动回复、学习情况监测支持等功能。

三、常用的移动学习支持服务系统

目前基于学者对移动学习支持服务系统的研究，教师广泛接受并使用的移动学习支持服务系统有基于电子书包的移动学习支持服务系统、基于微信的移动学习支持服务系统和基于网络课程的移动学习支持服务系统。

（一）基于电子书包的移动学习支持服务系统

电子书是按照一定的标准规范，将数字化的文字、图片、影音等多媒体内容、电子书与相应终端设备的集合。电子书的形态让学习环境能够移动起来，对移动学习环境的建设具有重要的影响，未来移动学习环境的构建将不再仅重视教师对学习者的单向讲授，而是越来越重视师生之间的双向互动。电子书将成为移动学习环境中最核心的要素，取代教材成为内容和功能承载的载体①。

电子书包是一个"互联网＋教育"的应用系统，包括硬件、软件、资源和服务。它包含了多种核心技术、多种应用场景及多种教学活动，可为教师、学生、家长和教育部门等不同类型的用户提供服务。

作为学习服务支持系统的主要载体，电子书以及随之而产生和发展的电子书包系统，不是印刷教材的简单电子翻版，兼具与终端互动和与平台互动的功能，具有阅读性、富媒性、交互性和关联性（针对教学目标的内容关联和知识结构重组）②。因此，电子书系统的功能，从内容上来讲，电子书应具备装载大容量的电子课本、支持阅读笔记的书写、提供虚拟学具（如电子词典、虚拟直尺等）、支持学习活动的优化（如提供概念图工具等）等功能。从使用的角度来看，电子书应具备提供学习服务的功能，如学习记录、进度管理、学习评价、家校互动服务、功能管理、智能学伴等功能。

（二）基于微信的移动学习支持服务系统

1. 微信公众平台

微信（WeChat）是由腾讯公司开发的移动通信软件，在我国具有非常广泛的群众使用基础。微信打通了移动通信和互联网通信的方式，兼具通信和互联的功能。从移动学习支持系统的角度，将微信的语音/文本交互方式和群聊方式，作为人与人之间的基本信息沟通方式处理，微信公众平台更符合移动学习系统的特征。微信公众平台是腾讯公司在公众相互交流的基础上开发的一款信息交流平台，个体用户或集体用户均可以通过手机号码进行页面注册，从而拥有一个个性化的基于微信的公众交流渠道。因此，微信具有天然的信息传递和移动互联的基本功能，使得其可以在移动学习领域有一席之地。

2. 基本功能

微信公众平台目前支持文字、图片、声音、视频等所有格式的多媒体信息的呈现。基

---

① 方海光,刘泮,黄荣怀. 面向电子书的移动学习系统环境应用及趋势研究[J]. 现代教育技术,2011(12).

② 祝智庭,郁晓华. 电子书包系统及其功能建模[J]. 电化教育研究,2011(4).

于微信公众平台可以开发针对课程内容的信息聚合与推送,为学生提供学习内容的发布和检索。其基本功能有内容推送、资源检索、资源共享和师生互动。教师通过微信公众平台可以进行设计文档编辑与推送、消息管理、用户管理、素材管理、投票管理、自动回复等操作。

服务于基础教育领域的微信学习支持系统可以分为两大类,分别是教师教研类和学生学习资源类。教师教研类微信公众平台用于支持基础教育领域教师开展教研交流活动,如中国教研网,如图8-1所示。中国教研网是由教育部基础教育课程教材发展中心指导,各级教研部门支持的首个服务全国教研工作和广大中小学教师专业发展的专业网络平台。它是教研员及教师展开教研工作交流的平台、教研经验集散平台、资源共建共享平台、教师研修平台和教育决策咨询平台。

图 8-1 中国教研网微信公众号

3. 设计原则

教师或学校在应用微信公众平台进行学习服务系统的设计时应注意以下几点。第一,定位准确。确定希望通过微信公众平台为学生提供课堂学习之外的哪一类学习支持,以区别于其他学习方式。第二,版块规划合理。根据教师和学生的实际需求进行合理规划,实现明确学习目的和提高学习效率的效果。第三,内容设计科学严谨。内容选择的科学性是通过微信公众平台实现移动学习的第一原则。在学校教育环境下,微信公众平台使用者数量庞大。并且,大多数学生会把教师或学校提供的内容毫无保留地全部接收,若出现科学性的错误甚至不够严谨,都会造成学生认识或理解上的偏差甚至缺陷。第四,资源的趣味性。作为正式学习内容的有益补充,微信公众平台上学习资源的趣味性是学习参与度和学习效果的基本保障。针对学生年龄特点和当下社会信息传递方式的变化,应设计出有趣、有料的学习内容,为提升微信公众平台的学习服务效果奠定坚实的基础。

(三)基于网络课程的移动学习支持服务系统

网络课程发展到今天,以 MOOC 和直播课为主要呈现形态。各 MOOC 课程发布平台开发了相应的基于移动设备的 App,而在今天为人们广泛接受和使用的直播课,赖以生存的土壤就是移动互联设备。因此,在移动设备上学习 MOOC 和直播课势必成为移动学习的一个重要组成部分。关于 MOOC 在本章的第四节有更详细的介绍,这里重点介绍直播课堂移动学习支持服务系统。

1. 直播课堂

直播课堂是将直播教师现场发生的教学内容,以某种载体形式实时(或适当延时)地通过网络技术发布给学习者[①]。随着课程学习理念的不断深入,在直播课堂的发展中,教师和学生都不再满足于在线观看视频或在线做题等简单的学习方式。直播平台的入口门槛越来越低,具有开放性、即用性和易操作性等特点。直播课堂呈现出更强烈的直观性、互动性和趣味性等特征。

2. 直播平台

直播平台为课程直播提供技术支持,这里的直播平台区别于社会直播平台,特指在教育教学领域为教师和学生提供课程学习支持的直播系统。特别是进入2020年之后,各大运营商纷纷推出了教育教学直播平台服务。如微信、企业微信、学堂在线、智慧树等。

3. 设备要求

完成直播课堂,对教师端和学生端的设备均有相应的要求。通常完成课堂直播,必要的设备有(无线)网络、电脑(具备麦克风和摄像功能)、智能手机、手写板等,软件有办公软件、直播平台、视音频播放器、其他课程所需软件等。根据直播平台的要求,电脑应安装相应版本的操作系统及办公软件。

4. 实施模式

直播课堂的参与者包括学校、教师、学生和直播平台服务商,实施过程包括三个阶段,分别是准备阶段、实施阶段和评价阶段。

(1) 准备阶段。一般先由学校和直播平台服务商达成一致,根据直播平台的要求完善必要的硬件设施。要求教师和学生注册成为直播平台的用户,教师组建班级和课堂,学生根据学校课程的安排加入所在班级和课堂,为直播课程的实施做好课堂组建的准备。教师通过直播平台发布课程学习计划,为直播课程的实施做好课程规划的准备。

(2) 实施阶段。直播实施过程包括教学准备、课堂直播以及课后作业提交三个部分。在教学准备阶段,主要任务是教师的教学设计,一般在线下完成。教师设计教学并通过相关途径发布某次课堂直播的预期要求和开课时间等。学生完成预习并提交反馈,教师根据预习反馈进一步调整教学设计。课堂直播阶段由教师和学生共同参与,通过直播平台在线共同完成。课堂直播结束后,教师通过相关途径发布课后作业要求,学生完成并在线提交作业。

(3) 评价阶段。直播课堂是开展教学的一种形式,教学评价是教学的必要环节。教师应针对学生的预习反馈、直播过程中的学习情况以及作业完成情况,根据预先设计的评价方案,对学生的学习情况给出客观公正的教学评价。根据评估情况,针对学习效果为学生提供必要的补充学习材料。学生也可以根据自己的学习情况,选择学习补充材料和观看视频回放。

第三节　混合式学习

近年来,混合式学习领域的实践范围和实践效果随着网络技术和移动技术的发展,得

---

① 倪俊杰,丁书林.O2O直播课堂教学模式及其实践研究[J].中国电化教育,2017(11).

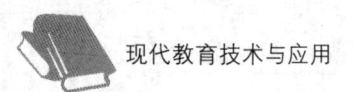

到了极大的扩充和提升。混合式学习是一个概念还是一个现象,学术界还没有定论,但它追求一加一大于二的叠加效应,使越来越多的老师认识到在培养学生核心素养的道路上,在信息技术与课程深度融合的现阶段,混合式学习再一次成为教育教学领域关注和实践的焦点。

一、混合式学习简介

(一)混合式学习的概念

混合式学习,英语表示为 Blending Learning 或 Blended Learning,起源于 20 世纪 90 年代兴起的 E-learning,它是科技发展和互联网技术普及的产物,使学习得以突破时空的限制。

ASTD(美国发展与培训协会)2002 年将混合学习定义为把不同情境下的学习活动,如面授学习、在线学习、自定步调学习等相结合的学习解决方案。

我国教育技术专家何克抗教授认为,所谓混合式学习就是把传统学习方式的优势和 E-learning(即数字化或网络化学习)的优势结合起来,既要发挥教师引导、启发、监控教学过程的主导作用,又要充分体现学生作为学习过程主体的主动性、积极性与创造性。

李克东认为,混合式学习是把面对面(face to face)教学和在线(on-line)学习两种学习模式进行整合,以达到降低成本、提高效益的一种教学方式。

有专家提出,混合式学习并不是一个有意义的概念,其理念是把两种学习方法结合起来,扬长避短,达到预期的学习效果。正如哈维·辛格和克里斯·里德提出的,混合式学习的本质是在适当的时间,通过应用适当的学习技术与适当的学习风格相契合,对适当的学习者传递适当的学习能力,从而取得最优化的学习效果的学习方式。因此,混合式学习的目的就是通过可能找到的"最好"的方式去改善学习①。

2015 年 7 月,K12 在线学习国际协会发布了《混合学习:2008—2015 在线和面对面的进化》,报告指出越来越多的国家、地区和学校认识到了混合式学习改变教育系统的潜力,能为教师创新地使用优质教育资源提供最好的机会,个性化学习环境能为所有学习者提供最好的教育机会和个性化学习路径。因此,有专家指出混合式学习有可能取代传统的课堂学习,成为一种主流的学习方式之一。

(二)混合式学习的特点

混合式学习结合了课堂教学和在线学习的优势,既能充分发挥教师的主导作用和学生自主学习的能力,又能充分利用网络和多媒体技术所构建的友好逼真的学习环境。混合式学习的特点主要表现在以下五个方面:

(1)灵活的学习指导方式。既可以由教师集中精力辅导,也可以通过发布公告、在线答疑等方式。

(2)学习资源种类丰富。混合式学习资源的种类多种多样,可以是电子素材,也可以是微视频、课堂实录或直播等。

---

① 黄荣怀,马丁等. 基于混合式学习的课程设计理论[J]. 电化教育研究,2009(1).

(3) 学习方式多种多样。教师开展混合式学习，既可以通过学习者个人自学实现学习效果，也可通过小组讨论达到团队合作学习的效果。混合学习提供各种学习方式，如在课堂听老师讲课或者通过网络看视频，远程在线学习等；便于专家远程参与，通过网络直接参与到课程活动中。学习者可以选择适合自己的学习方式，即使没有老师，也可以反复观看或学习。

(4) 教师和学生交流的机会更多。可以在教室里与交谈，或者在网上论坛和课程聊天室里发布信息。这比简单的在线学习和面对面的教学更有优势：在在线学习中，学习者由于距离太远而有很强的孤独感，不利于沟通；在面对面教学中，学习者没有充足的时间和机会去思考和交流。混合学习可使学习者有更多的机会对所学知识进行消化反思，重新建构。

(5) 学习效益高。混合学习节省人力物力财力，学习时间更有弹性，为学习者提供了各种可能的学习机会，便于终身学习。

二、混合式学习中常用的教学形式

(一) 项目式教学

1. 项目式教学的定义

"项目"一词，其英语为 project，起源于管理学，指在特定的时间内，为了实现与现实相关联的特定目标，把需要解决的问题分解为一系列相互联系的任务，以便群体间可以相互合作，并有效组织和利用相关资源，从而创造出特定产品或提供服务。"项目"这个概念被引用到教育学中，产生了基于项目的学习或者项目式学习（Project-based Learning，PBL）。项目式学习 PBL 是一种教学方法，即学生通过一段时间内对真实的、复杂的问题进行探究，并从中获得知识和技能。

项目式学习是一种以学生为中心的教学方法，它提供一些关键素材构建一个环境，学生组建团队通过在此环境里解决一个开放式问题的经历来学习。需要注意的是，项目式学习过程并不关注学生们可以通过一个既定的方法来解决这个问题。它更强调学生们在试图解决问题的过程中发展出来的技巧和能力，包括如何获取知识，如何计划项目以及控制项目的实施，如何加强小组沟通和合作。项目式学习这个过程赋予学习者应对未来挑战的能力。因此，项目式教学是一种"教"与"学"的模式，关注的是学科的核心概念和原理，要求学生从事的是问题解决，基于现实世界的探究活动，以及其他的一些有意义的工作，要求学生主动学习并通过制作最终作品的形式来自主完成知识意义的建构，以现实的、学生生成的知识和培养起来的能力为目标①。

2. 项目式教学的核心要素

项目式学习，在项目设计时不仅需要关注学生的学习目标，同时也需要考虑满足以下各项核心要素。

(1) 学习目标。强调重点知识的学习和"成功素养"的培养。项目不仅关注教育大纲

---

① 刘景福，钟志贤. 基于项目的学习（PBL）模式研究[J]. 外国教育研究，2002(11).

下各科知识的学习,同时也关注学生批判性思维能力、解决问题的能力、团队协作的能力和自我管理的能力的培养。

(2) 有挑战性的问题。项目式学习的核心是解决一个有意义的问题。这个问题可以是具体的或者抽象的,具有开放性和一定的挑战性,但同时又是学生可以理解的,不能难到让学生望而却步。

(3) 持续性的探究。通过书本或网络等途径查询信息,只是开展项目式学习的一个基本步骤,而不是核心步骤。探究是一个更主动、更深度的研究的过程。当学生们面对一个具有挑战性的问题,他们会提出问题,收集资料,并尝试解答问题,之后他们会提出更深刻的问题——这个过程会持续、循环直到他们得到一个满意的答案或解决方案。在项目式学习的过程中,学生针对提出的问题,查找、整合和使用信息。

(4) 真实性。项目的真实性一方面体现在,以解决真实世界的实际问题为目标,应用真实的工具和评估标准,成果或产品会产生真实的影响;另一方面,项目也应重视学生个人的真实的兴趣爱好或生活中真实关心的问题。

(5) 学生的发言权及选择权。学生需要对项目有自己的发言权,包括做什么和怎么做。这能激发学生的责任意识,提高学习动力。学生应该尽可能地在项目的各个环节有所参与,从提出问题,到为解决问题寻找资源,再到明确团队中的角色及分工,以及最终创造一个产品。

(6) 反思。学生和老师在项目过程中需要针对各个环节进行反思,包括学习的内容、探究和项目执行的有效性、项目成果的质量,项目中遇到的问题及解决方案。这种反思可以以正式和非正式两种形式展开。非正式的反思,如课上或课下即时展开的,个人或成员间的对话、讨论、非正式文本、图形、录音、视频等。正式的反思是有计划地在小组间开展的带有明确讨论题目、讨论目的和讨论过程的活动。不论以何种形式开展反思,都应尽可能详细地被记录或反映在项目日志中,必要的还应在终极作品展示中予以公开。

(7) 评论与修正。学生们需要提出及接受意见和建议,并知道如何基于反馈来改进执行方案、调整进度以及完善产品。在这个过程中,教师或学生应主动学习必要的反馈和评论技巧,并使用恰当的如评估量表和评估模型等评估反馈工具。

(8) 项目成果的公开展示。学生们需要向同学、老师以外的公众阐释、展示或者呈现他们的项目成果。项目成果可以是一个实实在在的东西,也可以是一个解决方案的展示或对一个问题的回答。公开展示其项目成果将大大提高学生在项目式学习中的积极性,同时也有助于促成高质量的产出,也能有效促进讨论和学习社区的形成。

3. 项目式学习的基本步骤

项目式学习强调的是以学生为中心,强调小组合作学习,要求学生对现实生活中的真实性问题进行探究。混合学习理念下的项目式学习在原有项目式学习的基础上融入在线学习的过程,这里的在线学习包括正式的由教师组织的在线教学内容和学生自主通过网络展开的非正式的自组织式的学习活动。项目式学习的实施步骤分为选定项目、制定计划、活动探究、作品制作、成果交流和活动评价等六个基本步骤,如图8-2所示。

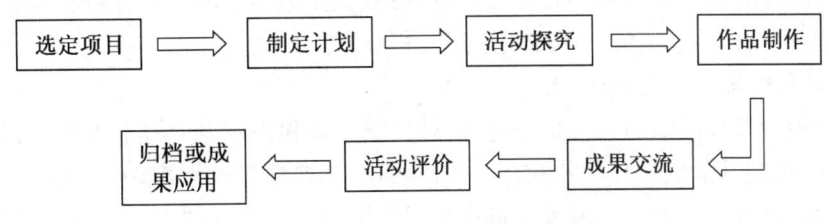

图 8-2 项目式学习基本步骤

(1) 选定项目。项目学习中的项目选择很重要。项目的选择应综合评估学生的兴趣、能力培养的需求、学生的认知基础以及生活体验,选择学生能做、愿意做和有价值的项目。项目的设计应融合多门学科,具有层次性和丰富性,值得学生进行至少长达一周的时间进行探究和学习。同时,项目的选择应考虑学校的基本情况,有能力开展该项目以及保证有相应的手段对项目进行跟踪、评估与反馈。

(2) 制定计划。计划的内容有学习时间的详细安排和活动计划。时间安排是学生对项目学习所需的时间做一个总体规划,做出一个详细的时间流程安排。活动计划是指对基于项目的学习中所涉及的活动预先进行计划,如采访哪些专家、人员的具体分工、从什么地方获取资料等。

(3) 活动探究。这一阶段是基于项目的学习的主体,学生大部分知识内容的获得和技能、技巧的掌握都是在此过程中完成。在这一阶段,教师应在线为学生提供与项目有关的教学资源,教学资源涉及基础知识和基本技能,包括相关知识介绍、项目开展指导、有用的学习工具等,让学生够用即可。学习小组在学习的基础上,开展更深入的调查研究,记录对活动内容以及自身对活动的看法或感想,提出解决问题的假设;借助一定的研究方法和技术工具来收集信息,对收集到的信息进行处理和加工,对开始提出的假设进行验证或推翻开始的假设,最终得出问题解决的方案或结果。

(4) 作品制作。作品是项目式学习成果的表现形式,这是基于项目的学习区别于一般活动教学的重要特征。作品是学生学习过程的反映,教师应指导和提醒学生选择和设计最能体现所获得的知识和技能的作品。作品的形式可多种多样,如研究报告、实物模型、图片、录音、录像、演示文稿、网页和表演等。

(5) 成果交流。作品制作出来之后,各学习小组要相互交流。学习小组通过展示他们的研究过程和成果,来表达他们在项目学习中所获得的知识和所掌握的技能。成果交流的形式可根据实际情况做出安排,如举行展览会、报告会、辩论会、小型比赛等。在成果交流中,参与的人员除了本校的领导、老师和学生以外,还可有校外来宾,如家长、其他学校的教师和学生以及上级教育主管部门的领导和专家等。

(6) 活动评价。评价要求由专家、学者、老师、同伴以及学习者自己共同来完成。强调对学习过程和结果的评价,真正做到定量评价和定性评价、形成性评价和终结性评价、对个人的评价和对小组的评价、自我评价和他人评价之间的良好结合。评价的内容有课题的选择、学生在小组学习中的表现、活动计划、时间安排、结果表达和成果展示等方面。对结果的评价强调学生的知识和技能的掌握程度,对过程的评价强调对实验记录、各种原始数据、活动记录表、调查表、访谈表、学习体会等的评价。

(7)归档或结果应用。项目学习成果应该归档,作为学生的学业评价材料以及学校的教学过程性材料,有价值的成果鼓励应用到相应的实践中。

4. 项目式教学案例及分析

在基础教育课程改革的大背景下,在信息技术与课程深度融合理念及实践热潮的推动下,为探索出提升学生核心素养的有效途径,四川省成都市东光实验小学基于学校办学理念"东方精神,世界眼光",开展了项目式学习教学研究与实践,"一站一成都"就是系列教学研活动的典型案例。① 该项目通过"为成都地铁站点进行站台文化设计"的活动设计,引导学生认识和理解家乡文化,促进创意表达,从而达到培养学生核心素养的目的。

(1)题目的选定。"东方精神,世界眼光"是东光实验小学的办学理念,旨在传承中华民族精神,打开国际视野。成都是"天府之国",是古今丝绸之路的重要枢纽,也是现今"一带一路"的重要区域,浓厚的民族精神和民族文化底蕴的沉淀,坚定了教师带领学生寻求文化理解的方向。结合学校的课程定位,学校将文化理解聚焦在"学生对文化的多重体验和创意表达"上。由此,"创意表达成都文化"的主题油然而生。项目确定的另一个载体——地铁,则是缘于成都市的地铁6号线即将穿越居民生活小区,每个学生都有乘坐地铁的经历,地铁的入口、站台的墙体、柱子、地面和房顶等的设计别具匠心。这些设计与历史、文化和特色紧密相关,为了让学生进一步读懂成都,理解家乡,研究隐藏在成都地下的四通八达的地铁文化,这无疑是一个新颖的视角和独特的切入。由此,学校确立了"一站一成都——为成都地铁站点进行站台文化设计"的项目。

(2)制定计划。项目设计的基本原则是让学生亲身参与项目的每一个环节,包括现场调查、查阅文献、收集资料、访谈相关人员、分析研究、创造性设计、动手制作、修改美化等一系列活动,最终呈现出一组设计作品,项目整体规划如表8-1所示。

表8-1 "一站一成都"项目整体规划

项目历时	1个月
涉及范围	一个主题:站台文化设计 多个学科:语文、美术、社会 多项课程标准的要求:口头表述、团队合作、系统思考、产生创意
技术使用	学习技术:调查、采访、查阅、收集整理、归类总结 网络技术:移动终端、微信公众号
活动范围	校外(各地铁线路)、课堂、图书室
合作伙伴	自由组合的本班同学;语文、美术两位教师;专业人士
成果观摩者	本班同学和全校同学、部分教师、家长群体及更广泛的公众号关注群体

在整体规划的基础上,学校对项目进行了分解,沿着"项目任务—主要问题—子问题"的思路,最终确定了项目的任务串,如图8-3所示。

---

① 本案例由四川省成都市东光实验小学提供文字材料及图片。

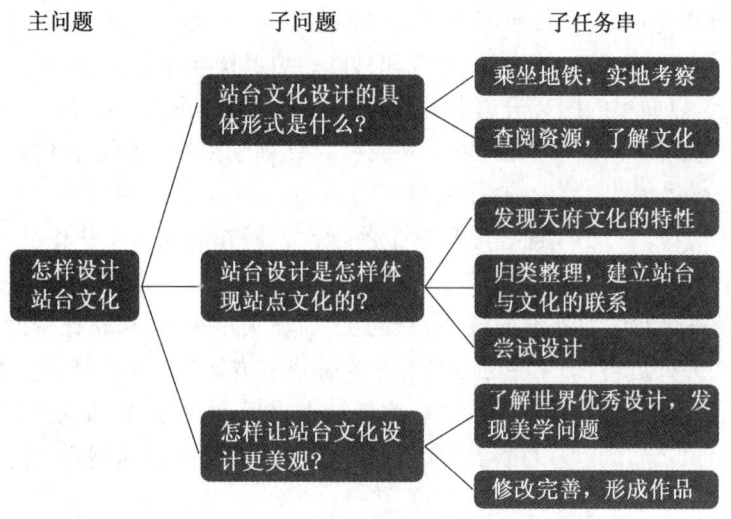

图 8-3 "一站一成都"项目分解图

项目的推进过程分为三个模块：

模块一：整体感知（课外学习两周，课堂 2 课时）。主要任务包括了解地铁、感受地铁文化、了解成都的历史文化和时代特色。

模块二：深度建构（课外学习一周，课堂 2 课时）。主要任务包括研究站台设计的要素和方法，理解站台设计如何体现站点文化。

模块三：实践创作（课外学习一周，课堂 2 课时）。主要任务包括修改创意、完善文字和图画的设计方案以及制作模型。

（3）活动探究。活动探究主要完成项目计划中模块一和模块二所设计的任务。在第一阶段，学生首先利用网络等途径查阅并分享资料，深入了解站点的代表性文化。然后乘坐地铁，实地考察地铁站台设计，如图 8-4（左）所示。最后在课堂上分享成都的历史文化、时代风貌、本土特色。在第二阶段，学生观察成都地铁站台和站点中的大量图片，阅读文字资料，发现站台设计和站台文化之间的关系。

图 8-4 "一站一成都"项目进展过程掠影

在这个过程中,学生充分应用网络、纸张、电子文档、电子表格、演示文稿、相机、图像制作和处理等手段的支持,从内容、形式和具体的站点特点等方面,通过自主发现、小组讨论等形式,尝试以简单的图文表达小组的初步设计创意,如图 8-4(右)所示。

(4) 作品制作。在这一步骤,主要完成项目计划中模块三所设计的任务。修改完善小组创意,完成设计图画稿,并制作模型。

(5) 成果交流。各小组向老师和学生展示设计制作的站台文化作品,师生对作品的设计、制作等进行交流。

(6) 活动评价。学习评价的核心是"创意"而非美术水平,这是评价的基本原则。评价主要从两个方面进行,即学生的创意和学生提供的方案与模型。评价分两个阶段进行,即现场评价和后期评价。现场评价在模块二结束之后,采用打分和点评的方式。第二阶段在模块三结束之后进行,以微信公众号的方式向全校师生推送展示,并投票选出"最佳创意"。

(7) 归档或成果应用。部分学生作品被学校收藏,如图 8-5 所示是被学校收藏的学生设计并制作的实体方案。

图 8-5 "一站一成都"学生实体作品

(二) 任务驱动式教学

1. 任务驱动式教学的定义

任务驱动式教学是一种教学方法,是指依据教学目标,围绕教学内容,按照循序渐进的原则,将学科知识的概念、原理、技能分别融进一个个的学习任务中,使教学内容聚焦定位,使学生明确该做什么,并以任务的完成、问题的解决作为主要教学活动贯穿于整个教学过程。由此促进学生的参与,实现在系统获得学科知识的同时,培养自主探究、实践、思考、运用等解决问题的能力[①]。

2. 任务驱动式教学的特点

任务驱动教学法最根本的特点就是"以任务为主线、教师为主导、学生为主体",改变了以往"教师讲,学生听",以教定学的被动教学模式,创造了以学定教、学生主动参与、自

---

① 陈雅. 基于混合式学习的任务驱动式教学[J]. 中国成人教育,2017(2).

主协作、探索创新的新型学习模式。通过实践发现"任务驱动法"有利于激发学生的学习兴趣,培养学生的分析问题、解决问题的能力,提高学生自主学习及与他人协作的能力。

3. 任务驱动式教学的基本环节

任务驱动的教与学的方式,包括创设情境、确定任务、展开学习和效果评价四个基本环节,如图 8-6 所示。能为学生提供体验实践的情境和感悟问题的情境,围绕任务展开学习,以任务的完成结果检验和总结学习过程等,改变学生的学习状态,使学生主动建构探究、实践、思考、运用、解决等高智慧的学习体系。

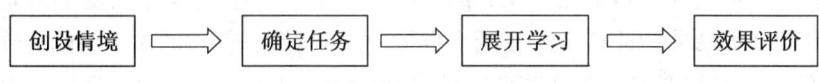

图 8-6 任务驱动式教学的基本环节

(1) 创设情境。为使学生的学习能在与现实情况基本一致或相类似的情境中发生,需要创设与当前学习主题相关的、尽可能真实的学习情境,引导学习者带着真实的"任务"进入学习情境,使学习更加直观和形象化。生动直观的形象能有效地激发学生联想,唤起学生原有认知结构中有关的知识、经验及表象,从而使学生利用有关知识与经验去"同化"或"顺应"所学的新知识,发展能力。

(2) 确定问题(任务)。在创设的情境下,选择与当前学习主题密切相关的真实性事件或问题(任务)作为学习的中心内容,让学生面临一个需要立即去解决的现实问题,这个问题(任务)基于现实的需求而产生,具有明确的指向性。问题(任务)的解决有可能使学生更主动、更广泛地激活原有知识和经验,来理解、分析并解决当前问题,问题的解决为新旧知识的衔接、拓展提供了理想的平台。通过问题的解决来建构知识,正是探索性学习的主要特征。

(3) 展开学习。任务驱动式学习主要以自主学习或协作学习的形式开展,通常不是由教师直接告诉学生应当如何去解决面临的问题,而是由教师向学生提供解决该问题的有关线索,如需要搜集哪一类资料、从何处获取有关的信息等。强调发展学生的"自主学习"能力,同时倡导学生之间的讨论和交流,通过不同观点的交锋,补充、修正和加深每个学生对当前问题的解决方案。

(4) 效果评价。对学习效果的评价主要包括两部分内容,一方面是对学生是否完成当前问题的解决方案的过程和结果的评价,即所学知识的意义建构的评价,而更重要的一方面是对学生自主学习及协作学习能力的评价。

4. 任务式教学案例解析

案例呈现:本案例由河南省郑州市中原区伊河路小学张超老师提供,详细教学设计案例可扫描目录页二维码参看。这是一节绘本阅读课,教材选用科林英语(4级),执教年级为 5 年级,教学内容为 No kings in the kitchen。

案例分析:

(1) 教学设计概要。这节绘本阅读课,张超老师设计了一个终极任务——根据教材内容"创编"故事。为了完成这个终极任务,张超老师设计了三个子任务,分别是 Free talk、Picture reading and practice 和 Production。第一个子任务带领学生走入绘本;第二

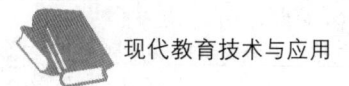

个子任务帮助学生熟悉绘本故事的叙事方法,领会绘本故事的寓意;第三个子任务是整个任务的核心环节,即在前两个子任务完成的基础上,应用所学、所感、完成新故事的创作。

从流程上来看,张超老师的设计对任务式教学的基本流程做了调整。将情境呈现放在了第三个任务中呈现,一开始进行的就是教学内容的学习,在学习过程的设计中,基本原则是教师引导、学生自主阅读、小组讨论、用心感悟、自主创作。如在 Picture reading 环节,通过基于图片理解大意、提出开放性问题、随机角色扮演等活动的设计,帮助学生感知而非直接告知绘本的主旨。对学习效果的评价,老师设计了小组展示创编故事的方式。通过展示,真实地展现了学生任务完成的情况。为了突出小组合作以及小组间的学习支持,对故事的展示结果的评价反映在两个群体中,即创作小组和创作小组的合作伙伴。

(2) 信息技术的支持。在这节课的信息技术融合手段的设计上,张超老师综合应用了多媒体课件、图片、思维导图等手段,特别是有针对性的动画的应用,很好地提升了课堂的节奏。如在 Free talk 环节,设计了别出心裁的聚焦动画,既增强了神秘感,同时也很好地调动了学生的好奇心和学习热情。在 Production 环节,运用动画等手段为学生创设了故事创编的基础情境,使学生基于情境展开想象,进行创作。

第四节　MOOC 平台

随着互联网、云计算和大数据等前沿信息技术的创新发展,互联网与教育相结合碰撞出越来越精彩的火花。各种基于互联网的学习形式应运而出,在线课程是互联网+教育的产物,MOOC(Massive Open Online Courses,大规模在线开放课程)是其中的优秀代表。

一、认识 MOOC 平台

(一) MOOC 平台的概念

Dave 和 Brian Alexander 在 2008 年共同提出了 MOOC 的概念,熊伟将 MOOC 平台的概念解读为,MOOC 是由企业、高等学校或其他建设主体建设的教育平台网站,供教者和学者用于教学支持的交流平台,平台上的课程由高校教师或专业特长者通过录制课程视频等形式来发布,来自全球各地的学习者通过在平台上自主选课的形式,进行定期课程学习,最终获得课程证书认证。

因此,MOOC 平台是由企业或高校等主体机构支持建立,面向社会大众免费开放的,拥有一定数量的由全球顶尖大学的教授们所录制的 MOOC 课程,能支持完整的网络教与学的过程,加之完善的师生互动、详尽的课后测试、便捷的网上答疑以及结课认证证书等,满足了教与学过程中的各种需求。MOOC 的出现使人们看到了教育发展新的走向,可以说,MOOC 是互联网技术与教育深度融合的产物,而 MOOC 的发展与传播依赖于

MOOC 平台①。

(二) MOOC 平台的发展历程

MOOC 平台是大规模在线开放课程发展的技术基础,MOOC 在中国的发展经历了从加入国际 MOOC 平台到自主开发中文 MOOC 平台的过程。

1. 国际上 MOOC 平台率先兴起

第一个 MOOC 平台出现在 2011 年,美国斯坦福大学教授塞巴斯蒂安·史朗把他为研究生开设的人工智能课程放在了互联网上,结果吸引了来自 190 多个不同国家超过 16 万的学生。2012 年美国顶尖大学爆发性地陆续设立了网络学习平台,多个具有代表性的 MOOC 平台迅速出现,国外的代表性 MOOC 平台包括 Coursera、Udacity、edX 等。

2. 高校 MOOC 平台风起云涌

2013 年 5 月,北京大学、清华大学率先加入 edX;同年 7 月,上海交通大学和复旦大学则同时加入 Coursera。2013 年 10 月,清华大学推出第一个中文 MOOC 平台"学堂在线",其合作伙伴包括北京大学、浙江大学、南京大学、上海交通大学等部分 C9 联盟高校。同时,内地四所交通大学(上海交大、西安交大、西南交大、北京交大)联合台湾交通大学共同推出"育网开放教育平台"(ewant),由台湾交通大学负责建设,对外免费提供五所交通大学的核心课程,目前合作高校已达 31 家,以台湾的高校为主。2014 年 2 月,"学堂在线"作为清华大学的全资子公司独立运营,其融资规模足以使其两年内不用考虑盈利模式的问题。2014 年 4 月,上海交通大学研发的中文慕课平台"好大学在线"上线,实现上海西南片 19 所高校互认慕课学分,学生可借此平台跨校辅修第二专业学士学位。2014 年 6 月,"好大学在线"与英国开放大学的慕课平台 Future Learn 签约建立课程互换体系,优质课程将实现双平台同步上线。2014 年 5 月,"爱课程"网与网易云课堂合作推出"中国大学 MOOC"平台,全国高校均可通过该平台进行 MOOC 建设和应用。"爱课程"网是我国高等教育课程资源共享平台,承担国家精品开放课程项目的视频公开课和资源共享课的建设任务。2014 年 9 月,"中国大学 MOOC"平台上线 SPOC 功能面向校内教学提供服务。2014 年 9 月,深圳大学牵头组建的地方高校慕课联盟——优课(UOOC)联盟正式上线。

3. 基础教育领域 MOOC 平台崭露头角

MOOC 平台在国内基础教育实践探索方面,重庆市聚奎中学走在了全国的前列,成为国内基础教育领域 MOOC 教学实践的一面旗帜。重庆市聚奎中学在具体的实践中通过不断探索,总结出了 MOOC 实际操作的三个"翻转"、课前四环节、课堂五步骤和六大优势,简称"三翻""四环""五步""六优"。另外,成都市新锋中学打破传统的课堂结构:实施半天授课制。学校的教师将自己的讲授内容做成视频,放到网络上供学生调看,视频制作成为新锋中学教师的重要工作。而华东师范大学 MOOC 中心则是以"联盟"形式共同探讨 MOOC 实践模式的,其组建了 C20 慕课联盟,带领全国有关中小学开展 MOOC 实践研究,专注于开发基础教育阶段各学科的教学微视频,促进学校 MOOC 的实施,推动我国

---

① 陈阳. 大众传播学研究方法导论[M]. 北京:中国人民大学出版社,2007.

基础教育的改革。

2020年2月17日，教育部整合国家、有关省市和学校优质教学资源，正式开通了国家中小学网络云平台，如图8-7所示。平台提供防疫教育、品德教育、专题教育、课程学习、电子教材及影视教育等6大模块的学习资源。其中课程学习模块，从近年来全国开发的课程资源中择优选取，并根据需要由北京等地的骨干教师补充录制。平台涵盖从小学至普通高中的主要学科课程资源，课程时间一般在20分钟左右。

图8-7 国家中小学网络云平台

（三）MOOC平台的基本运营方式

我国MOOC平台运营主体和运营方式大致可分为在线教育公司、高校联盟和教育出版公司与互联网公司联合等三种类型，不同的MOOC平台由于开发初衷和适用对象不同，平台结构不尽相同，但基于对支持碎片化学习的基本认识和理解，平台基本结构大致相同。

1. 支持不同访问渠道

随着移动智能通信设备的发展，各MOOC平台都支持网页访问和移动App两种访问渠道。

2. 提供大量免费的优质在线课程

我国的MOOC平台的合作对象大多是高等院校，由高校选派优秀的教师设计并开发优质课程资源，但MOOC平台一般不支持课程的制作，通常由教师寻找其他途径完成课程的制作，平台仅提供资源的上传和管理等功能。课程均对外开放，但根据使用目的不同，分为两种类型。一种是对公众完全开放的MOOC，有证书但无学分，另一种是面向校内专有的 SPOC,仅开课高校学生可以选修,有学分功能。如图 8-8 所示,为学堂在线 MOOC 平台课程界面截图。

图 8-8 "学堂在线"MOOC 平台提供课程

3. 支持正式或非正式学习

对学习者来说,MOOC 平台大多免费对公众开放,由学习者根据需求选择合适的 MOOC 平台,注册成为正式用户,选择对应课程开展学习。根据平台要求,完成课程所有内容的正式学习,如观看视频、回答课堂提问、提交课外作业、完成单元和期末测验、参与讨论等。学习结束之后,根据综合成绩表现,可获取结业证书或学分。根据实际使用情况来看,有大量的学习者基于 MOOC 平台开展非正式学习,即把 MOOC 平台当作获取有效资源和提升个人能力的途径,而没有获取证书或学分的需求。

4. 支持教师管理 MOOC 课程

大多数 MOOC 平台采用课程认定集中管理,但课程内容由课程负责人和团队独立维护的模式。MOOC 平台自身很少提供课程制作功能,由课程团队根据平台对课程资源类型、数量和质量的要求,自主完成课程制作。通过平台上传课程资源,并对整个学习过程进行管理,如发布公告、完善资源、批改作业、师生互动、监督和调整学习过程等。图 8-9 是雨课堂平台教师课程管理部分功能的示意图。

图 8-9 雨课堂教师课程管理功能(部分)

5. 提供课程数据

学习结束后,通过课程管理平台,教师可获取本门课程的学习数据,如选课人数、完成人数、教学视频的学习人数和变化走势等。还可以获取学生的学习结果数据,如学习成绩、不同等级学生数量和比例、参与作业/测试/讨论等学习活动的学生人数等。图 8-10 是基于雨课堂平台的某门课程的学生学习情况的数据支持。

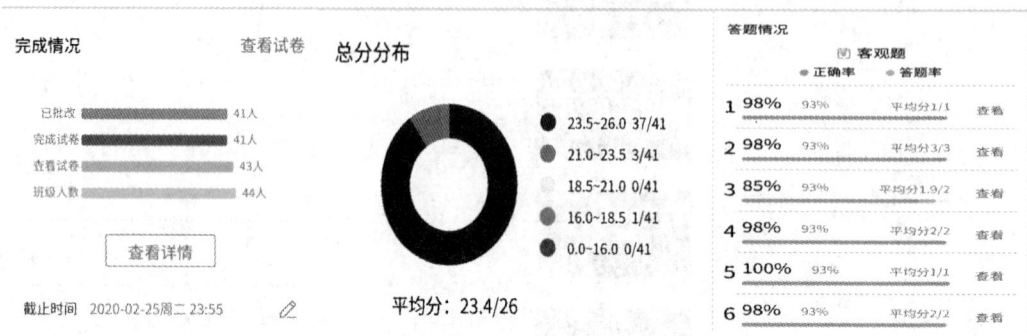

图 8-10 雨课堂某课程学习情况数据支持

二、MOOC 平台课程的组织形式

(一) MOOC

MOOC 即 Massive Open Online Courses,中文翻译为大规模在线开放课程,根据其发音,在我国又被叫作慕课。大规模性,指学习人数庞大。与传统的网络课程学习受众被局限在某个全体范围内不同,慕课的学习受众来自世界各地,人数动辄成千上万,甚至几十万。慕课平台一般是基于互联网的,对全体大众免费开放,而非局限于某个学校或机构的正式学习者。因此,只有免费开放的网络课程才称之为 MOOC。区别于传统的面对面的课堂授课形式,MOOC 的课程资源分布于互联网上,任何人可以在任何时间任何地点通过连接网络非常方便地获取课程所有的资源。

MOOC 自 2012 年在美国兴起,2013 年进入中国,因此 2012 年也被称为 MOOC 元年。一个完整的 MOOC 包括以下几个要素:完整的 6—10 分钟的课程教学视频、完善的并且可实施的考核体系、建立开放式讨论话题、具有其他辅助教学的资源。

(二) SPOC

SPOC(Small Private Online Courses),即小规模限制性在线课程,简称私播课。通过设置参与准入条件而形成的小规模私有在线课程,由微视频、即时练习、互动讨论和学习测验等要素构成。

针对 MOOC 规模庞大的学习人数,存在学习过程管理、评价及学习效果保障等方面的问题,产生了一种新的开放课程模式,主要针对校园内部使用,对特定的群体限制性开放,呈现出一定的私有特性。

SPOC 课程的开设范围一般限定在一个班级或几个班级,学习人数在几十人到数百人,开放程度有所降低,对学习者有一定的要求,有利于教师在教学过程中进行更加规范和细致的管理,提供有针对性的指导。在实践应用中,SPOC通常与大学校内的面授课互相配合使用。各大MOOC平台都提供SPOC本地化服务,基于MOOC平台,各校教师可以建立专属的SPOC课程。

(三) MOOC+SPOC

利用MOOC建立的SPOC,分为关联型SPOC和复制型SPOC。关联型SPOC也称同步SPOC,在教学中SPOC与MOOC相互关联,又相互独立。学生在学习过程中可以同时看到MOOC课程内容以及SPOC课程内容,也可以同时参与MOOC课程的讨论交流和SPOC课程的专属讨论区,获取MOOC教师的答疑解惑和本校老师的有针对性的指导。应注意的是,MOOC课程和SPOC课程的教学步调应基本保持同步,方便学生学习。复制型SPOC也称异步SPOC,是将MOOC的课程内容全部复制于SPOC,在SPOC中教师可以根据学生学习的实际情况,对教学内容进行调整、添加或删除。关于讨论交流,在关联型SPOC中,学生仍然可以同时参与MOOC和SPOC的相应版块的学习。

三、主要MOOC平台介绍

(一) 我国主流MOOC平台

1. 爱课程

"爱课程"网站是由我国教育部和财政部共同支持建设,是目前我国规模最大、规格最高、学科门类最全的MOOC平台。网站利用现代信息技术和网络技术,面向高校师生和社会大众,提供优质教育资源共享和个性化教学资源服务,具有资源浏览、搜索、重组、评价、课程包的导入导出、发布、互动参与和"教""学"兼备等功能。

爱课程网是高等教育优质教学资源的汇聚平台,优质资源服务的网络平台,教学资源可持续建设和运营平台。网站致力于推动优质课程资源的广泛传播和共享,深化本科教育教学改革,提高高等教育质量,推动高等教育开放,并从一定程度上满足人民群众日趋强烈的学习需求、促进学习型社会建设。

2. 学堂在线

学堂在线是清华大学于2013年10月发起建立的慕课平台,是教育部在线教育研究中心的研究交流和成果应用平台,是国家2016年首批双创示范基地项目,是中国高等教育学会产教融合研究分会副秘书长单位,也是联合国教科文组织(UNESCO)国际工程教育中心(ICEE)的在线教育平台。目前,学堂在线运行了来自清华大学、北京大学、复旦大学、中国科技大学,以及麻省理工学院、斯坦福大学、加州大学伯克利分校等国内外一流大学的超过2 300门优质课程,覆盖13大学科门类。其服务范畴包括高等教育培养方案和就业及终身学习解决方案两大类。高等教育培养方案主要提供智慧教学生态解决方案、高校教师培训项目和高校微学位三大类服务,就业及终身学习解决方案主要提供训练营、名校认证、企业认证、在线学历学位项目等服务。

3. 好大学在线

2014年4月8日,上海交通大学成功自主研发的中文慕课平台"好大学在线"正式上线发布。好大学在线是中国高水平大学慕课联盟的官方网站,联盟是部分中国高水平大学间自愿组建的开放式合作教育平台,为公益性、开放式、非官方、非法人的合作组织。旨在通过交流、研讨、协商与协作等活动,建设具有中国特色的、高水平的大规模在线开放课程平台,向成员单位内部和社会提供高质量的慕课课程。其服务远景是"让所有人,都能上最好的大学"。服务项目包括提供优质课程教学、第二专业系列课程教学、高端培训系列课程以及相关在线教育产品。平台建设目标是建设中国高水平大规模在线教育平台;实现中国高水平大学之间的教学资源共享及学分互认;向中国其他大学提供优质课程,提高中国高等教育质量;向社会公众提供在线课程教学服务,提升公民的科学素养和文化素养;向全球华人和相关需求者开放,传播与弘扬优秀中华文化。

4. 中国大学 MOOC

"中国大学 MOOC"是由网易与高等教育出版社携手推出的在线教育平台,它承接教育部国家精品在线开放课程任务,是在线"金课"的重要窗口。如图 8-11 所示,为中国大学 MOOC 平台主页。目前合作院校有 300 余所,已上线课程近 3 000 门,大约 400 万人参与了讨论区的讨论活动。课程由各校教务处统一管理运作,高校创建课程时指定负责课程的老师,由课程负责老师组建教学团队,教学团队所有教师都必须在爱课程网实名认证。高校教学团队负责课程的制作和发布,中国大学 MOOC 平台负责课程内容和成绩的最终审核。老师制作一门 MOOC 课程需要涉及课程选题、知识点设计、课程拍摄、录制剪辑等 9 个环节,课程发布后老师会参与论坛答疑解惑、批改作业等在线辅导,直到课程结束颁发证书。每门课程有老师设置的考核标准,当学生的最终成绩达到老师的考核分数标准,即可免费获取由学校发出主讲老师签署的合格/优秀证书(电子版),也可付费申请纸质版认证证书。获取证书,意味着学生达到了学习要求,对这门课内容的理解和掌握达到了对应大学的要求。他(她)也可以骄傲地将通过了这门课的事实写在其简历中。

图 8-11 中国大学 MOOC 平台主页(部分显示)

5. 智慧树

"智慧树"隶属于上海卓越睿新数码科技有限公司,是全球大型的学分课程运营服务平台。已有 2 000 多门课程上线,服务的会员学校超过 3 000 所,已有超过 2 000 万大学生通过智慧树网跨校修读并获得学分。智慧树网帮助会员高校间实现跨校课程共享和学分互认,完成跨校选课修读。智慧树网是目前国内覆盖学校和学生最多的平台。如图 8-12 所示,为智慧树 MOOC 平台主页。

图 8-12 智慧树 MOOC 平台主页(部分显示)

6. 超星泛雅

"超星泛雅"是超星集团着力打造的教育品牌,目前上线课程 1 400 多门,其中提供给本科院校的有 580 余门。"优课联盟"基于超星慕课平台建设,其课程全程与本科教育对接,采取线上、线下混合教学的模式,并与学生学分挂钩,实现联盟内高校学分互认。其目的是希望通过共创、共担、共享机制来整合校际的优质教学资源,从而促进高等教育均衡化培养,提高地方高校人才培养和社会服务的能力。首批加盟的 56 所地方高校来自全国 22 个省市区,涵盖 38 个市级城市。"优课联盟"也是目前国内参加高校最多的课程联盟。但仅联盟高校学生可以注册学习。

(二) 国际主流 MOOC 平台

1. Coursera

Coursera 是大型公开在线课程项目,由美国斯坦福大学两名计算机科学教授于 2011 年创立,旨在同世界顶尖大学合作,在线提供网络公开课程。Coursera 的首批合作院校包括斯坦福大学、密歇根大学、普林斯顿大学、宾夕法尼亚大学等美国名校。

2. Udacity

Udacity,在我国称之为优达学城,是由前 Google X Lab 创始人、斯坦福大学人工智能教授、全球无人车发明者 Sebastian Thrun 在 2011 年创立的在线前沿科技教育平台。Udacity 致力于以科技教育推动职业发展,与行业领先的科技公司合作,为企业提供强大、便捷的在线教育平台,让每一个忙碌的企业员工都可以适应灵活的学习方式,掌握前沿技术。

Udacity 纳米学位项目与亚马逊、Google 等全球领先前沿科技企业联合推出,课程内容由行业资深专家开发,从而确保教学内容能切实契合行业需求,成功完成课程的学员会获得行业认可的纳米学位毕业证书。从 2014 年 10 月上线第一门纳米学位开始,Udacity 至今已发布逾 30 门课程,涵盖时下前沿的科技领域,包括人工智能、无人驾驶、数据科学、数字营销等。

3. edX

由麻省理工学院和哈佛大学在 2012 年 1 月共同创办的 MOOC 非盈利性组织,目标是与世界一流的顶尖名校合作,建设全球范围的含金量最高、最为知名的在线课程。目前平台主要采用开源软件的开发模式,提供计算机科学、电子学、化学、公共健康和文化等方面的课程。

第五节　翻转课堂

所谓翻转课堂就是打破传统的学生课上学习、课下作业的模式,创造学生课下学习、课上练习巩固的一种新的课堂模式。它的直接运行结果是课下学生各个携带自己的设备学习,课上集中讨论、交流、合作解决问题。国内外教育界对"翻转课堂"的研究颇为关注,这是一种基于信息技术的新型教学模式,是将数字化校园建设、信息技术与课程相融合的一次历史教育革命。

一、翻转课堂的概念及特征

(一) 翻转课堂的发端

翻转课堂起源于美国,2007 年科罗拉多州落基山的林地公园高中的化学老师乔纳森·伯尔曼(Jon Bergmann)和亚纶·萨姆斯(Aaron Sams)利用屏幕捕捉软件录制 PowerPoint 演示文稿的播放和讲解声音,并将其共享至互联网,供课堂缺席的学生补课。更具开创性的一步是,他们逐渐以学生在家看视频、听讲解为基础,从而将课堂的讲解时间解放出来,为完成作业和解决学习中存在的问题提供有针对性的答疑解惑。

由此,"在家学习教师的讲解视频,在学校完成作业和解决问题",这一与传统的"老师白天在教室上课,学生晚上回家做作业"的教学形式正好相反的新的教学形式,开始被更多的学生接受并广泛传播。这种新的教学形式就是翻转课堂,基于这种教学形式,教师不需要面对学生群体,在固定的时间和地点为他们讲解 30 分钟甚至更长的时间,它改变了我们的教学实践。

(二) 翻转课堂的定义

翻转课堂的英文名称是 The Flipped Classroom,直译为颠倒课堂。在国外也把这种新的教学形式称为 The Reversal Classroom,考察"re-"这一词根,带有"反思、重新",国内更多的学者将其翻译为"翻转课堂"。

早在 20 世纪 90 年代,哈佛大学的物理教授埃里克·马祖尔(Eric Mazur)就已开展了这样的研究思考,他定义的"翻转学习"概念与其创立的"同伴教学法"进行了整合,即学生在课前看视频、阅读文章或运用自己原有知识来思考问题,然后回顾所学知识,提出问题;教师在课前针对学生提出的问题进行教学设计和开发课堂学习材料;在课堂上引导学生讨论、共同解决难题。

(三)翻转课堂的特征

1. 教师角色的转变

翻转课堂使得教师从传统课堂中的知识传授者变成了学习资源的提供者、学习过程的促进者和指导者。在翻转课堂教学形式下,教师需要将学习资源提前通过网络提供给学生,供学生利用课外时间完成基础知识和基本技能的学习。在课堂上,为学生提供基于基础知识和基本技能的作业、实验、任务等学习资源,促进学生内化知识。在这个过程中,学生会遇到实际的问题和困难,学生可以采用小组讨论和由教师提供帮助和指导的方法解决。

2. 学习时间的重新分配

教学过程通常包括知识传授和知识内化两个阶段[①]。基于翻转课堂的教学,学生的学习时间依然是课上和课下,但其中心和比重发生了极大的改变。知识传授阶段也就是学生学习、教师讲解的时间,从课上转移到了课下,学习时间点和长度由学生根据自身实际情况做出规定和调整。而知识内化阶段也就是学生初步自主应用知识的过程,则从课下转移到了课上。在课上,大部分时间由学生支配,少部分时间由教师支配。教师为学生提供基于现实生活中的真实情境的学习活动,让学生在交互协作中完成学习任务,提高学生对知识的理解程度。

3. 学生角色的转变

越来越多样化、智能化和高效的信息技术环境,支持学生实施更加个性化的学习进程。在翻转课堂模式下,学生角色也发生了相应的变化。首先,学生成为自定步调的学习者。学生可以通过网络获取丰富的学习资源,自主选择学习地点、学习容量、学习时间和学习时长。学生也可以根据需要决定是否需要与老师和学习同伴(可能来自同一学校,也有可能是其他学校甚至是有共同学习需求和兴趣的社会学习者)进行交互探讨,以获取深层次的认识和理解。其次,学生是课堂的主角。在信息社会,每一个人都是自我学习的第一责任人,在校学生也无一例外。翻转课堂是一个构建深度学习的课堂,每一个学生都是独立的个体,有自己独特的学习需求、学习方式和兴趣爱好。

二、翻转课堂的实施基础

2013年,乔治梅森大学的 Noora Hamdan 博士与皮尔森的教育发展中心 Patrick Mc Knight 博士,联合翻转教学网 Kari M. Arfstrom 博士,依据 FLN(Flipped Learning Network)总结的研究中心数据,研究发布了《翻转课堂白皮书》,指出没有任何一节翻转课堂是完全相同的,但翻转课堂设计的成功与否取决于众多因素。为此他们提出翻转课堂的四大支柱,即灵活的学习环境(Flexible Environment)、学习文化的转变(Learning

---

① 张金磊,王颖,张宝辉. 翻转课堂教学模式研究[J]. 远程教育杂志,2012(4):46.

Culture)、精心策划的教学内容(Intentional Content)和专业化的教师(Professional Educator)①。

(一)灵活的教学环境

翻转课堂可采用多种教学模式,包括小组合作、独自思考、汇报和互评等。灵活的教学环境意味着学生可以自主选择学习的时间和地点,无论是在教室还是校园,抑或是来校的路上;此外,教师进行翻转课堂教学,往往对学生学习的进度、考核评价的方式都持灵活态度,利用对师生学习和发展都有意义的测评系统,客观评价学生的学习情况。

(二)转变学习文化

传统教学模式中,教师是课堂的"主角",讲授知识的主要来源,是学生眼中的"圣者"。而翻转课堂教学模式下,巧妙地将教师为主的"教"转变为学生为主的"学"。在进入课堂前,学生已对本节课有一定的基础性学习,在课堂上,可对需要学习的内容进行更为深入的探讨与研究,产生创造性学习,相比传统的被动式学习,学生更愿意在翻转课堂教学模式下,小组合作、探究讨论,教师在过程中给予帮助,以使学生对知识进行更深入的理解。

(三)精心策划课程内容

教师设计翻转课堂,需要思考如何设计课前活动、课堂教学、课后评价等,如何利用教学内容来帮助学生提高对概念的理解,以及对操作技能掌握的熟练程度。因此,教师需要反复斟酌哪些内容应该采用讲授法教授,哪些内容由学生自主学习,哪些内容安排在课堂中进行讨论合作。使用精心设计的教学内容,可以使课堂时间利用最大化,从而可以根据不同学科以及不同学习者的特点,采用多种教学方法,综合设计每一节"翻转课堂"。

(四)专业化教师

翻转课堂与传统的教学课堂相比,教师的角色发生重要改变,不再是从前的独角戏演奏者,教师需要把握教学环节:确定将什么教学内容从课堂迁移到课前活动中(教学视频、电子书或学习资源),如何设计有意义的教学活动(巧妙设计问题、作业、小组活动等),如何组织作品展示以更好地评价学习者的学习成果(汇报、展示、评价标准设计等)。此外,教师还应能对自身和其他教师的"多讲与少讲""何时讲、如何讲"等问题进行合理的评价,并接受来自同行的教学建议。虽然教师在"翻转课堂"中解放了不少,但依旧非常重要。

三、翻转课堂的应用模式

基于翻转课堂的课程教学大致包含课内和课外两大部分,针对教师和学生围绕教学内容在这两大部分时间内所实施的教学活动,不同的学者基于研究实践给出了不同的理解。目前,关于翻转课堂的应用模式有以下四种②。

(一)翻转课堂的传统模式

翻转课堂的先驱者 Bergmann 和 Sams 早期进行的翻转课堂教学实践被称之为翻

---

① 刘建智,王丹.国内外关于翻转课堂的研究与实践评述[J].当代教育理论与实践,2014(2):68-71.

② 郭建鹏.翻转课堂教学模式:变式与统一[J].中国高教研究,2019(6):11-12.

课堂的传统模式,也叫"翻转课堂101模式"。在这一模式下,学习基本流程为学生在家观看教学视频,然后在课堂上完成传统的家庭作业。其基本特征为,把直接的知识学习由教室里发生的集体学习转化为在家里等其他空间下的个体学习,在信息技术的支持下,把集体的学习空间教室打造成动态的、交互的学习环境,教师针对学生的学习困难给予必要的指导。

(二)翻转课堂的操作模式

与翻转课堂传统教学模式对比,操作模式增强了课前学习的检测,并完善了课中问题解决的具体流程。

加拿大富兰克林学院的 Tallbert 教授提出了翻转课堂的可操作性教学模式。在这一教学模式下,学习过程由课前和课中两个环节组成。学生在课前观看教学视频,然后完成有指导的课前练习。在课上,学生首先要快速完成少量的测试,然后参与以知识吸收为导向的问题解决活动,最后教师听取汇报并给予反馈。

我国学者张金磊进一步拓展了 Talbert 的模式,对线下课前视频学习环节进行了更为具体的设计,包括确定问题、创建环境、独立探索、协作学习、成果交流、反馈评价六个部分。

我国学者王红等也在 Talbert 模式的基础上构建了翻转课堂可操作学习模式:课前环节包括创建教学视频、制定课前练习、自主观看视频、课前针对练习、社交媒体交流;课堂环节包括确定研究问题、独立解决问题、协作探究活动、成果展示交流、教学评价反馈。

(三)翻转课堂的翻转模式

翻转课堂的翻转模式的教学过程包含问题解决和观看学习视频两个阶段。教学活动起始于学生的自主探究,学生在正式接受教师的讲解之前,先进行基于问题解决的自主学习。在参与、探索和解释的过程中,发现或暴露出自身对所学知识或技能有关的认识和理解上的不足。然后,在课外观看学习教学视频,帮助学生查缺补漏,完善对知识和技能的认知。

(四)翻转课堂的综合模式

翻转课堂的综合模式的教学过程包括探索、翻转和应用三个阶段。在探索阶段,学生在课堂上进行探究活动,对所学内容形成必要的先前知识。在翻转阶段,学生在课外观看教学视频,系统学习教师关于知识的讲解,并提交视频反馈给教师。在应用阶段,教师在课堂上解释学生视频学习中遇到的问题,对学生进行测试,设计应用性的问题让学生完成,并对学生完成评估。

四、翻转课堂教学模式案例及分析

(一)案例呈现

本案例由河南省郑州市中原区伊河路小学张超老师提供,内容选自人教版小学英语六年级上册 Unit 4 I have a pen pal,这是第 3 个课时的教学设计,详细教学设计案例可扫描目录页二维码参看。

(二)案例分析

根据张超老师的设计分析,这节翻转课堂采用的是翻转课堂的操作模式。具体分析如下:

1. 课前环节

张老师从学校课程资源库中选取合适的微视频,提供给学生观看。结合微视频内容,设计了微视频学习任务单,要求学生完成。为了增强对课前学习效果的检测,张超老师要求学生将学习结果拍摄成图片,反馈到班级微信群里。

2. 课中环节

为了再次直观地检测学生课前对视频内容的熟知程度,张超老师设计了"快速完成表格"活动,要求学生在 0.5 分钟内完成表格并上交。这个教学活动的设计,既有效地进一步检测了学生的课前学习效果,又活跃了课堂气氛,提升了学生的学习动力。

在与张超老师探讨这个环节的设计时,张超老师也提到,如果我们的信息化教学设备能更完善,比如通过智慧教室或具有交互功能的白板软件及配套设施来完成这个环节,整个过程将会更高效、更智能、更直观、更有趣。这样就可以通过平板电脑将选择题目推送给学生,并设定答题时间。学生提交后,还能即刻获取检测结果。

3. 课后环节

张超老师设计了层层递进的语言应用活动,如读课文纠错、角色扮演初步运用、情境模拟灵活运用等,在教学活动的有序推进中暴露学生在语言学习和语言应用中的问题,同时也通过教学活动让学生在不断的开口说中提升语言的熟练程度。

[思考与练习]

1. 结合当下基础教育改革的趋势,说一说在小学开展信息技术与课程深度融合的意义。

2. 基于对移动学习、混合学习和翻转课堂等教学形式的认识和理解,尝试列举在小学开展这些形式的教学,分别需要哪些必要的信息技术手段的支持。

3. 讨论 MOOC 平台对小学教师专业发展和小学教与学活动开展的作用和意义。

4. 思考作为小学教师,你会如何在课堂教学中开展信息技术与课程教学的深度融合。

第九章
教育信息化发展趋势与展望

 学习目标

1. 了解教育信息化中新技术的内涵、特征及演变。
2. 了解新技术给教育教学带来的机遇与挑战。
3. 理解新技术在教学中的应用领域、方法和模式。

 知识点思维导图

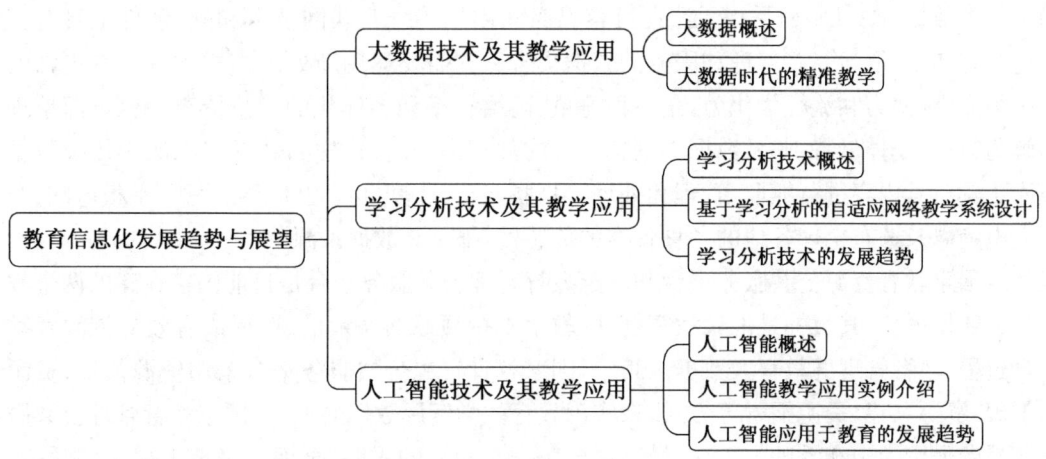

人类正从信息化时代走向智能化时代,大数据、云计算、人工智能等作为改变世界的新型科技力量,正在迅速融入各行各业。作为技术最难"攻克"的传统行业之一,教育在新技术与理念的冲击下也已进入变革高速公路"匝道"。随着国家教育信息化战略的持续推进,各级各类学校的信息化环境得到快速完善,各种学习平台、移动 App、数字终端、可穿戴设备等新技术开始在中小学逐步流行。

第一节 大数据技术及其教学应用

在信息化时代,我们每个人每天都在制造出无数的数据,我们每个人都在为大数据时代做贡献。与此同时,越来越多的专家学者意识到数据的重要性,甚至有人提出,谁掌握了数据,谁就掌握了未来。2012 年,美国教育部发布的题为 Enhancing Teaching and Learning through Educational Data Mining and Learning Analytics:An Issue Brief(《通过教育数据挖掘和学习分析技术来提高教与学:问题简述》)的报告明确指出:大数据在教学中的应用主要依靠教育数据挖掘(Educational Data Mining,简称 EDM)和学习分析(Learning Analytics,简称 LA)这两个技术的支持。

一、大数据概述

随着云时代的来临,大数据也吸引了越来越多的关注。从技术上看,大数据与云计算的关系就像一枚硬币的正反面一样密不可分。大数据无法用单台的计算机进行处理,必须依托云计算的分布式处理、分布式数据库和云存储、虚拟化技术。

(一) 大数据的内涵

大数据(Big Data)是指无法在可容忍时间内用传统互联网技术和软、硬件工具对其进行感知、获取、管理、处理和服务的数据集合。它需要运用新处理模式才能具有更强的决策力、洞察力和流程优化力,是一种海量、高增长率和多样化的信息资产。也可简单理解为:是一个体量特别大、数据类别特别大的数据集,并且这样的数据集无法用传统数据库工具对其内容进行抓取、管理和处理。物联网、云计算、移动互联网、手机、平板电脑、个人电脑以及遍布全球各地的各种各样的传感器,都是其数据来源。

国家教育资源公共服务平台和国家教育管理公共服务平台是目前国家在建的两个教育大数据平台,其目标是汇聚教育管理、教学支持领域的海量信息,形成有效支持教育教学过程、教育管理的教育大数据。其中,国家教育资源公共服务平台采用资源征集、资源汇聚、资源共建、资源捐赠等方式,来实现教育教学资源数据的汇聚;国家教育管理公共服务平台采用学生和教师"一人一号"、学校"一校一码"的思路,全面准确地汇聚全国学生、教师和学校办学情况的动态数据。这些大数据成为我们观察、监测教育系统的"显微镜"与"仪表盘",成为进行智能化教育分析与决策的基石。

(二) 大数据的特征

关于大数据的特征,目前业内比较认可的一种说法是 IBM 公司在 Laney 的"3Vs"(volume,velocity,variety)模型基础上提出的"4Vs"(增加 value)模型。①

1. 规模性(volume)

规模性指的是数据数量的巨大性以及其规模的完整性,如数据的存储由 TB 扩大到

---

① 曹熙斌,杨方琦.现代教育技术[M].北京:科学出版社,2019.

ZB,这与数据存储和网络技术的发展密切相关。数据加工处理技术的提高、网络宽带速度的成倍增加以及社交网络技术的迅速发展,使得数据产生量和存储量成倍增长。实质上,从某种程度上讲,数据的数量级的大小并不重要,重要的是数据的规模性。数据规模性的应用有如下体现,比如对每天 12TB 的 Twitter 进行分析,可以了解人们的心理状态,进而促进情感性产品的研究和开发;基于对 Facebook 上成千上万条信息的分析,可以帮助人们处理现实中朋友圈的利益关系。

2. 高速性(velocity)

高速性是指数据流和大数据的移动性,在现实中主要体现在对数据的实时性需求上。随着移动网络的发展,人们对数据的实时应用需求更加普遍,比如通过手持终端设备关注天气、交通、物流等信息。高速性要求具有时间敏感性和决策性的分析——在有大量的数据输入(需要排除一些无用的数据)或者需要马上做出决定等重要情况下,第一时间抓住重要事件发生的信息,比如,一天之内需要审查 500 万起潜在的贸易欺诈案件;需要分析 5 亿条目实时呼叫的详细记录以预测客户的流失率。

3. 多样性(variety)

多样性指有多种来源途径的关系型和非关系型数据,这也意味着要在海量、种类繁多的数据间发现其内在关联。互联网时代,各种设备通过网络连成了一个整体,尤其是在进入以互动为特征的 Web 2.0 时代后,个人计算机用户不仅是信息的接受者,还成了信息的制造者和传播者。在这个阶段,不仅数据量开始了爆炸式增长,而且数据种类也开始变得繁多。对大数据的分析,除了简单的文本分析外,还可以对传感器数据、音频、视频、日志、文件、点击量以及其他任何可用的信息进行分析。比如,在客户数据库中不仅要关注名称和地址,还要关注客户所从事的职业、兴趣爱好、社会关系等。利用大数据多样性的原理:保留一切你需要的、对你有用的,而舍弃那些你不需要的信息;发现那些有关联的数据,并加以收集、分析、加工,使其变为可用的信息。

4. 价值性(value)

这是大数据运用的真实意义所在,其价值具有稀缺性、不确定性和多样性。"互联网女皇"Mary Meeker 在 2012 年互联网发展趋势报告中,用两张生动的图像描述了大数据带来的数据变革。其中,一张是整整齐齐的稻草堆,另外一张是稻草中缝衣针的特写,寓意通过大数据技术的帮助,可以在稻草堆中找到你所需要的东西,哪怕是一枚小小的缝衣针。这两幅图揭示了大数据技术一个很重要的特点,即价值的稀缺性。

(三)教育大数据

用云计算模式建设的教育信息化平台是大数据汇聚的基础,而大数据是提供智能化教育服务的关键。建立可流动、可获取、可应用的大规模非结构化教育数据,有助于理解教育系统整体并支持教学评价与决策,有助于实现个性化学习、自我导向式学习以及智慧学习等。

目前我国建设的"国家教育资源公共服务平台"(网址:http://www.eduyun.cn/)、"国家教育管理公共服务平台"(网址:http://www.emis.edu.cn/)将实现数字教育资源、管理信息的大规模汇聚,为形成教育大数据提供了重要的平台基础。

二、大数据时代的精准教学

大数据的兴起与盛行将数据的应用价值推向全新的高度,也为精准教学的快速发展提供良好的契机。大数据是精准教学的核心机制,借助大数据智能教育系统,精准教学的数据测量、记录以及决策变得更为精准与真实;通过采集学生全过程的学习行为数据,精准识别每一位学习者个性化的学习需求和学习特征,能够实现差异化教学。在大数据浪潮的孕育中,精准教学焕发出新的生机。

(一)大数据精准教学的内涵

在传统的课堂教学中,大多数教师难以在课前全面掌握每个学生的情况,以至于"因材施教""差异化教学"等理念虽然常常被提起,却一直很难落地。常见的解决办法是缩小班级规模、提升教师素质,使教师能够关注到每位学生、让每位学生都能得到有针对性的帮助与指导。然而,当前我国"优质教育资源总量不足、布局不合理",没有足够的教育资源支撑小班教学,因此缺乏推广小班教学模式的基础。随着以大数据、人工智能为代表的智能技术的兴起,借助各类教育信息化系统,教师便可从多个维度了解班上每个学生的情况。在相关教学理论的支持下,更多的学生有机会获得教师的"差异化教学"指导和应用系统的"个性化学习"推荐,符合新时代教育教学的发展趋势。这类教学实践因其依赖大数据技术和学习效果精准评估方法,可实现差异化教学和个性化学习,而被统称为"大数据精准教学"。①

(二)大数据精准教学的技术与实践基础

实现大数据精准教学,一方面需要在大数据技术的支撑下,通过学生的行为数据动态掌握学生的整体情况;另一方面需要在精准教学理念的支撑下,不断优化教学的模式、方法与策略。

1. 大数据技术

大数据精准教学主要涉及以下几种大数据技术:① 学习行为采集技术。在各类教学过程信息化系统(如在线学习系统、在线作业系统、课堂教学系统等)中,利用系统日志或实时服务,记录行为发生时间、行为类型及系统上下文环境信息,并在相关大数据工具的支持下,实时、动态地对学习行为过程与结果进行跟踪、记录、汇聚与规整,并为进一步分析与挖掘利用做好准备。② 学情分析技术。利用数据统计、数据分析、数据挖掘以及数据可视化等技术手段,针对学生的行为过程与结果数据,分析学生个体或群体的学习风格与习惯、学业状况及心理状况,实现教师对学生当前情况的全面掌握、对学生未来情况的预测估计。③ 个性化推荐技术。基于学习行为过程与结果数据,利用心理测量技术,建立学习风格模型;利用知识树构建和认知诊断技术,建立知识图谱;利用协同过滤技术,建立协同过滤模型。综合利用学习风格模型、知识图谱、协同过滤模型,提供针对学生个性化学习的智能推荐服务。

2. 精准教学方法与实践

"精准教学"(Precision Teaching)方法最早由 Lindsley 博士在 20 世纪 60 年代提出。

---

① 王亚飞,李琳,李艳.大数据精准教学技术框架研究[J].现代教育技术,2018(7):5-10.

Lindsley 发现:在"自由操作"(Free-operant)的实验室条件下,观察、记录被试者的行为频次及响应速度等数据,据此调整被试者的活动,可以获得更好的学习效果。这个发现最初用于特殊教育领域并取得了极大成功,随后 Lindsley 将其推广到学校教育领域,并在实践过程中与 Skinner 的新行为主义学习理论相结合,最终形成了体系化的精准教学方法。这套方法的核心思想是,针对可直接观察的学习行为,定时记录行为频次并将其在标准化的图表中绘制出来,对照图表反映的行为频次变化趋势判断学习成效,据此对教学方法与学习策略进行动态调整。由于这套方法能直观地测量学生的学习成效,因此也常被用于评估指定教学方法的有效性。

3. 大数据技术与精准教学方法在实践中的融合

精准教学方法从 20 世纪 70 年代开始,在美国佛罗里达州、加利福尼亚州、华盛顿州等多个区域进行了应用,取得了很大的成功。但是,长期坚持使用,并成为应用典范的只有寥寥几个。通过对美国蒙大拿州大瀑布城的萨卡加维亚小学(Sacajawea Elementary School)和华盛顿州西雅图的晨兴学院(Morningside Academy)这两个典型学校的应用案例进行分析,研究发现导致精准教学"叫好不叫座"、无法大规模推广、不能长期使用的关键因素,是支撑精准教学的传统技术手段具有明显的局限性。传统的精准教学只记录行为频次、响应时间等少数指标的数据,而基于单一维度的数据分析,免不了会出现以偏概全、主观性强等问题,进而影响师生对学习成效的判断;另一方面,需要师生定期记录自己的行为数据、填写表格并绘制趋势图,其过程烦琐、容易出错,且难以长期坚持。

基于大数据技术的精准教学,其学习行为记录的过程由教育信息化系统自动完成,不仅记录的过程更容易,而且记录的内容更系统、更全面;行为数据分析是在"学情分析系统"等大数据应用系统的支撑下完成的,学习方法与教学策略在教育信息化系统的支撑下也更易于调整。大数据精准教学有显著的技术优势,成为有别于 Lindsley 建立的传统精准教学的新应用范式。

(三) 大数据精准教学的发展路径

精准教学作为大数据时代的新型教学形态,受到了教育研究者、实践者及技术开发者等共同关注。为使大数据时代精准教学能够快速付诸实施,为教育教学真正实现精准服务,充分发挥主体功能,需要制定切实可行的发展路径。①

1. 以大数据技术为基础:开发教学分析平台

开展精准教学必须开发以大数据技术为基础的教学分析平台,该平台需要集互动教学系统、个性化教学资源推送系统、作业系统、智能题库系统、智能阅卷系统、学管服务系统、教学评价系统、数据分析系统等于一体,建立统一的数据标准,打通各项业务之间的数据流动,最终产生结构性良好的、具有相互关联性的、有价值的数据。且该平台还应具备用数据统计、分析、挖掘以及数据可视化等学情分析技术,基于对大量结构化的、非结构化的多元信息化教与学数据进行分析,精准把握学情,精确研判问题所在,实现提供基于分析的精准支持服务。

---

① 郭利明,杨现民,张瑶. 大数据时代精准教学的新发展与价值取向分析[J]. 电化教育研究,2019(10):76-88.

2. 以精准教学为目标:构建数据驱动的支持体系

要实现真正的精准教学,必须构建数据驱动的支持体系,这样才能为课堂教与学活动的开展提供强有力的支持。数据驱动的精准教学包含精准化教和个性化学,二者互融互通。"精准化教"需要考虑教学课前、课中、课后三环节的融合,即将教师的教学行为、学生的学习行为以及大数据的技术支持全部纳入该环节中去,厘清每一个教学环节中教与学之间的关系,重点关注教学行为的变化,依托大数据技术辅助教师讲授教学内容高效精准、设计教学结构精巧紧凑、诊断教学问题一针见血等。"个性化学"需要从融合学习资源、学习过程、同伴互动、学习环境四个维度去考虑,通过资源、人力、数据、技术、环境等方面的支持,以学生为本,形成数据生成—数据分析—数据决策的个性化学习闭环数据流,支持因材施教。

3. 以教学效果为目的:提升教师数据素养水平

大数据作为近年来发展的新型技术之一,大家对它的认识和理解还比较肤浅,目前我国中小学教师的数据素养能力水平普遍还比较低,这在一定程度上影响了精准教学在中小学校的实践应用和推广。因此,为了真正提高教学效果,实现精准教学,提升教师数据素养水平也是当前亟需解决的问题。这就需要教育管理部门包括中小学校重视教师数据素养能力水平的提升,主要措施建议可以开展相关培训,并将其培训成绩列入年度工作考核之中。

4. 以人性化服务为宗旨:实现校企产学研深度融合

校企合作实现产学研深度融合是近年学校积极鼓励的课题研究形式之一,大数据背景下,为了实现精准教学,更应鼓励校企合作,发挥各自优势,取长补短。企业掌握最先进的技术,主要提供技术服务,研发大数据精准教学系统,学校具备高水平研究团队提供科研服务,二者相辅相成,全方位、多角度地对精准教学的一线需求进行研究,推进课题的落地应用,服务广大师生,真正实现人性化服务的教学宗旨。

第二节 学习分析技术及其教学应用

信息通信技术与教育的联系已经非常密切。随着各种学习管理系统和网络教学工具的使用,可访问数据的数量逐渐增长,新的数据源不断涌现,为教育领域奠定了深厚的数据和分析基础。知识建模和表征、Web 语义、数据挖掘和分析等新兴领域的技术对全方位的学习分析产生了重要的影响。2014 年,新媒体联盟发布了《2014 年地平线报告(高等教育版)》,其中,学习技术包括专门为教育开发提供工具与资源,而学习分析便是将教育技术领域的新发展运用到教学实践中。

一、学习分析技术概述

随着信息技术在教育领域的深入应用,在线学习平台、学习管理系统、自适应教学系统、教育云服务等应用迅速崛起,相应的行为数据和学习数据以指数级增长。学习分析技术以为学习者提供个性化学习服务、为教学过程提供准确的改进策略为目标,成为技术增强学习(Technology-Enhanced Learning,简称 TEL)领域又一重要技术。

(一) 学习分析技术的内涵

什么是学习分析技术？在首届"学习分析和知识国际会议"上,与会者一致认为:学习分析技术是测量、收集、分析和报告有关学生及其学习环境的数据,用以理解和优化学习及其产生的环境的技术。根据约翰逊(Johnson)等学者的定义,学习分析(Learning Analytics,简称 LA)技术指的是对学生在学习过程中生成的海量数据进行解释和分析,以评估学生的学业进展,预测未来的表现,并发现潜在的问题。这些海量数据可以来自学生的显性或隐性学习行为,如完成作业、参加考试、参与课外活动、论坛发帖等。从这些定义还可以看出,学习分析技术分析的对象是学生及其学习环境,目的是评估学生、发现潜在问题、理解和优化学习,基础是海量数据。

应用学习分析技术,教师可以获得学生的学习行为数据,判断学生的学习需求、学习风格、学习进展,制订出满足学生学习需求的教学方案,从而优化教学;学生可将学习分析技术作为自我评估工具、自我导向学习的引导工具、学习需求的分析工具、危机预警工具,通过它进行自我评估、诊断与导向等;教育研究者则可以将学习分析技术作为个性化学习设计及成效分析工具、学生个性化学习研究工具、网络学习过程和效用研究工具、学习总结及预测工具等。

(二) 学习分析技术解决教学问题的途径

目前,学习分析技术已引起全球教育界的关注。美国教育部教育技术办公室 2012 年 10 月发布的 *Enhancing Teaching and Learning Through Educational Data Mining and Learning Analytics: An Issue Brief* 一文,提出了应用数据挖掘和学习分析技术解决教学实际问题的一些基本方法,明确了学习过程中八大领域问题的解决途径:学习者知识模型(学习者的前序知识、高层次思维掌握情况如何?)、学习者行为建模(学习者的学习行为是否主动、有意义?)、学习者学习体验建模(学习者对学习体验满意吗?)、学习者学习档案(学习者喜欢加入什么样的学习小组?)、知识领域建模(如何保证学习内容符合学习者的认知层次?如何建立这些学习内容的学习路径?)、学习要素和设计原则分析(哪些要素能提升学习者的学习?哪些设计最符合学习者的需要?)、趋势分析(哪些方面发生变化了?是如何发生变化的?)、适应性和个性化分析(如对学习者的下一步建议等)。

二、基于学习分析的自适应网络教学系统设计

网络教学系统是在线学习的基础性技术平台,是开展网络教学或网络辅助教学的必备条件。随着移动互联网、云计算、大数据等新技术的发展,网络教学系统正向具备"记录学习过程、学习分析、个性化指导和知识快速更新"特征的智慧化学习环境变革。基于学习分析的自适应网络教学系统设计具体体现在以下五个方面:①

(一) 在线课程内容设计

设计好在线课程内容是保障学生在线学习效果的基础,通过调查中国大学 MOOC、

---

① 李建伟,苏占玖,黄赟茹,勾学荣. 基于学习分析的自适应网络教学系统设计[J]. 现代教育技术,2016(06):113-118.

爱课程、超星尔雅、智慧树等开放平台网站课程发现,目前已有的在线课程内容设计主要包括以下几个方面:一是教师精心设计的要求学生必须学习的章节知识点内容,这类内容主要包括章节教学设计或电子教案、教学视频(一般以微课的形式)、教学课件、教学案例、电子教材等;二是教师设计的拓展性知识,主要包括扩展阅读、图书、资源库、各种形式(视频、动画、音频、图片、文本等)素材等;三是教师设计的练习类内容,如作业、题库、测试、虚拟实验等;四是教师设计的互动类内容,如主题讨论、问卷、抢答等。这些内容设计都必须与知识点相关联,这样才能利用大数据技术、学习分析技术精准推荐给学生。

(二) 学习过程数据记录设计

系统从学习成绩、学习时间、学习频率、学习工具使用和学习参与五个维度,记录学生的学习过程。如表9-1所示。

表9-1 学习过程数据记录表

维度	记录的学习过程	记录的数据
学习成绩	作业、测试、自测、考试和虚拟实验等	成绩、作答次数,试题的正确与错误,试题的作答次数
学习时间	作业、测试、自测、考试和虚拟实验、阅读和观看课程内容	开始和结束时间,时长
学习频率	学生登录网络教学系统	登录的时间,时长
学习工具使用	教学平台中所有教学工具的访问频率	工具的访问开始和结束时间,时长
学习参与	学生问问题、回复问题,被设置为精华问题,被设置成最佳回复等	时间和数量

数据的存储采用Hadoop开源云存储HBase(Hadoop Database)方案。HBase是一个高可靠性、高性能、面向列、可伸缩的分布式存储系统,它不同于一般的关系数据库,而是一个适合于非结构化数据存储的数据库。

(三) 数据统计与分析设计

教师可以结合课程特点,对在线课程视音频、作业、课题互动、章节测验、章节学习次数、阅读、讨论、签到等环节的权重比例进行设置,利用学习分析技术随机计算出每位学生每一章节的在线学习情况,结合数据分析结果及时了解学生在线学习完成情况,对完成较好的及时表扬,对未完成的及时反馈。

数据的统计和分析采用开源的云计算框架Hadoop。Hadoop框架最核心的设计就是HDFS和MapReduce——HDFS为海量的数据提供了存储,MapReduce为海量的数据提供了计算。

(四) 自适应学习推荐算法设计

算法通过不断的知识点测试判断学生的实际水平,然后为学生推荐与其水平相适应的课程内容,并能持续激励学生的学习水平螺旋上升。如图9-1所示。

学生开始第一个知识点的学习,首先参加知识点的水平测试,教师为知识点的水平测试设置不同的难度和通过分数,如标准难度、较高难度和最高难度;初次测试难度是标准难度。

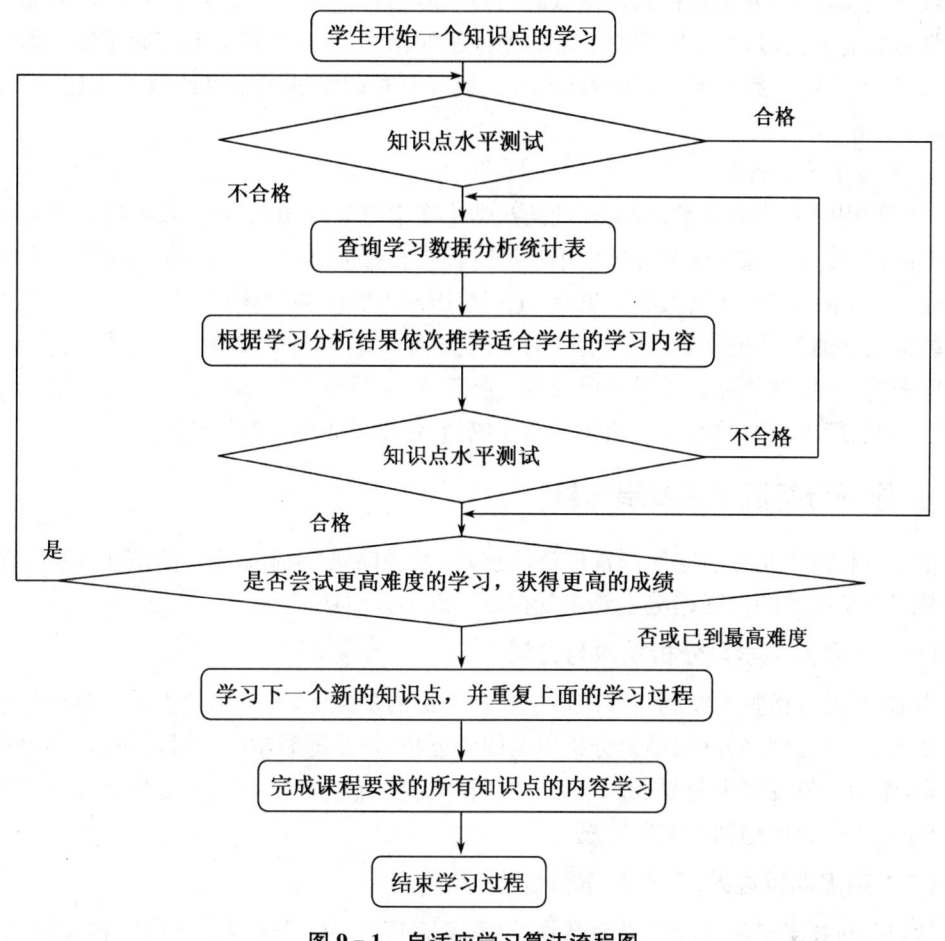

图 9-1 自适应学习算法流程图

如果第一个知识点水平测试通过，系统会询问学生是否尝试更高难度的学习、获得更高的成绩，如果学生选择"是"，系统将依次提供较高难度和最高难度的测试。

如果第一个知识点水平测试不通过，系统会查询学习数据分析统计数据，给学生依次推荐适合其水平、针对其知识弱点的在线阅读内容、自测、参考知识和互动知识，如根据水平测试的统计，给学生推荐与错题相关的在线阅读内容和适合难度的自测题目，精确提高学习水平。然后，学生第二次参加这个知识点的水平测试，如果测试不通过，教师将提供个性化指导，直到学生通过这个知识点的水平测试。

当学生通过第一个知识点水平测试后，如果不参加更高难度的学习或者已经达到了最高难度的学习，系统将引导学生进入下一个知识点的学习，并重复上述学习过程；当学生完成课程要求的所有知识点后，系统给出最终的考核成绩并结束这门课程的学习。

（五）内容更新和个性化学习指导设计

1. 课程内容更新

教师利用学习分析技术实时调整在线课程内容。如教师定期查看学生在线知识点内容学习完成情况，如果发现在规定时间内学生未完成发布的学习任务，说明可能布置的内容偏难或偏多,教师可及时补充知识点的内容或适当调整知识点的难度或个数,以满足大多数学习的需求;教师可定期观测学生的测试题的作答情况,了解试题正确率和平均作答时间,如果发现统计数据不符合正态分布,教师应及时调整试题难度或数量,以适应学生的学习。

2. 个性化学习指导

教师利用学习分析技术,如果发现某些学生在学习某一知识点时,没有通过该知识点的水平测试,教师可选择这部分学生单独进行辅导和督促,直到通过测试。教师还会根据分析结果,总结一些难度较大的知识点,定期组织网上实时答疑辅导。

教师定期通过系统分析、统计学生的上网次数和学习时间,如果发现上网次数少、学习时间短的学生,教师可通过平台单独发送补学通知,提醒学生如果未完成发布的学习任务,将影响后续内容的学习及该课程的学业成绩,帮助学生及时赶上进度。

三、学习分析技术的发展趋势

学习分析技术是目前应用非常广泛的技术,发展前景广阔,就目前的应用现状,预测未来学习分析技术的发展趋势主要表现在以下五个方面:①

(一) 融合多种学习分析技术与方法

当前,学习分析技术在利用传统数据分析方法的基础上,充分借鉴大数据时代的数据分析技术,如社会网络分析、话语分析以及内容分析,但是随着学习内容的丰富、学习环境的变化,学习分析变得十分复杂。学习分析技术需要融合多种研究方法和分析技术与工具,以便解决教育中遇到的实际问题。

(二) 突破学科边界,实现跨学科合作

学习分析技术借鉴吸收了教育数据挖掘、教育理论、工程学等多学科的相关理论,如在预测学习结果、分析学习行为的过程中,利用教育学理论,了解学生学习动机、学习方法,这样才能更加有目的地帮助学生。未来学习分析技术的研究者会呈现学科背景的多元化,教育中的学习分析可以充分借鉴脑认知科学、学习科学、社会学等其他学科的分析方法、理论与技术,针对不同的分析场景和对象提出适用的理论框架体系,通过交叉合作的形式解决教与学中的问题,形成跨学科研究的学习分析生态圈。

(三) 关注学习过程的情感数据分析

在线学习中,教师和学生之间的交流是以文字、图片、视频等为媒介,缺少面对面交流,学习者容易产生疲倦感和挫败感等消极情绪,影响学习效果。在实际教学中,如果不能很好地分析并处理学生的情感问题,将影响学习活动的开展和推进。情感数据最能反映学习者内心活动,是师生交流最直接和最高效的方式,越来越多的研究者投入学习情感数据的研究中。

(四) 实现多模态数据的常态化分析

目前学习分析的数据来源较为单一,主要是网络学习平台和系统的数据,如预测学生

---

① 潘青青,杨现民,陈世超. 学习分析技术的发展趋势[J]. 中国远程教育,2019(3):14-22.

的课程结果主要以学生多次的考试成绩和表现数据为依据。对单一数据的分析无法实现对学生全方位的了解和监控,未来研究需注重基于多模态数据的分析,如眼动数据、脑电图、皮肤电反应、心电图、社交网络数据、认知活动数据等,便于更立体、更精准地呈现学习者的信息。通过对多模态数据的常态化分析,可以提升学习分析研究的整体水平,也让学生在教师的监测、评价中更加透明,增加教师对学生的深度认知,帮助其实施更科学的服务。

(五)提升基础教育数据应用的价值

目前学习分析技术在高等教育阶段应用较为广泛,大学生在线学习样本为学习分析提供了丰富的数据。但是随着我国《教育信息化2.0行动计划》的落地,尤其"三通两平台"以及各种网络学习空间的不断发展,学习分析技术必将在基础教育阶段展开应用。传统教学模式下,主要靠人工记录各种教学行为,而在智能录播系统的支持下,教师可以通过系统反馈的实时数据调整教学计划;并且学校可以利用物联感知技术采集设备状态数据和学生体质数据,利用点阵数码笔技术采集各种作业、练习、考试等数据,利用数据分析技术则能使各种在线学习与管理的数据采集更加方便。

学习分析技术可以有效助力教师和学生对数据的深度理解和应用,给学习带来了巨大的变化,为教育创新提供了全新的发展视角。

第三节　人工智能技术及其教学应用

人工智能是计算机学科的一个分支,20世纪70年代以来被称为世界三大尖端技术之一(空间技术、能源技术、人工智能),也被认为是21世纪三大尖端技术(基因工程、纳米科学、人工智能)之一。近年来,人工智能迅速发展,在包括教育领域在内的很多学科领域得到了广泛应用,并取得了丰硕的成果。2017年12月,人工智能入选"2017年度中国媒体十大流行语"。

一、人工智能概述

人工智能(Artificial Intelligence,AI)是研究、开发用于模拟、延伸和扩展人的智能的理论、方法、技术及应用系统的一门新的技术科学。人工智能可以对人的意识、思维的信息过程进行模拟,它不是人的智能,但能像人那样思考,也可能超过人的智能。

(一)人工智能相关概念

1. 人工智能(Artificial Intelligence,AI)

人工智能就是让机器像人一样的智能、会思考,是机器学习、深度学习在实践中的应用。人工智能更适合理解为一个产业,泛指生产更加智能的软件和硬件,人工智能实现的方法就是机器学习。

2. 数据挖掘(Data Mining,DM)

数据挖掘是从大量数据中提取出有效的、新颖的、有潜在作用的、可信的,并能最终被人理解模式(pattern)的非平凡的处理过程。数据挖掘利用了统计、机器学习、数据库等技术用于解决问题；数据挖掘不仅仅是统计分析，而是统计分析方法学的延伸和扩展，很多的挖掘算法来源于统计学。

3. 机器学习(Machine Learning, ML)

专门研究计算机怎样模拟或实现人类的学习行为，以获取新的知识或技能，机器学习是对能通过经验自动改进的计算机算法的研究。机器学习是建立在数据挖掘技术之上发展而来，是数据挖掘领域中的一个新兴分支与细分领域，只不过基于大数据技术让其逐渐成为当下显学和主流。它是人工智能的核心，是使计算机具有智能的根本途径，其应用遍及人工智能的各个领域。

4. 深度学习(Deep Learning, DL)

深度学习是相对浅层学习而言的，是机器学习研究中的一个新的领域，其动机在于建立、模拟人脑进行分析学习的神经网络。它模仿人脑的机制来解释数据，例如图像、声音和文本。深度学习的概念源于人工神经网络的研究，它通过组合低层特征形成更加抽象的高层表示属性类别或特征，以发现数据的分布式特征表示。

当前，经过深度学习技术训练的机器在识别图像方面已不逊于人类，比如识别猫、识别血液中的癌细胞特征、识别 MRI 扫描图片中的肿瘤。在谷歌 AlphaGo 学习围棋等领域，AI 已经超越了人类目前水平的极限。

为了方便理解，我们将上文提到的四个概念的关系用图 9-2 表示。需要注意的是，图示展现的只是一种大致的从属关系，其中数据挖掘与人工智能并不是完全的包含关系。

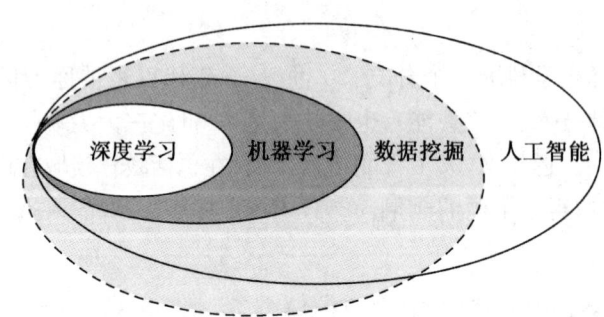

图 9-2 人工智能相关概念的关系

(二) 人工智能的发展

1956 年夏季，以麦卡赛、明斯基、罗切斯特和申农等为首的一批有远见卓识的年轻科学家在一起聚会，共同研究和探讨用机器模拟智能的一系列有关问题，并首次提出了"人工智能"这一术语，它标志着"人工智能"这门新兴学科的正式诞生。六十年多来，人们从问题求解、逻辑推理、定理证明、自然语言理解、博弈、自动程序设计、专家系统和机器学习等多个角度展开研究，建立了一些具有不同智能程度的计算机系统。例如，能够求解微分方程、设计与分析集成电路、合成人类自然语言，而具备语音识别和手写体识别的多模式接口、疾病诊断专家系统等则与人们的生产、工作、学习和生活联系更加密切。

人工智能的研究与应用，曾因计算机计算能力的限制而无法模仿人脑的思考，导致与实际需求的差距过远,从而一度走入低谷。随着计算机速度的提高、存储容量的扩大、价格的降低以及网络技术的发展,计算机及服务器集群已经具备了足够的条件来运行一些高要求的人工智能软件。20世纪90年代以来,随着互联网技术及其应用的发展,人工智能的研究与应用又出现了新一轮高潮。具体来说,人工智能可分为三个发展阶段,如表9-2所示。

表9-2 人工智能的发展阶段

发展阶段	计算智能	感知智能	认知智能
基本特征	计算机开始像人类一样会计算,传递信息	机器开始看懂和听懂,做出判断,采取行动	机器人能够像人一样思考,主动采取行动
典型案例	神经网络、遗传算法	可以认清罪犯的摄像头、能听懂语音的音箱	完全独立的无人驾驶汽车、自主行动的机器人
应用价值	能够帮助用户存储和处理海量数据,是认知感知的基础	能够高效地帮助人类完成看和听的工作	可以全面辅助和替代人类的工作

(三) 人工智能变革学校教育

从实际应用的角度来说,人工智能最核心的能力就是根据一定的"算法",使得机器与人类相比,在面对外部世界时"耳更聪""目更明",在解决问题的过程中"心更灵""手更巧"。人工智能在教育领域具有极大的应用领域和前景,以人工智能为代表的现代信息技术将在学习形式、教学形式、教学任务、教学管理、教学评价等五个方面变革学校教育的形式和生态。①

1. 学生学习更加自主

从历史发展过程看,教育经历了少数人的个性化教育(主要体现为教育中的师徒制和私塾制)到多数人的标准化教育(主要体现为班级授课制度和现代学校制度)。这其中,既离不开制度变革的保障,更需要有技术的支持。随着移动互联网等现代信息技术的发展,教育将迎来多数人个性化教育阶段。如果说中国古代的因材施教的理想体现在少数学生身上,那么,移动互联网等现代信息技术,尤其是人工智能技术的发展将使得对多数人,乃至对每一个人的因材施教成为可能。丰富的在线资源、智能的诊断与推送等,使得学生可以自主和个性化地学习。

2. 教师工作将更具人性和创造性

人工智能技术的发展将极大地解放教师在认知领域的教学与评价工作,如知识教学、学生作业批改等,这些都可以通过技术来解决,甚至技术解决问题的效率要远远高于教师。这样教师就有了更多时间和学生进行个性化的交流与沟通,组织学生参加更多的活动,进行更有效的教学设计等,充分发挥教师作为人的不可被替代的作用与功能。从知识分类的角度而言,认知领域的教学交给机器,让教师有更多的时间从事情感态度价值观领域教育以及动作技能领域的教与学。从我国古代教师的"传道""授业""解惑"的角色而言,"传道""授业"的功能部分可以由人工智能来替代,"解惑"等更具创造性、更具有人性

---

① 曹熙斌,杨方琦.现代教育技术[M].北京:科学出版社,2019.

的工作,需要教师做得更多、更好。

3. 课堂教学更多实践和体验

人工智能时代学生学习打破了时空限制,随时随地均可在线自主学习。和学生在线自主学习不同,师生面对面的课堂教学,应有更多的实践和体验、更多的活动和交流。未来学校课堂可能会有诸多形式,翻转课堂应是其中一种。基于学生课前在导学任务单帮助下的在线自学,来到师生面对面的课堂上,更多可能性将得以展开:人文社科类的课堂,师生、生生之间可以有更多针对问题的深度研讨;物理化学等实验类的课堂,学生可以有更多的时间开展探究实验;音乐美术类的艺术课堂,师生可以有更多的时间进行艺术鉴赏和创作;语言类的课堂,学生可以有更多的时间进行口语对话练习。与此同时,学校可以组织更多的社会实践,丰富和深化学生的学习体验,让学生的学习更加自主,更加主动活泼,学习内容更加综合,切实改变当前课堂上学生被动学习为主、知识接受为主的现状等,这是人工智能改变课堂教学的重要方向。

4. 教学管理更富弹性和灵活性

以往在特定的教室内,在统一的时间内学习统一的内容,进行同样的评价的班级授课制度,在历史上,对于满足大工业时代对大批受过教育的人才的需求,做出过巨大的贡献。但是针对不同的学生个体,班级授课制这种整齐划一的教学管理制度,也越来越暴露出其不能满足学生个性化学习需求的弊端。人工智能时代的教学管理需要更具弹性,基于学生学习的需求和掌握程度进行调整。目前美国日益增多的虚拟学校,在这方面做出了诸多尝试,即拉长教学管理单位的周期,学校以学时、掌握程度即学分考核学生,至于学生在什么时间学习、每次学习多长时间,则由学生自主决定。

5. 教学评价更加多元和客观

评价是检查并促进学习的重要方式,利用人工智能技术改善学习评价,尤其是诊断性的学习评价,是人工智能之于教育最具潜力的领域之一,当前人工智能技术也催生了诸多智能诊断产业。和学生学习自主性相一致,在人工智能技术的帮助下,人工智能平台随时主动收集、自动抓取学生学习的各个数据点,形成针对所有学生和每个学生的数据集。基于特定的分析模型,平台快速及时地对每个学生的学习形成诊断评估报告,并给予个性化的学习资源和发展建议,切实做到一个学生一把尺子、一个学生多把尺子,促进学生做最好的自我,改变一把尺子评价所有学生的现状,让评价更为科学、客观和及时。

二、人工智能教学应用实例介绍

目前,国内已有多家在线教育机构推出专属的人工智能系统,用来优化教育教学的效果。这里选取乂学教育的智能自适应学习系统、英语流利说的深度自适应学习和语音识别等案例做一简单介绍。

(一) 乂学教育的智能自适应学习系统

乂学教育成立于 2015 年(网址:http://www.171xue.com/),目前主要有两个产品:一个是自主研发的自适应学习系统,对外品牌名为"智适应系统",智适应系统目前已上线英语、数学、语文三门学科;另一个产品则是线下的培训学校。简单地说,智能自适应学习系统,能够根据不同学生的情况,匹配不同的题目或者视频等内容。在这种推送背后所隐藏的,是大数据和智能技术在教育层面的深度应用。2016年9月乂学教育同步启动了智适应在线课程,通过智适应系统并结合在线真人老师给予学生全方位的提升及辅导。

1. 自适应学习系统的三个层次

第一种是最简单的自适应学习系统,系统预先设定学习路径,通过简单的路径设定来指导学习过程,这叫作所谓基于规则的自适应学习系统。第二种的复杂度稍高,系统并不预设学习路径,而是在后台具有一定的算法,根据每一个学生的做题记录,来推断学生的问题所在和能力水平,为学生匹配学习内容。第三种是最为复杂的自适应学习系统,也就是乂学教育现在做的事情,在基于人工智能的自适应学习系统里,解决学生的学习路径的问题和内容推送的问题。

2. 自适应学习系统的组成部分

乂学教育的自适应学习系统就是第三种,它由三大部分组成：内容模型、学生模型(也称检测模型)、教学模型(也称推荐模型)。

(1) 内容模型

在乂学开发出的智能自适应学习系统中,首先将知识内容进行拆分,就是把课本中的内容变成精细的知识点,并将其一一连接,形成图谱。知识点精细到什么地步呢？精细到"纳米级",举个简单的例子,比如冠词分成定冠词和不定冠词,定冠词的用法可以拆分成13个纳米级的知识点,不定冠词的可以拆成6个,也就是拆分到这个知识点的最小单位。

而知识点的呈现方式有视频、音频、文字、图片等。题库里有题目、答案、解析,解析里面又可以分文字解析、视频解析和图片解析等。然后每个知识点还要打上标签,标签包括知识点内容、学习时间、学习风格、倾向性(喜欢音频学习还是视频学习)、内容质量、难易度、区分度等。颗粒度很细,标签很多,就可以使学生实现匹配的更精细化。例如一个学生做50道题,围绕相关知识点,背后需要有至少1 200道题的题库量。

知识图谱拆分由专业的老师来做,最初的标签也是由老师来打,但是后期,随着学生数据越来越多,系统对标签进行自动更新,例如难易度等级,这样就慢慢淡化了前期老师的主观因素。

(2) 学生模型

也即检测模型,它能够实时测评每一个学生在每一个知识点的掌握水平,并且通过大数据分析方法推算和量化学生在当前知识点以及相关知识点的能力水平。自适应学习系统能对学生进行动态检测,学生每做一组题和每看一段视频,系统对学生的专项能力值和整体能力值都会不断修正判断,系统对学生就越来越了解。

值得注意的是,对于学生做错的题目,到底是学生粗心大意还是真的不会,系统也要有一个判断。比如,如果是粗心写错的,系统可以通过其他题目中的相邻知识点和关键知识点的检测,发现学生已经掌握了某个知识点,因此分析之后不再推荐这个知识点给学生练习。

(3) 教学模型

也叫推荐模型,它能根据每个学生的最新能力水平,提供相应的反馈,并匹配出最为合适的学习内容。如果说前两个模型是系统进口的话,教学模型(推荐模型)就是出口,系统根据检测结果,给学生推荐下一步学什么。

在传统线性教育中,老师会让学生自己整理错题集,有经验的老师则根据学生的错题来判断他掌握知识的程度,而自适应系统通过后台数据发掘和算法找到学生的薄弱点,推荐最适合于当前学习的题目、视频、解析等等(这些内容也都是颗粒度为"纳米级"的)。同时,自适应系统还能通过学生的反馈数据,不断地深度学习,提升产品推荐的准确度。

3. 系统+老师=70%+30%

需要说明的是,后面两个模型是开发难点,需要应用到数据科学、教育测量学、标签技术和机器学习等技术。考虑到不同学科、年段、地区的考试风格和侧重都非常不一样,平台型的自适应产品无法解决所有问题,因此还应该根据学生用户群体和学习目标,来定制开发学习产品。学生的持续性学习,是一个边测边学的动态过程。在学生学习的过程中,系统占到70%的作用,剩下的30%由老师来处理,比如督促学生学习,给家长实时反馈学生学习状况等等。

(二) 英语流利说的深度自适应学习和语音识别

英语流利说成立于2012年(网址:https://www.liulishuo.com/),目前英语流利说旗下主要有基于深度学习自适应技术的懂你英语和基于语音识别技术的雅思流利说两款产品,图9-3为英语流利说的AI技术介绍界面。

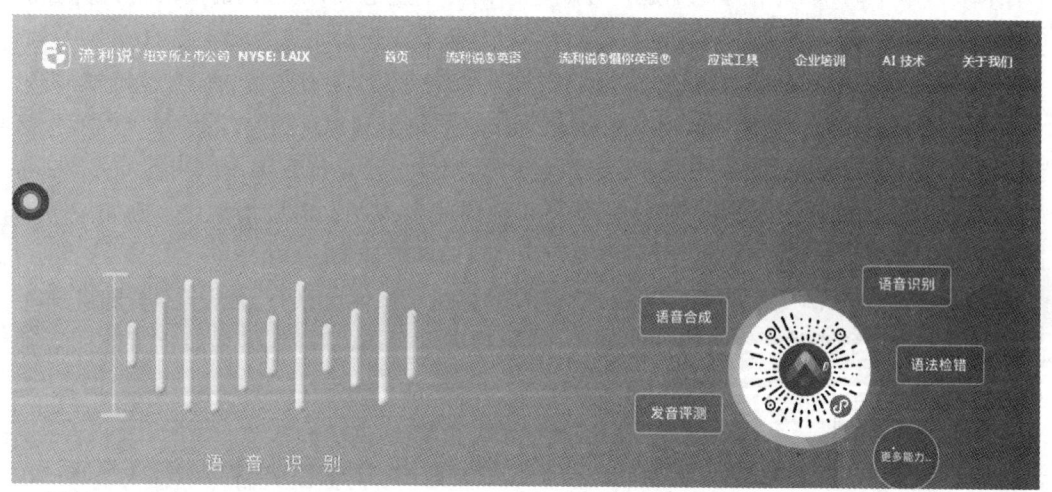

图9-3 英语流利说的AI技术介绍界面

1. 海量的数据是基础

教育领域内,AI的应用主要是基于数据深度挖掘的结果。就学习行为本身而言,是很难用精确的模型表达出来的,当然也更加难以采集相应的数据。再加之学习行为的多样性、人类思考过程的内隐特征,都在不断增加大数据挖掘的难度。

英语流利说基于AWS(Amazon Web Services)服务构建了自己的大数据平台,把数据采集需求定义结构化,可以依靠程序协助管理数据采集需求,甚至自动化验证数据格式,从而较为精准地采集了相应数据,并且很大程度上减少了错误和遗漏。英语流利说在过去3年中收集了大量用户学习行为记录,其数据库包括长达4.19亿分钟多达31.9亿句的用户语音。

2. 深度学习自适应——懂你英语

基于客户端沉淀的四千万用户量和 4.19 亿分钟的录音数据，英语流利说推出了世界领先的人工智能老师——"懂你英语"。这一产品历时两年耗资过千万，嵌在懂你英语中的核心 AI 技术，是全球首个也是唯一基于深度学习（Deep Learning）的人工智能自适应技术。该技术还应用于流利说的英语 PT 测试（Placement Test，定级测试）。

懂你英语内含 6 000 张原创手绘插图，超过 30 000 道的题库，20 000 多句美国顶级播音配音，是迄今为止最复杂、最精密的英语学习成品，能够给学习者营造沉浸式的英语学习体验。流利说的自适应是通过递归神经网络的深度学习模型，让系统产生了自学习能力，使学生和对该学生最合适的学习内容的相关性不断提高。

而定级测试可以根据测试者的不同表现自适应匹配测试题型和难易内容，需 5—15 分钟可精确测定测试者水平，结果可与国际通行的欧洲语言标准（CEFR）完全对应。

3. 语音识别——雅思流利说

在人工智能根基性的语音识别技术领域，英语流利说也取得了突破性成绩，这体现在其多维度、多粒度的口语评分与反馈，不仅包括语音、语义甚至在逻辑连贯度上都可以准确评测。2016 年 11 月推出的"雅思流利说 App"是语音识别在教育领域内的极致体现，通过客户端可以模拟考官和学生进行对话，然后由机器从词汇、发音、语法、流利度四个维度进行判断。

三、人工智能应用于教育的发展趋势

随着人工智能技术的快速发展，2017 年，国务院印发《新一代人工智能发展规划》，提出"实施全民智能教育项目，在中小学阶段设置人工智能相关课程，逐步推广编程教育"。2018 年，教育部进一步明确，要"构建人工智能多层次教育体系，在中小学阶段引入人工智能普及教育"。2018 年 9 月，"中小学人工智能教育项目"应运而生，在走访调研部分中小学、高校科研院所、相关企业之后，项目组聚集起包括院士、人工智能专家、教育专家、一线教师、技术人员等在内的力量，开始了人工智能教育项目的顶层设计和具体研发。这一系列的措施和举动充分说明，未来人工智能应用于教育有着广阔的发展空间。人工智能应用于教育的发展趋势主要表现在以下几个方面：①

（一）人工智能应用于教育是未来发展的必然

随着人工智能技术的不断发展，"人工智能＋各个领域"已经成为经济和人们生活的常见业态，必须让学习者接触人工智能，了解一些人工智能技术及其应用，才能使他们更好地应对将来学习、工作和生活环境的变化，思考和解决人工智能与人类智能之间的关系与伦理问题。美国新媒体联盟地平线项目的研究成果也佐证了这一需要。新媒体联盟针对未来五年的高等教育和基础教育面临的形势、教学变革的重要趋势和挑战、关键技术等，召集专家研究团队进行协作研究和专题讨论，并发布地平线报告预测未来五年内全球范围的新兴技术对教育将会产生的影响。地平线报告已经成为国际社会了解未来教育技

---

① 陈维维. 多元智能视域中的人工智能技术发展及教育应用[J]. 电化教育研究，2018(07)：12-19.

术发展与应用、进行技术规划和决策制定、推进课堂教学改革的重要参考。通过大量研究发现，无论是基础教育还是高等教育，人工智能已经被列为未来要进入主流应用的教育技术，随着人工智能技术的飞速发展和普及，其教育应用的步伐会更快。

（二）培养核心能力以凸显人类智能的价值

人工智能技术在那些无须天赋训练即可掌握的技能、大量无须思考的重复性劳动、与外界关联性很小的工作等方面实现的程度较高，所以在培养学习者时，可以更多聚力于那些不易被淘汰的核心能力，如对新事物的好奇心、创新和创造能力、人际交往和人机交互的能力、学习能力等。好奇心可以让学习者对新鲜事物拥有深厚的兴趣，产生探索的欲求，从而在探索过程中获得知识和能力，以激励更加主动深入的探索，这是未来人才应具备的核心竞争力之一；创新和创造是社会得以发展进步的动力，因此，应注重培养学习者的创新与创造能力，让他们能以创新的态度、观点、方法来解决问题，以适应未来人机共存的世界；人际交往和人机交互的能力是人类社会性的体现，也是作为培养人才不可或缺的重要方面，教育的使命应为学习者提供协作的平台，帮助学习者获得协作学习与发展的情感和行动力；学习能力应是人工智能时代人类所应具备的终身能力，学会学习、学会批判、学会解决问题也是贯穿于学习过程的宗旨性目标，运用基于问题的、项目的、挑战的、探究的学习方法，发展学习者原创思想、信息素养、高阶思维能力，从而让学习者在未来面对挑战时充满信心。

（三）人工智能技术助力教育教学改革

运用人工智能技术促进教学和学习改革，目前已有很多的理论研究和实践探索，虽然还没有能够从顶层设计上去重构教育教学，但从目前的技术研发与应用实践来看，在人工智能技术的助练、助评、助学、助教等方面已看到了一些可喜的变化，如百度基于知识图谱的集"看听说想"于一体的教育大脑，科大讯飞的智慧系列产品——微课工具、纸笔课堂、作业平台、组卷工具、智学2.0、译呗等。

此外，人工智能助教也是这一领域的亮点。Jill Watson是一个人工智能助教，它模拟Goel教授的助教在网上进行了五个月的答疑，不仅回答问题及时，而且正确率达到97%，它可以在不需要任何人工帮助的条件下与学生直接沟通，被认为是教育智能化的一个标志性事件。Pearson的报告《智能释放：教育人工智能的争论》，在分析未来几年人工智能将如何积极转变教育时也提出：未来人工智能学习伙伴能够为未来的教学和学习提供巨大潜力。但无论人工智能技术如何发展，将教育人工智能技术的发展定位为对学习者有益的终身学习伙伴，这是教育领域人工智能技术应用的未来发展方向，也是学习者应用技术促进学习的应然。

[思考与练习]

1. 结合新兴信息技术在生活中的应用，思考这些技术如何为小学课堂教学服务？
2. 如何正确看待新兴信息技术对小学教学方式变革的影响？
3. 查阅相关文献，深入了解有关新兴信息技术的发展背景与应用趋势。

参考文献

[1] 何克抗,李文光.教育技术学[M].北京:北京师范大学出版社,2009.
[2] [英]安东尼·塞尔登(Anthony Seldon),奥拉迪梅吉·阿比多耶.第四次教育革命:人工智能如何改变教育[M].北京:机械工业出版社,2019.
[3] 张念宏.教育百科辞典[M].北京:中国农业科技出版社,1998.
[4] 马启龙.利用谢弗勒教育定义的类型分析教育技术的定义[J].中国医学教育技术,2014,28(4).
[5] 李京杰.论教育技术定义的演变[J].大学教育,2012,1(9).
[6] 萧树滋.电化教育概论[M].北京:北京师范大学出版社,1988.
[7] 祝智庭.因特网教育资源利用[M].北京:高等教育出版社,2001.
[8] 杨开城,许易.论现代教育的基本特征与教育信息化的深层内涵[J].电化教育研究,2016,37(1).
[9] 张乐,郭绍青,陈莹."现代教育技术"教师教育课程内容体系改革研究[J].电化教育研究,2014,35(9).
[10] 朱家宜,周晓丽.现代教育技术与中小学信息技术教育[J].教育理论与实践,2004,6(12).
[11] 王治文,俞平芳.论信息技术教育的网络化[J].中国电化教育,2004(8).
[12] 宋虎珍.合理运用现代教育技术,提高课堂教学效率[J].教育探索,2010(10).
[13] 何金杭.当代教育技术的发展趋势[J].现代教育技术,2007(3).
[14] 黄荣怀,曾兰芳,余冠仕.我国教育技术的发展简析[J].中国电化教育,2002(9).
[15] 黄堂红.教育信息化的内涵、意义及发展对策探讨[J].电化教育研究,2009(3).
[16] 汪存友.试论信息技术与高校课堂教学的深度融合[J].山西师大学报,2016(9).
[17] 何克抗.如何实现信息技术与教育的"深度融合"[J].课程·教材·教法,2014(2).
[18] 陈新健.信息技术教师在教育信息化中的作用[J].中小学信息技术教育,2013(11).
[19] 刘万年,冯小晴.教育信息化与信息化教育[J].电化教育研究,2003,6(10).
[20] 王尚义.我国高等师范教育存在问题及发展思路[J].中国高教研究,2002,10(22).
[21] 唐亚纯.信息时代教师新能力要求探讨[J].湖南科技学院学报,2008,29(12).
[22] 张海珠.教学设计[M].北京:北京师范大学出版社,2013.
[23] 张亚珍,张宝辉,韩云霞.国内外智慧教室研究评论及展望[J].开放教育研究,2014,20(2).
[24] 宋海珍,张鸿军.数字化学习资源使用及开发[M].开封:河南大学出版社,2008.
[25] 东尼·博赞.思维导图[M].北京:中信出版社,2009.
[26] 柯清超.现代教育技术应用[M].北京:高等教育出版社,2016.
[27] 钱冬明.数字学习实用利器[M].北京:清华大学出版社,2019.
[28] 邰云江,孟旭东,沈国荣.移动互联网下的教学工具[M].杭州:浙江教育出版社,2017.
[29] 黄威荣.现代教育技术应用[M].北京:教育科学出版社,2015.
[30] 高延武,隋春荣.多媒体课件设计与制作[M].北京:人民邮电出版社,2014.
[31] 隋春荣,宋清阁.多媒体课件设计与制作(第2版)[M].北京:人民邮电出版社,2016.
[32] 吴疆.微课程和多媒体课件设计与制作规范(第2版)[M].北京:人民邮电出版社,2016.

[33] 张琴珠,郁晓华.计算机辅助教育(第 2 版)[M].北京:高等教育出版社,2011.

[34] 汪莹.新编现代教育技术应用实践教程[M].北京:中国水利水电出版社,2018.

[35] 杨上影.微课设计与制作[M].北京:高等教育出版社,2017.

[36] 梁乐明,曹俏俏,张宝辉.微课程设计模式研究———基于国内外微课程的对比分析[J].开放教育研究,2013(1).

[37] McAleese R. Towards a meta-language of training in higher education[J]. British Journal of Teacher Education,1975(2).

[38] 焦建利.微课及其应用与影响[J].中小学信息技术教育,2013(4).

[39] 黎加厚.微课的含义与发展[J].中小学信息技术教育,2013(4).

[40] 陈玉琨,田爱丽.慕课与翻转课堂导论[M].上海:华东师范大学出版社,2014.

[41] 黄发国.翻转课堂理论研究与实践探索[M].济南:山东友谊出版社,2015.

[42] 宋星.高校微课开发与建设研究[M].成都:电子科技大学出版社,2017.

[43] 汪琼.翻转课堂教学法[EB/OL]. https://www.icourse163.org/course/PKU-1001967013.

[44] 蒋鸣和.融合 重构 拓展——信息技术环境下的课程创新[J].中小学信息技术教育 2007(7-8).

[45] 杨宗凯.解读教育信息化十年发展规划——兼论信息化与教育变革[J].中国教育信息化,2014(11).

[46] [美]查尔斯 M. 赖格卢特,詹妮弗 R. 卡诺普著,方向译.重塑学校——吹响破冰的号角[M].福州:福建教育出版社,2015.

[47] 何克抗.信息技术与课程深层次整合理论[M].北京:北京师范大学出版社,2008.

[48] 何克抗.如何实现信息技术与学科教学的"深度融合"[J].教育研究,2017(10).

[49] 郑炜,齐幼菊,厉毅.移动学习系统在远程教育中的构建与应用[J].中国远程教育,2012(3).

[50] 方海光,刘泮,黄荣怀.面向电子书的移动学习系统环境应用及趋势研究[J].现代教育技术,2011(12).

[51] 祝智庭,郁晓华.电子书包系统及其功能建模[J].电化教育研究,2011(4).

[52] 倪俊杰,丁书林.O2O 直播课堂教学模式及其实践研究[J].中国电化教育,2017(11).

[53] 黄荣怀,马丁等.基于混合式学习的课程设计理论[J].电化教育研究,2009(1).

[54] 刘景福,钟志贤.基于项目的学习(PBL)模式研究[J].外国教育研究,2002(11).

[55] 陈雅.基于混合式学习的任务驱动式教学[J].中国成人教育,2017(2).

[56] 陈阳.大众传播学研究方法导论[M].北京:中国人民大学出版社,2007.

[57] 张金磊,王颖,张宝辉.翻转课堂教学模式研究[J].远程教育杂志,2012(4).

[58] 刘建智,王丹.国内外关于翻转课堂的研究与实践评述[J].当代教育理论与实践,2014(2).

[59] 郭建鹏.翻转课堂教学模式:变式与统一[J].中国高教研究,2019(6).

[60] 陈维维.多元智能视域中的人工智能技术发展及教育应用[J].电化教育研究,2018(7).